电子电路装调与应用

主　编　张云强　徐　鑫

副主编（姓氏笔画排序）

王光梅　宋维超　林　键　赵瑞华

参　编　房芹芹

北京理工大学出版社

BEIJING INSTITUTE OF TECHNOLOGY PRESS

内容简介

本书是理实一体模块化教材，依据教育部颁发的电子技术基础与技能教学大纲，并参照有关国家职业技能标准和行业职业技能鉴定规范，结合教学实际编写。

本书包含充电器的安装与调试、收音机的安装与调试、裁判表决器的安装与调试、声光控灯的安装与调试、篮球计时器的安装与调试、电梯的安装与调试六个模块。每个模块由理论知识和实训操作两个部分组成，理论知识部分紧紧围绕大纲要求，服务技能操作。实训操作部分采用任务驱动法，由任务导入、任务准备、任务实施、任务评价等四个环节组成。在编写过程中，重在应用能力的培养，充分利用有用、实用的电路，打破固有知识认知体系，突出项目产品化，避免以往电子技术相关知识理论分析和计算，做到知识“够用、会用、能用、好用”，各模块间知识和技能相互衔接，使教材在内容上突出实用性。

本书是以培养应用型、技能型人才为目的，以常用电子电路的认知、安装、调试和维修为主线，让学习者系统地掌握知识点，培养制作、调试电子电路以及分析故障、排除故障的实际操作能力的“做学合一”教材。本书可作为院校电工电子类、装备制造类专业教材，也可作为相关工作岗位培训用书。

图书在版编目(CIP)数据

电子电路装调与应用 / 张云强，徐鑫主编. -- 北京 ：北京理工大学出版社，2024.4

ISBN 978-7-5763-3800-3

Ⅰ.①电…　Ⅱ.①张…　②徐…　Ⅲ.①电子电路-安装-教材②电子电路-调试方法-教材　Ⅳ.①TN710

中国国家版本馆 CIP 数据核字(2024)第 075491 号

责任编辑：陈莉华　　**文案编辑**：陈莉华
责任校对：周瑞红　　**责任印制**：施胜娟

出版发行 / 北京理工大学出版社有限责任公司
社　　址 / 北京市丰台区四合庄路 6 号
邮　　编 / 100070
电　　话 / (010) 68914026（教材售后服务热线）
(010) 63726648（课件资源服务热线）
网　　址 / http://www.bitpress.com.cn

版 印 次 / 2024 年 4 月第 1 版第 1 次印刷
印　　刷 / 定州市新华印刷有限公司
开　　本 / 889 mm×1194 mm　1/16
印　　张 / 12.5
字　　数 / 276 千字
定　　价 / 78.00 元

前言

“电子电路装调与应用”是院校电气、电子和机电类专业的基础技能课程，本书体现了电子技术课程的基础性与应用性。同时支持后续电力电子等课程的学习，为学生岗位能力培养和终身的学习方法奠定基础。

通过本课程的学习，学生初步具备对常用电子元器件的检查与选用，电子电路的识图、读图、分析，电子常用计算机辅助设计和电子电路板的安装、焊接、调试和维修的能力。本书贯彻了典型模块从生活中来，以理实一体融合为出发点，将专业知识和技能操作相互融通的思路，较好地处理了理论教学和技能训练的关系，切实落实了“实用、够用”的指导思想，紧密联系生活生产实际和《国家职业资格标准》相关工种的要求，体现技能认知的科学性、实用性和先进性。本书具有以下特点：

一是编写模式新颖。贯彻“以能力为本位、就业为导向”的方针，打破“章、节”编写模式，将枯燥的知识点与常见生活产品相融合，建立以“典型模块承载、工作任务驱动、操作技能培养”的教材体系。本书紧紧围绕学生关键能力的培养来组织内容，在确保理论知识实用、够用的基础上，融合大赛规范、融入先进知识，突出培养工匠素养能力。

二是在模块的选取上，从生活和生产实际中选取模块，各模块设计由易到难，相互承接，层层递进，帮助学生掌握和理解任务实施中的核心知识点和技能技巧，注重“做、学、练”的密切结合和技能训练方面的能力培养。

三是为便于学生阅读理解和考核需要，本书以大量图示与表格，充分体现了“加强针对性，注重实用性，拓宽知识面”的原则，针对学生的实际情况，评价中突出团队协作能力培养，对不同水平的学生要求不同，力求达到因材施教、分层教学的目的。

本书共六大教学模块，参考课时如下：

模块	课程内容	理论课时	实践性课时	合计
一	充电器的安装与调试	16	12	28
二	收音机的安装与调试	16	12	28
三	裁判表决器的安装与调试	16	18	34
四	声光控灯的安装与调试	16	18	34
五	篮球计时器的安装与调试	18	18	36
六	电梯的安装与调试	18	18	36
	合　计	100	96	196

本书由徐鑫、房芹芹负责模块一和模块六的编写，林键负责模块二的编写，王光梅负责模块三的编写，宋维超、张云强负责模块四的编写，赵瑞华负责模块五的编写。由张云强、徐鑫担任主编并审核指导全书，由王光梅、宋维超、林键、赵瑞华担任副主编（姓氏笔画排序），由房芹芹担任参编并统稿全书。编写时得到了东营市技师学院、东营市中等专业学校相关领导及老师的帮助，在此一并表示感谢。

本书在编写过程中，参阅并应用了大量的书刊及网络相关资料，参考了企业的产品样本，摘录了世界技能大赛的试题和评分标准，引用了其中一些资料，难以一一列举，在此谨向有关的书刊及相关资料的作者一并表示衷心感谢。

编　者

目录

模块一

充电器的安装与调试

学习目标

知识目标

1) 掌握二极管的原理及其特性。

2) 掌握整流、稳压等典型电路的基本原理和分析计算。

3) 能够分析充电器电路原理并改造。

技能目标

1) 能正确使用仪表判别二极管的质量及极性。

2) 能够完成整流电路、稳压和滤波电路的搭建、调试和数据分析。

3) 能够正确选用工具，完成系统的安装、焊接、调试。

素养目标

1) 培养学生严谨、细致的工作态度。

2) 培养学生团队协作、创新创业等能力。

3) 培养学生语言组织、沟通等职业素养能力。

理论知识

一、PN 结

1. 本征半导体

(1) 分类

自然界物质按照导电能力强弱的不同分为导体、半导体和绝缘体。

1) 导体：自然界中很容易导电的物质称为导体，金属一般都是导体。

2)绝缘体：有些物质几乎不导电，称为绝缘体，如橡皮、陶瓷、石英。

3)半导体：有些物质的导电特性介于导体和绝缘体之间，称为半导体，常见的半导体材料有硅和锗等。它们都是单晶体，所以半导体器件又称为晶体器件。

(2)半导体的特性

1)热敏特性：大多数半导体随着环境温度的升高，半导体的电阻率下降，导电能力增强。

2)光敏特性：有些半导体材料受到光照时，电阻率明显下降，导电能力变得很强；无光照时，又变得像绝缘体一样不导电，利用这一特性可制成各种光敏器件。

3)掺杂特性：在纯净的半导体中掺入某种适量的微量杂质元素，就能增加半导体中载流子的浓度，从而可以增强半导体的导电能力。常用的有 N 型和 P 型两种杂质半导体。

4)其他敏感特性：有些半导体材料具有压敏、磁敏、湿敏、气敏等特性，还有些半导体材料，它们的上述某些特性还能逆转。

2. PN 结

完全纯净的半导体称为本征半导体。在纯净的半导体中掺入适量杂质，会使导电能力显著增强。

(1)N 型半导体

在纯净的半导体中加入适量的五价磷元素(或者其他五价元素)，可形成自由电子参与导电，成为电子型半导体，简称 N 型半导体。

(2)P 型半导体

在纯净的半导体中加入适量的三价硼元素(或者其他三价元素)，可形成空穴参与导电，成为空穴半导体，简称 P 型半导体。

将 P 型半导体和 N 型半导体经过特殊的工艺结合在一起，在中间的交汇处会形成一个特殊的空间，称为“PN 结”，如图 1-1 所示。PN 结两端加两个引线电极，从 P 型半导体引出的线为正极，从 N 型半导体引出的线为负极。

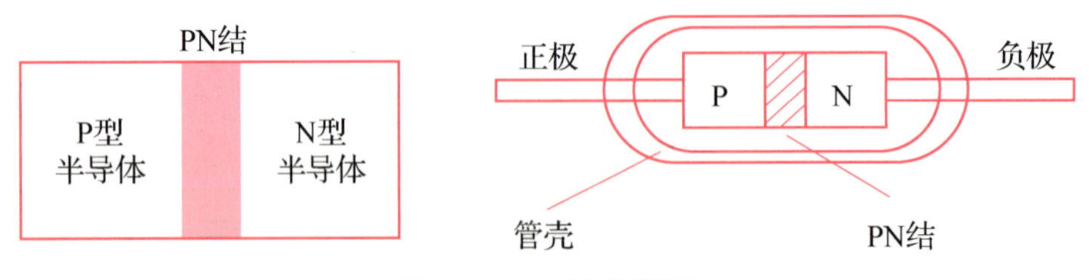

图 1-1　PN 结示意图

二、二极管

1. 二极管的结构和符号

二极管是晶体二极管的简称，也叫半导体二极管，用半导体材料(主要是硅和锗)制成，是半导体器件中最基本的一种器件。晶体二极管由一个 PN 结加两个引线电极组成，如图 1-2

(a)所示，图 1-2(b)为其他二极管图形符号。

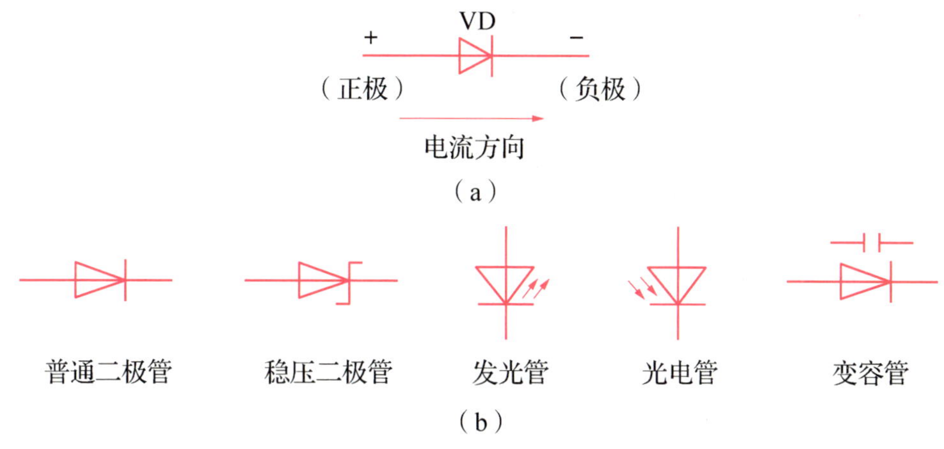

图 1-2 二极管图形符号

(a)晶体二极管图形符号；(b)其他二极管图形符号

2. 二极管的单向导电性

如图 1-3 所示，其中 VD 代表二极管，HL 代表指示灯，*R* 为电路的限流电阻(电阻的大小根据电路中电源的大小来确定，不超过二极管的最大电流即可)，*U* 为直流电源，S 为电路中的开关(开关形式可以多种多样，即实现开关功能即可)。

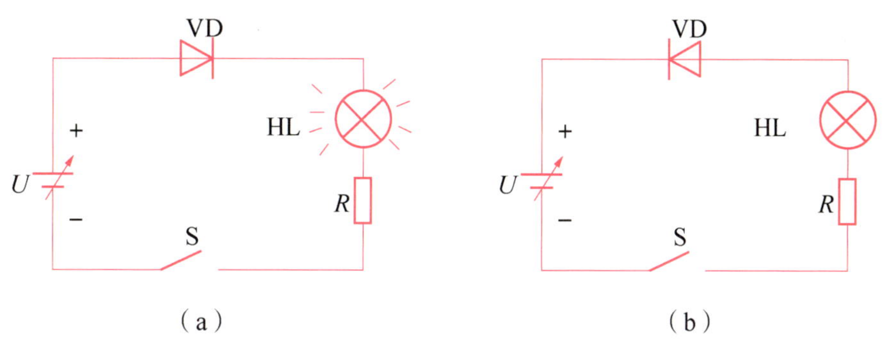

图 1-3 PN 结单向导电实验电路

(a)加正向电压；(b)加反向电压

(1)二极管加正向电压时导通

如果电源的正极接二极管的正极，电源的负极接二极管的负极，此时的外加电压称为“正向电压”，正向电压有一部分降落在 PN 结区，PN 结正向偏置。电流便从 P 区流向 N 区一边，空穴和电子都向界面运动，使空间电荷区变窄，电流可以顺利通过，方向与 PN 结内电场方向相反，削弱了内电场。于是，内电场对多子扩散运动的阻碍减弱，扩散电流加大。扩散电流远大于漂移电流，可忽略漂移电流的影响，PN 结正向导通。

(2)二极管加反向电压时截止

如果电源的正极接二极管的负极，电源的负极接二极管的正极，外加的反向电压有一部分降落在 PN 结区，PN 结反向偏置，则空穴和电子都向远离界面的方向运动，使空间电荷区

变宽，电流不能流过，方向与 PN 结内电场方向相同，加强了内电场。内电场对多子扩散运动的阻碍增强，扩散电流大大减小。此时 PN 结区的少子在内电场作用下形成的漂移电流大于扩散电流，可忽略扩散电流，PN 结反向截止。

结论：二极管加正向电压时，呈现正向导通，具有较大的正向扩散电流；二极管加反向电压时，呈现反向截止，具有很小的反向漂移电流。由此可得：二极管具有单向导电性。

3. 常见二极管的外形

常见二极管的外形如图 1-4 所示。

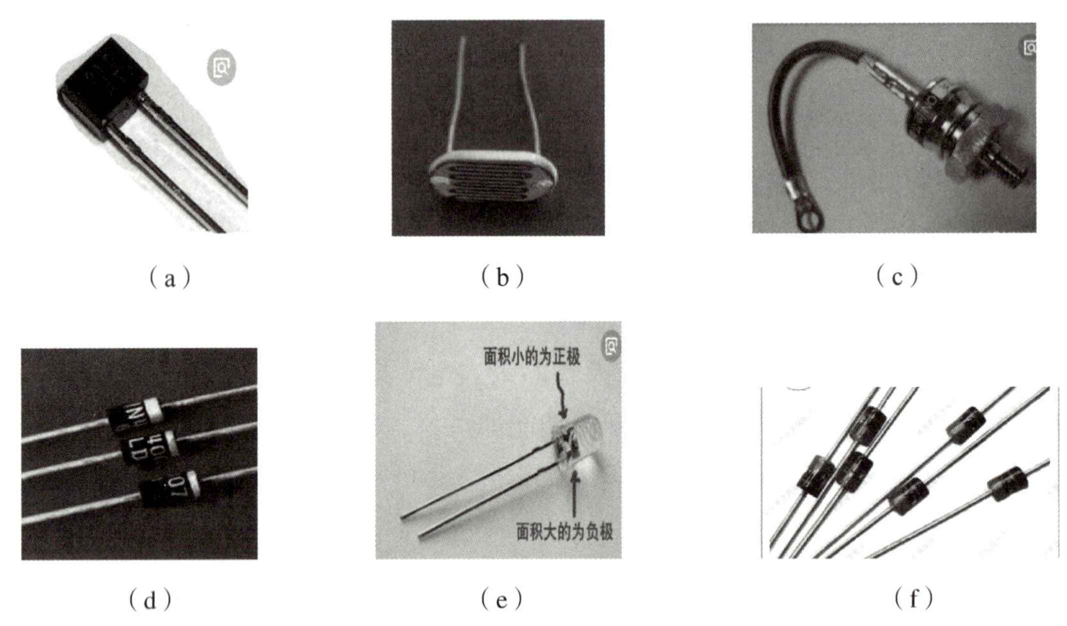

图 1-4　常见二极管的外形

(a) 变容二极管；(b) 光敏二极管；(c) 大功率整流二极管；

(d) 小功率整流二极管；(e) 发光二极管；(f) 稳压二极管

4. 二极管的命名规则

二极管型号的命名如图 1-5 所示。

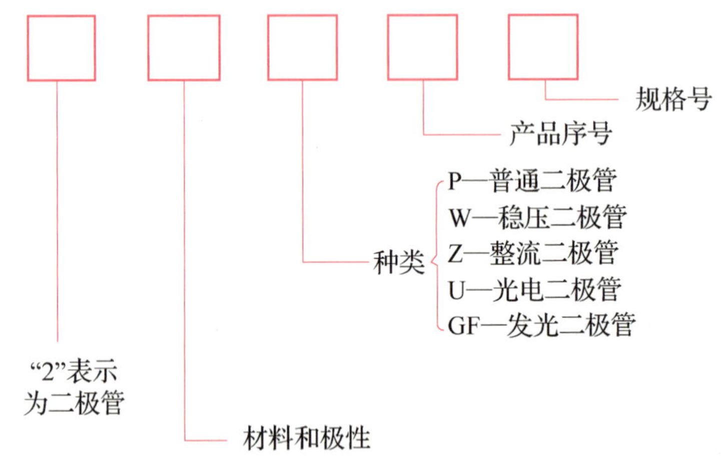

图 1-5　二极管型号的命名

5. 二极管的特性曲线

(1)正向特性

二极管伏安特性曲线的右半部分称为正向特性。由图 1-6 可见，当加在二极管上的正向电压较小时，正向电流小，几乎等于零。只有当二极管两端电压超过某一点 *A* 时，正向电流才明显增大。将 *OA* 这一区域称为“死区”。死区电压与二极管的材料有关。一般硅二极管的死区电压为 0.5 V 左右，锗二极管的死区电压为 0.1~0.2 V。

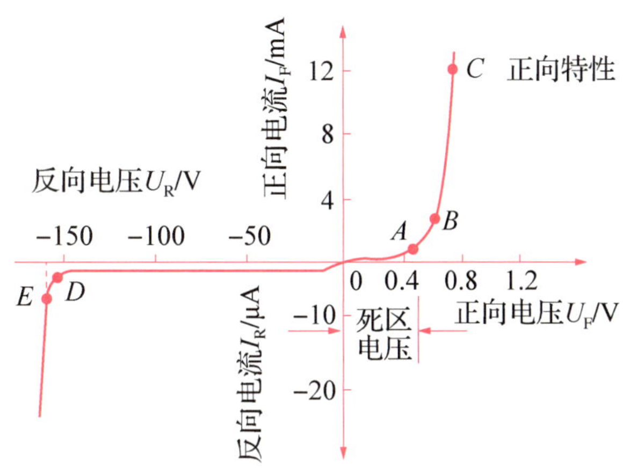

图 1-6　二极管伏安特性曲线

当正向电压超过死区电压后，随着电压的升高，正向电流将迅速增大，电流与电压的关系基本上是一条指数曲线。由正向特性曲线可见，流过二极管的电流有较大的变化，二极管两端的电压却基本保持不变，将这个电压称为导通电压。导通电压与二极管的材料有关。一般硅二极管导通后管压降为 0.7 V 左右，锗二极管导通后管压降为 0.3 V 左右。

(2)反向特性

二极管伏安特性曲线的左半部分称为反向特性，是指给二极管加反向电压的特性。由图 1-6 可见，当二极管加上反向电压时，反向电流很小，而且反向电流不再随着反向电压而增大，即达到了饱和，这个电流称为反向饱和电流。通常情况下硅管的反向电流在几微安以下，锗管的反向电流可达几百微安。在应用时，反向电流越小，二极管的热稳定性越好，质量越高。

如果反向电压继续升高，当超过某一值后，反向电流急剧增大，这种现象称为击穿，这个数值称为反向击穿电压。反向击穿会破坏二极管的单向导电性，在实际应用中，应加以限流措施，避免二极管因电流过大而损坏。

6. 二极管的主要参数

二极管的主要参数是选择和使用二极管的主要依据，为了保证二极管安全可靠地工作，选用时主要考虑表 1-1 中的参数。

表 1-1　二极管的主要参数

参数名称	符号	说明
最大整流电流	I_{FM}	指二极管长期连续工作时允许通过的最大正向电流值，在规定散热条件下，二极管使用中不要超过二极管最大整流电流值 I_{FM}，否则会使管芯过热而损坏。例如，常用的 1N4001～1N4007 型锗二极管的额定正向工作电流为 1 A
最高反向工作电压	U_{RM}	加在二极管两端的反向电压高到一定值时，会将管子击穿，失去单向导电能力。为了保证使用安全，规定了最高反向工作电压。例如，1N4001 二极管反向耐压为 50 V，1N4007 反向耐压为 1 000 V。
反向电流	I_R	反向电流是指二极管在规定的温度和最高反向电压作用下，流过二极管的反向电流。反向电流越小，管子的单向导电性能越好。值得注意的是，反向电流与温度有着密切的关系，大约温度每升高 10 ℃，反向电流增大一倍。例如 2AP1 型锗二极管，在 25 ℃时反向电流若为 250 μA，温度升高到 35 ℃时，反向电流将上升到 500 μA，依此类推。硅二极管比锗二极管在高温下具有较好的稳定性

7. 二极管极性和质量判别

测量二极管极性时，选用指针式万用表的欧姆挡。一般用 $R\times100$ 或 $R\times1\text{k}$ 挡，而不用 $R\times1$ 或 $R\times10\text{k}$ 挡。因为 $R\times1$ 挡的电流太大，容易烧坏二极管，$R\times10\text{k}$ 挡的内电源电压太大，可能会击穿二极管。图 1-7 所示为二极管极性判别法示意。

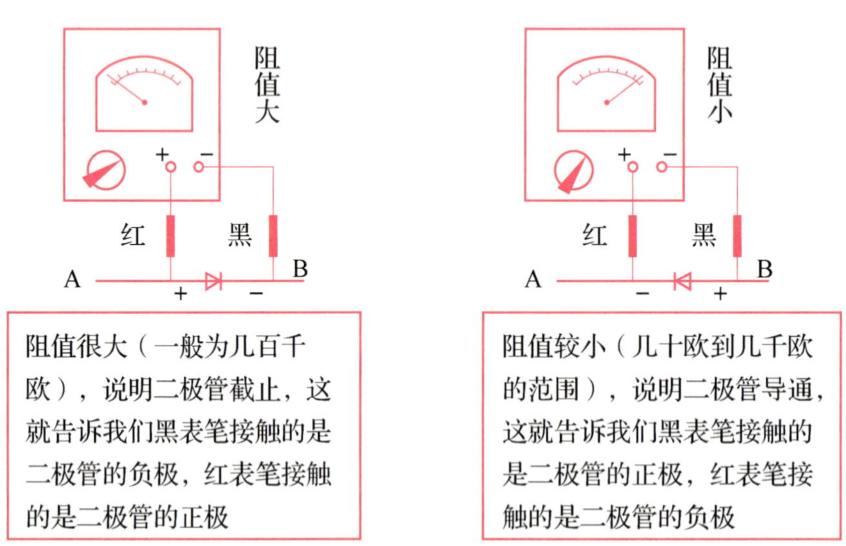

图 1-7　二极管极性判别法

测量正反向电阻时，如果反向电阻远大于正向电阻，说明没有问题；如果测量的二者阻值相差不大，说明二极管性能欠佳；如果两次测量的阻值都很大，说明二极管内部已经开路；如果两次测量的阻值都很小，说明二极管内部已经短路。

8. 二极管常用典型电路

(1)防反接作用

根据二极管的单向导电特性，在二极管的两端加上合适的正向电压后，二极管导通；加上反向电压后，二极管截止，电路如图 1-8 所示。利用二极管的这个特性可以实现电源的防反接作用，将二极管正向串联在电路中即可。

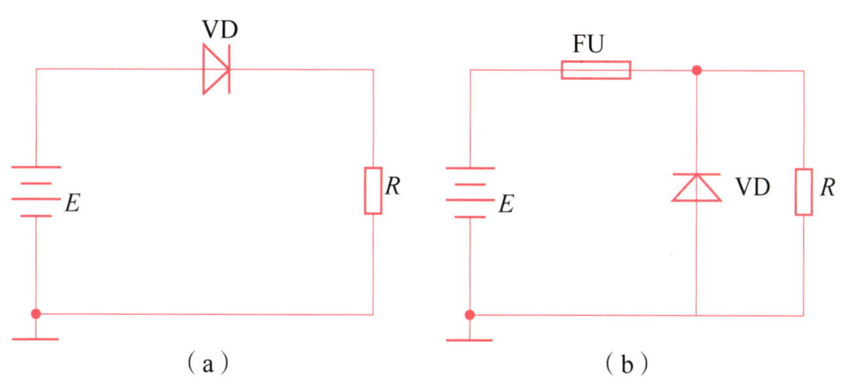

图 1-8　防反接电路

(a)二极管导通；(b)二极管截止

(2)稳压作用

稳压二极管比较特殊，其基本结构与普通二极管一样，也有一个 PN 结。由于制造工艺的不同，当这种 PN 结处于反向击穿状态时，PN 结不会损坏(普通二极管的 PN 结是会损坏的)，在稳压二极管稳定电压时就是利用了这一击穿特性。由于稳压二极管具有稳压作用，因此在很多电路中均有应用，如稳压电源、限幅电路、过压保护电路、补偿电路等。

如图 1-9 所示稳压二极管电路，若电网电压升高，输入电压 U_I 也随之升高，引起负载电压 U_O 升高。由于稳压管 D_Z 与负载 R_L 并联，就会使流过稳压管的电流急剧增加，使得 I_R 也增大，限流电阻 R 上的电压降增大，从而抵消了 U_I 的升高，保持负载电压 U_O 基本不变。

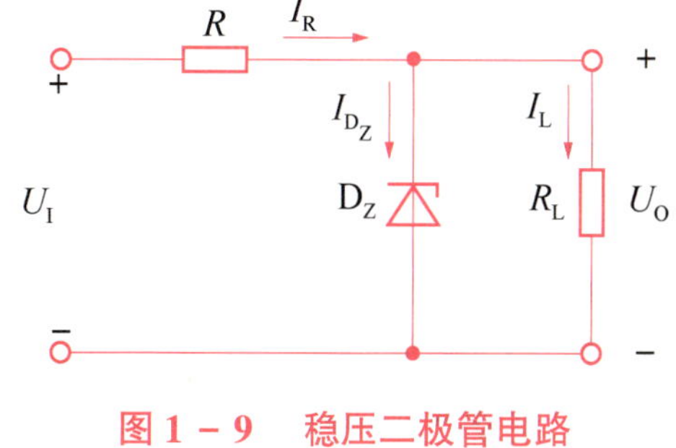

图 1－9　稳压二极管电路

三、直流稳压电源

1. 直流稳压电源的结构

直流稳压电源一般包括 4 个部分，如图 1-10 所示。

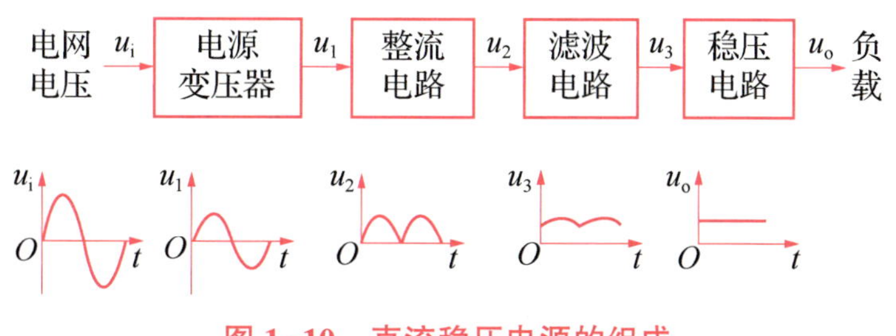

图 1-10　直流稳压电源的组成

1）电源变压器：电网提供的交流电一般为 220 V（或 380 V），而各种电子设备所需的电压的幅值不同，因此需要电源变压器换取所需的二次电压。

2）整流电路：整流电路的作用是利用具有单向导电性的整流元件，将正负交替的正弦交流电压整流成单方向的脉动电压（指方向不变、大小随时间做周期性变化的电压）。

3）滤波电路：滤波电路主要由电容、电感等储能元件组成。

4）稳压电路：使直流电源的输出电压稳定，消除由于电网电压波动、负载变化对输出电压的影响。

2. 二极管在整流电路中的作用

（1）整流

利用二极管的单向导电性，可以把方向交替变化的交流电变换成单一方向的脉冲直流电。

（2）开关

二极管在正向电压作用下电阻很小，处于导通状态，相当于一只接通的开关；在反向电压作用下，电阻很大，处于截止状态，如同一个断开的开关。利用二极管的开关特性，可以组成各种逻辑电路。

（3）续流

二极管在开关电源的电感中和继电器等感性负载中起续流作用。

（4）稳压

稳压二极管实质上是一个面接触型硅二极管，稳压二极管工作在反向击穿状态。在二极管的制造工艺上，它有低压击穿特性。稳压二极管的反向击穿电压恒定，在稳压电路中串入限流电阻，使稳压二极管击穿后电流不超过允许值，因此击穿状态可以长期持续并不会损坏。

（5）触发

触发二极管又称双向触发二极管，它是具有对称性的二端半导体器件。常用来触发双向可控硅，在电路中作过压保护等用途。

3. 单相半波整流电路

（1）电路结构

单相半波整流电路如图 1-11 所示，图中各元件作用如下。

VD：整流二极管，把交流电变成脉动直流电。

T：电源变压器，把 u_1 变成整流电路所需的电压值 u_2。

（2）电路分析

u_2 为正弦波，单相半波整流电路波形如图 1-12 所示。

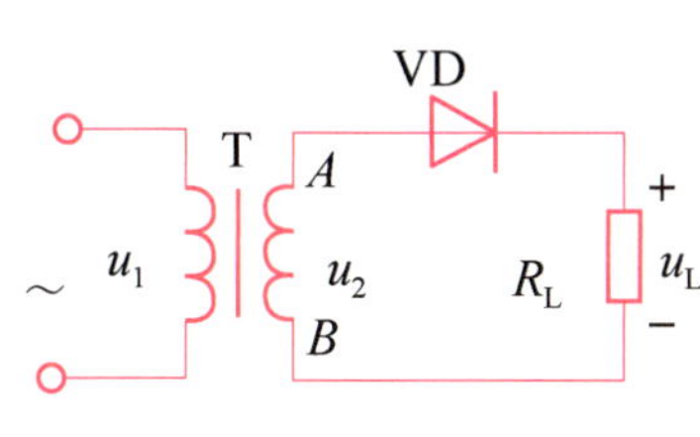

图 1-11　单相半波整流电路

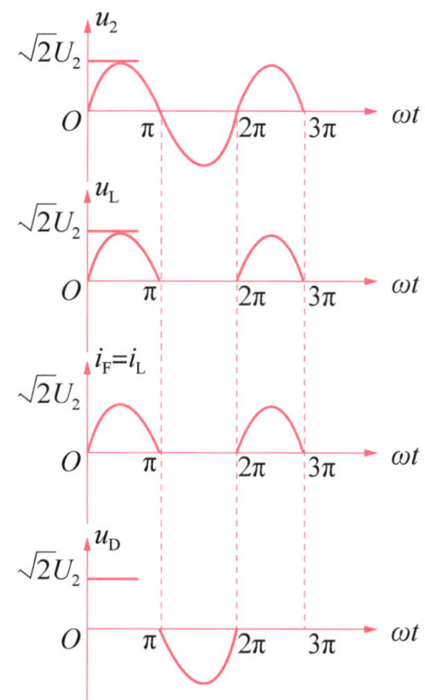

图 1-12　单相半波整流电路波形

1) u_2 在正半周时，忽略二极管的正向压降，A 点电位高于 B 点电位，二极管 VD 正偏导通，则 $u_L \approx u_2$。

2) u_2 在负半周时，A 点电位低于 B 点电位，二极管 VD 反偏截止，则 $u_L \approx 0$。

由波形可见，u_2 工作的一个周期内，负载只得到单方向的半个波形，这种随着时间变化其电压大小波动、方向不变的电压或电流称为脉动直流电。上述过程说明，利用二极管的单向导电性可把交流电 u_2 变成脉动直流电 u_L。由于电路仅利用 u_2 的半个波形，故称为半波整流电路。

(3) 负载和整流二极管上的电压和电流

1) 负载电压 U_L：

$$U_L = 0.45U_2$$

2) 负载电流 I_L：

$$I_L = \frac{U_L}{R_L} = \frac{0.45U_2}{R_L}$$

3) 二极管正向电流 I_F 和负载电流 I_L：

$$I_F = I_L = \frac{0.45U_2}{R_L}$$

4) 二极管反向峰值电压 U_{RM}：

$$U_{RM} = \sqrt{2}U_2 \approx 1.41U_2$$

4. 单相桥式整流电路

(1) 电路结构

单相桥式整流电路由电源变压器和 4 只同型号的二极管接成电桥形式组成，桥路的一对角点接变压器的二次绕组，另一对角点接负载。电路如图 1-13 所示。

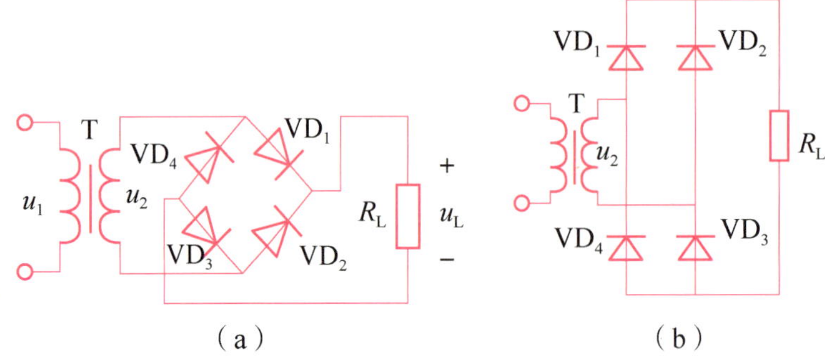

图 1-13 单相桥式整流电路

(a)电路原理图；(b)另一种画法

(2)单相桥式整流电路的工作过程

1)在 u_2 正半周时，如图 1-14(a)所示，A 点为正，B 点为负，A 点电位高于 B 点电位，这时 VD_1、VD_3 导通，VD_2、VD_4 截止，电流 i_1 自上而下流过负载 R_L，在负载上形成了上正下负的输出电压。

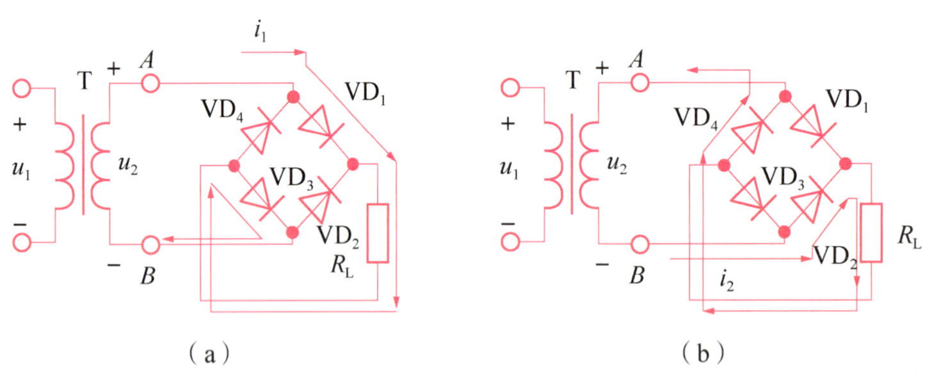

图 1-14 单相桥式整流电路工作原理

(a) u_2 为正半周时的电流方向；(b) u_2 为负半周时的电流方向

2)在 u_2 负半周时，如图 1-14(b)所示，A 点为负，B 点为正，A 点电位低于 B 点电位，这时 VD_2、VD_4 导通，VD_1、VD_3 截止，电流 i_2 自上而下流过负载 R_L。在负载上形成了上正下负的输出电压。

由图 1-15 所示波形图可见，u_2 一个周期内，两组整流二极管轮流导通产生的单方向电流 i_1 和 i_2 以相同方向流过负载。于是负载得到全波脉动波形。

(3)负载上的直流电压和电流的估算

1)负载电压 U_L：

$$U_L = 0.9U_2$$

2)负载电流 I_L：

$$I_L = \frac{U_L}{R_L} = \frac{0.9U_2}{R_L}$$

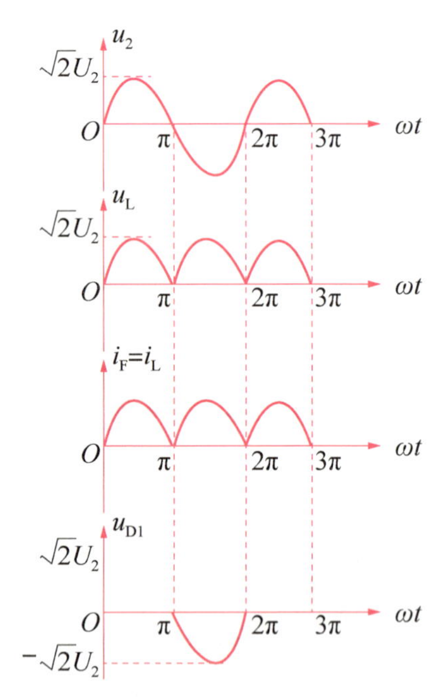

图 1-15 单相桥式整流波形

3) 二极管的平均电流 I_V：

$$I_V = \frac{1}{2} I_L$$

4) 二极管承受的反向峰值电压 U_{RM}：

$$U_{RM} = \sqrt{2} U_2$$

5. 常见整流电路

常见整流电路的电路图、整流电压的波形和计算公式如表 1-2 所示。

表 1-2　常见整流电路的电路图、整流电压的波形和计算公式

类型	电路图	整流电压的波形	整流电压平均值	每管电流平均值	每管承受的最高反向电压
单相半波	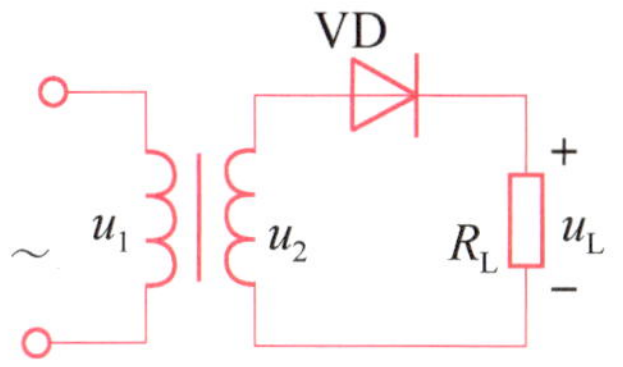	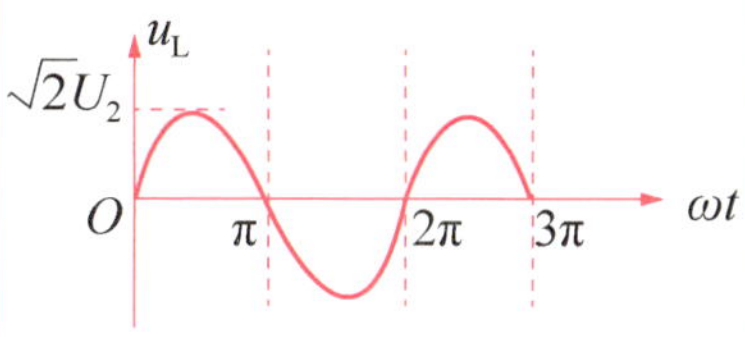	$0.45U_2$	I_L	$\sqrt{2}U_2$
单相全波	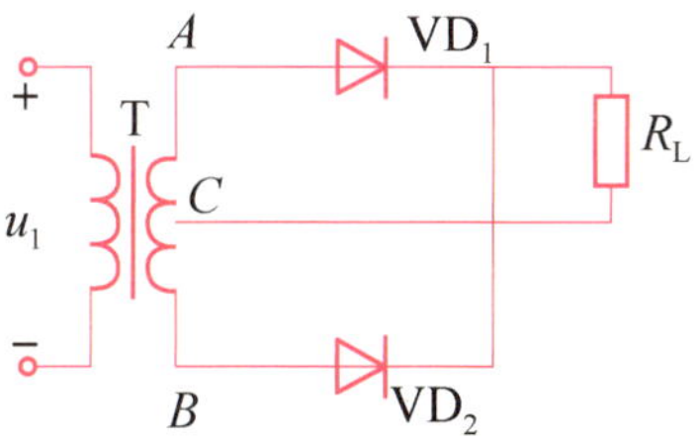	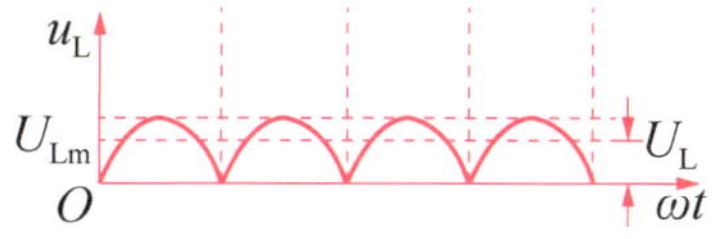	$0.9U_2$	$\frac{1}{2}I_L$	$2\sqrt{2}U_2$
单相桥式	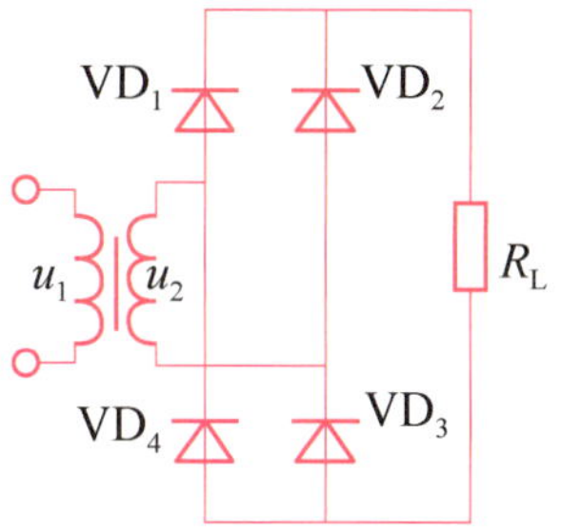	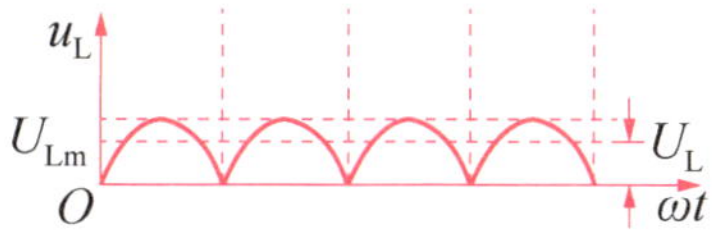	$0.9U_2$	$\frac{1}{2}I_L$	$\sqrt{2}U_2$

6. 整流桥堆

整流桥堆如图 1-16 所示，作为一种功率元器件，应用非常广泛。整流桥堆内部主要由 4 只二极管组成的桥路来实现把输入的交流电压转化为输出的直流电压。

全桥由 4 只二极管组成，有 4 个引出脚。两只二极管负极的连接点是全桥直流输出端的“正极”，两只二极管正极的连接点是全桥直流输出端的“负极”。

图 1-16　整流桥堆

在整流桥堆的每个工作周期内，同一时间只有两只二极管进行工作，通过二极管的单向导通功能，把交流电转换成单向的直流脉动电压。对一般常用的小功率整流桥堆来说，大多采用塑料封装结构。桥

内的 4 只主要发热元器件——二极管被分成两组分别放置在直流输出的引脚铜板上。在直流输出引脚铜板间有两块连接铜板，它们分别与输入引脚(交流输入导线)相连，形成我们在外观上看到的有 4 个对外连接引脚的整流桥堆。

四、滤波、稳压电路

1. 滤波电路

滤波电路常用于滤去整流输出电压中的纹波，一般由电抗元件组成，如在负载电阻两端并联电容器 C，或与负载串联电感器 L，以及由电阻、电容、电感按一定的方式组合成多种形式的滤波电路。

常用的滤波电路有无源滤波电路和有源滤波电路两大类。若滤波电路元件仅由无源元件(电阻、电容、电感)组成，则称为无源滤波电路。无源滤波的主要形式有电容滤波、电感滤波和复式滤波(包括倒 L 型、LC 滤波、LC π 型滤波和 RC π 型滤波等)。若滤波电路不仅由无源元件，还由有源元件(双极型管、单极型管、集成运放)组成，则称为有源滤波电路。有源滤波的主要形式是有源 RC 滤波，也被称作电子滤波器。

(1)电容滤波电路

电容滤波电路是使用最多也是最简单的滤波电路，其结构是在整流电路的负载两端并联一较大容量的电解电容，如图 1-17(a)所示。它是利用电容两端电压不能突变的特性，在电容充、放电过程中使输出电压趋于平滑。

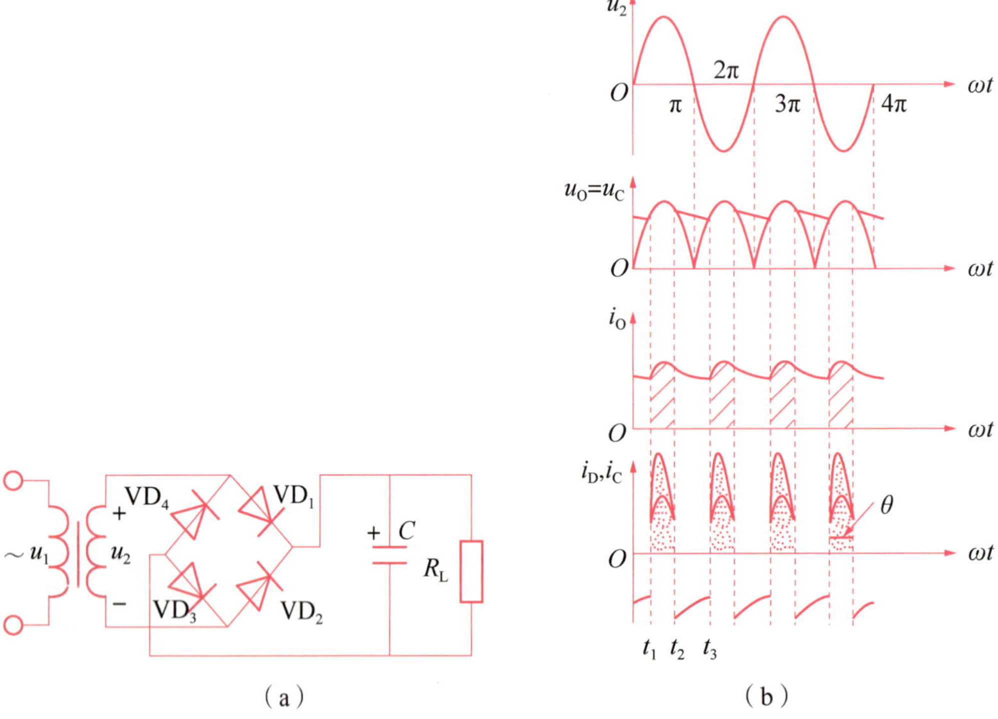

图 1-17　电容滤波电路原理图及波形图

(a) 电路原理图；(b)波形图

电容 C 接入电路，假设开始时电容上的电压为零，接通电源后 u_2 从零开始增大，整流输出的电压在向负载 R_L 供电的同时，也给电容 C 充电。当充电电压达到最大值后，u_2 开始下降，于是电容 C 开始通过负载电阻放电，维持负载两端电压缓慢下降，直到下一个整流电压波形的到来。当 u_2 大于电容端电压时，电容又开始充电。如此循环下去，使输出电压的脉动成分减小，平均值增大，从而达到滤波的目的，负载上就得到了如图 1-17(b) 所示的输出电压。

电容滤波电路的特点如下：

1) 接入滤波电容后，二极管的导通时间变短了，工作电流较大，特别是在接通电源瞬间会产生很大的浪涌电流。为了保证二极管的安全，选二极管参数时，正向平均电流的参数应留有足够的余量。

2) 经电容滤波后，输出波形变得平滑，输出电压的平均值升高。

3) 电容放电时间常数越大，输出电压越高，滤波效果也越好；反之，则输出电压低且滤波效果差。

4) 电容滤波电路适用于负载电流较小的场合。

对电容滤波可做如下分析：电容具有“隔直通交”作用，对于整流输出脉动直流电中的直流成分，电容相当于开路，因此其直流成分都加在负载两端，而脉动直流电中的交流成分，大部分经过电容旁路，因此负载中的交流成分很小，负载电压变得平滑。

(2) 电感滤波电路

当一些电气设备需要脉动小、输出电流大的直流电源时，若采用电容滤波电路，则容量必定很大，二极管的冲击电流也很大，这就使得二极管和电容器的选择很困难，在此情况下，往往采用电感滤波电路，如图 1-18 所示。

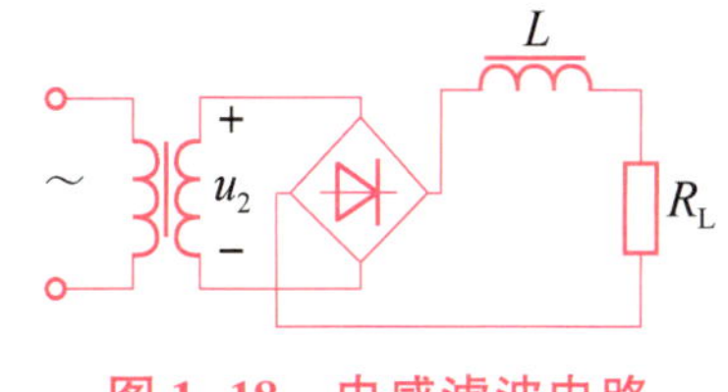

图 1-18　电感滤波电路

由于电感中的电流不能突变，因此电感 L 对于交流电呈现一个很大的感抗 $X_L = 2\pi fL$，能有效地阻止交流电通过，而对直流电的阻抗则很小，使直流电容易通过，因此，交流成分大多降落在电感 L 上，而直流成分则顺利地通过电感 L 流到负载 R_L 上，于是在负载 R_L 上获得的输出电压 u_L 中，交流成分就很小，从而达到滤波的目的。随着电感 L 的增加，即 $X_L = 2\pi fL$ 增加，阻止交流电的作用越强，滤波作用也越强，输出电压 u_L 中的交流成分就越小。

(3) 其他形式滤波电路

各种滤波电路的比较如表 1-3 所示。

表 1-3　各种滤波电路的比较

名称	电路	优点	缺点	使用场合
电容滤波	+, −, C, R_L, U_L	1）输出电压高。 2）在小电流时滤波效果好	1）负载能力差。 2）电源接通瞬间，整流二极管要承受较大的浪涌电流	负载电流较小的场合
电感滤波	L, +, −, R_L, U_L	1）负载能力较好。 2）对变动的负载滤波效果好。 3）整流二极管不会受到浪涌电流的损害	1）体积大。 2）输出电压较低	适用于负载变动大、负载电流大的场合。在晶闸管整流电源中用得较多
倒 LC 型滤波	L, +, −, C, R_L, U_L	1）输出电流较大。 2）负载能力较好。 3）滤波效果好	电感线圈体积较大，成本高	适用于负载变动大、负载电流大的场合
RC π 型滤波	R, +, −, C_1, C_2, R_L, U_L	1）输出电压高。 2）滤波效果好	1）输出电流较小。 2）负载能力差	适用于负载电流较小、要求稳定的场合
LC π 型滤波	L, +, −, C_1, C_2, R_L, U_L	1）滤波效果较好。 2）结构简单，经济。 3）能兼稳压、限流的作用	1）输出电流较小。 2）负载能力差	适用于负载电流小的场合

2. 稳压电路

稳压二极管简称稳压管，是一种特殊的面接触型半导体硅二极管。

（1）稳压二极管

1）稳压二极管的原理及图形符号

稳压二极管的伏安特性曲线如图 1-19（b）所示。由图可见，反向电压在一定范围内变化时，反向电流很小；当反向电压增高到击穿电压时，反向电流突然剧增，即稳压二极管反向击穿；此后，虽然电流在很大范围内变化，但稳压二极管两端的电压变化很小，这一特性便可用来稳压。所以在电路中稳压二极管必须反向连接，也就是稳压二极管的正极接电源的负极，负极接电源的正极。稳压二极管与其他二极管不同的是，其反向击穿是可逆的。当反向电压去掉后，稳压二极管又恢复正常状态。但是，如果反向电流超过允许值，稳压二极管的 PN 结也会因过热而损坏。由于硅管的热稳定性比锗管好，因此一般都用硅管做稳压二极管，

例如 2CW 系列和 2DW 系列都是硅稳压二极管。

2) 稳压二极管的主要参数

①稳定电压 U_Z：稳压二极管反向击穿后稳定正常工作时两端所呈现的电压值称为稳定电压，对于某只稳压二极管，其 U_Z 是这个范围内的某一确定数值。因此在使用时，具体数值需要实际测试。

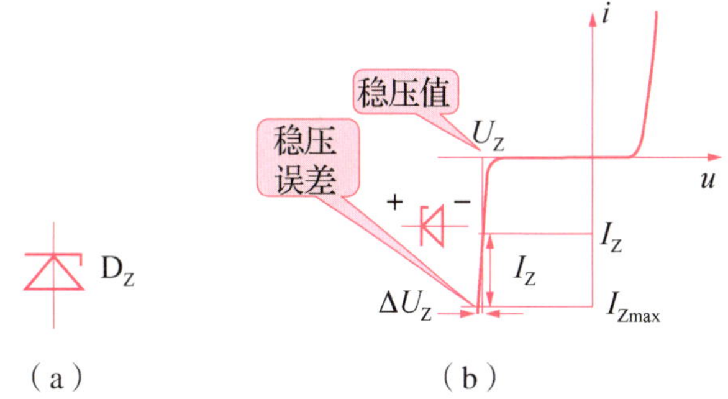

图 1-19　稳压二极管的图形符号及伏安特性

(a) 图形符号；(b) 特性曲线

② 稳定电流 I_Z：稳压二极管反向击穿后稳定工作时的反向电流称为稳定电流。稳压二极管允许通过的最大反向电流称为最大稳定电流 I_{Zmax}。使用稳压二极管时，工作电流不能超过 I_{Zmax}，否则稳压二极管可能损坏。

此外，还有动态电阻和电压温度系数等参数。动态电阻反映了稳压二极管的稳压性能，动态电阻越小，稳压性能越好。电压温度系数是指温度变化对稳定电压的影响作用，反映了稳压二极管的温度稳定性。电压温度系数越小，温度稳定性越好，即稳定电压受温度变化的影响越小。

(2) 稳压二极管稳压电路

交流电压经过整流滤波后，所得到的直流电压虽然脉动已经很小，但是当电源电压波动或负载发生变化时，直流电压将随之发生变化。因此，在整流滤波电路之后常加一级直流稳压电路，如图 1-20 所示。

当交流电源电压增加而使输入电压 u_2 增加时，负载电压 u_O 也将增加，即稳压二极管两端的电压 U_Z 增加，由于 U_Z 稍有增加，稳压二极管的电流 I_Z 就会显著增加，因此电阻 R 上的压降增加，抵消了 u_2 的增加，使负载电压 u_O 基本不变。

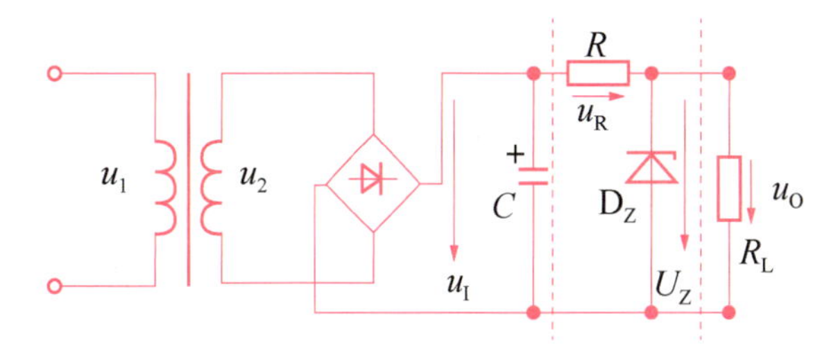

图 1-20　简单稳压电路

反之，当电源电压降低时，通过稳压二极管的电流 I_Z 减小，电阻 R 上的压降减小，使负载电压 u_O 基本不变。

当电源电压不变而负载电流增大时，电阻 R 上的压降增大，负载电压 u_O 随之降低。但是，只要 u_O 稍有下降，稳压二极管电流就会显著减小，使通过电阻 R 的电流和电阻 R 上的压降基本不变，负载电压 u_O 也基本不变。当负载电流减小时，稳压过程与此相反。

综上所述，稳压电路利用稳压二极管电流的变化，引起限流电阻 R 两端电压的变化，从而达到稳压的目的。稳压二极管起调整作用，为调整管；电阻 R 不但起限流作用，还起调压作用。

(3) 典型稳压电路

1) 过电压保护电路。

过电压保护电路分为过低压保护电路和过高压保护电路。某些电路和器件不允许在过低压下较长时间工作，为此可采用如图 1-21 所示的稳压二极管做过低压保护电路。当电源电压 U_S 超过稳压二极管击穿电压时，稳压二极管 D_Z 击穿导通，有足够的电流激励继电器，触点 J1 动作，给负载 R_L 供电。一旦电源电压过低(达不到稳压二极管稳定电压值)时，就没有电流通过继电器 J，J1 断开负载，即与电源分开。限流电阻 R_S 的选择原则是：$R_S = U_S/I_j - R_j$；其中 U_S 为电源电压，I_j 为继电器工作电流，R_j 为继电器直流电阻。

2)限幅作用。

为防止放大器等输出电压超过限定值，可采用图 1-22 所示稳压二极管限幅电路。其输出的电压峰值被限制在约等于稳压二极管的稳定电压值上。该电路为运放限幅电路，D_{Z1} 和 D_{Z2} 对接在反馈电路中。正常工作时输出电压小于稳压二极管 D_Z 的稳定电压，这条反馈支路不起作用。

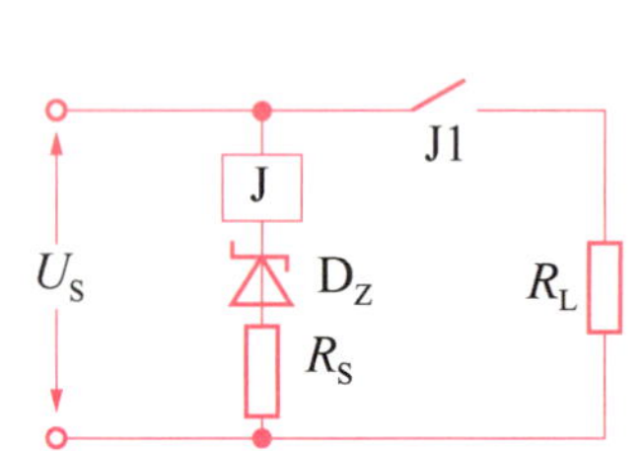

图 1-21　稳压二极管做过低压保护电路

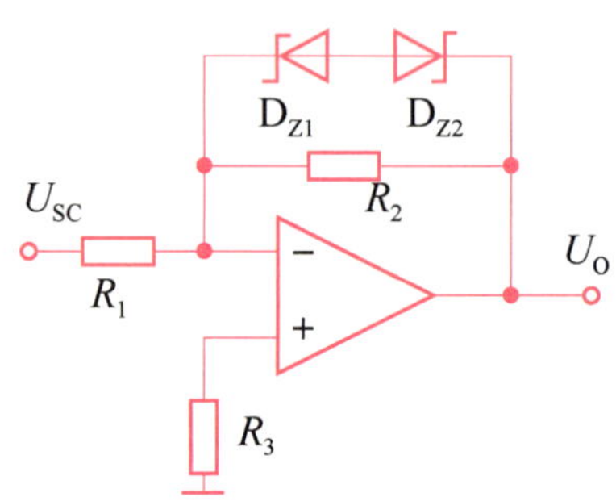

图 1-22　稳压二极管限幅电路

3. 集成稳压器

集成稳压器又叫集成稳压电路，它将不稳定的直流电压转换成稳定的直流电压。用分立元件组成的稳压电源，具有输出功率大，适应性较广的优点。集成稳压器一般分为线性集成稳压器和开关集成稳压器两类。常用的主要有 78××系列、79××系列、可调集成稳压器等。

(1)命名与简介

把串联稳压电路中的取样、基准、比较放大、调整和保护环节等集成于一个半导体芯片上，构成集成稳压器。早期的集成稳压器外引线较多，现在的集成稳压器只有 3 个引线：输入端、输出端和公共端(或调整端)，称为三端集成稳压器。常用的三端集成稳压器封装图如图 1-23 所示。

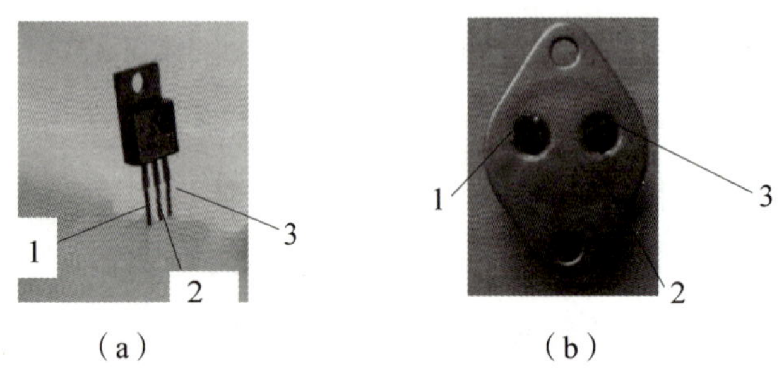

图 1-23　常用的三端集成稳压器封装图

(a)塑料封装；(b)金属封装

这类稳压器的输出为固定电压。国内外各生产厂家均将此系列稳压器命名为 CW78××系列，它的引脚与其功能的对应关系如表 1-4 所示。

表 1-4　CW78××与 CW79××的引脚功能

引脚 \ 功能 \ 类型	CW78××系列	CW79××系列
1	输入端	公共端
2	公共端	输入端
3	输出端	输出端

如 CW7805、CW7912 等。其中“78”后面的数字代表该稳压器输出的正电压数值，以 V 为单位。例如 CW7805 即表示稳压输出值为+5 V，7912 表示稳压输出电压值为-12 V 等。

三端可调稳压器的输出电压可调，稳压精度高，输出波纹小，一般的输出电压为 1.25~35 V 或-1.25~-35 V。典型的产品有 CW137 和 CW337 等。

(2) 典型电路

三端集成稳压器内部电路设计完善，辅助电路齐全，只需要连接很少的外围元件，就能构成一个完整的电路，并可以实现提高输出电压、扩展输出电流，以及输出电压可调等多种功能。下面说明几种常见的应用电路。

1) 输出固定电压电路。图 1-24 所示为三端固定集成稳压器的基本应用电路，电路中电容 C_1 用于减少输入电压的脉动和防止过电压，C_2 用于削弱电路的高频干扰，并具有消振作用。

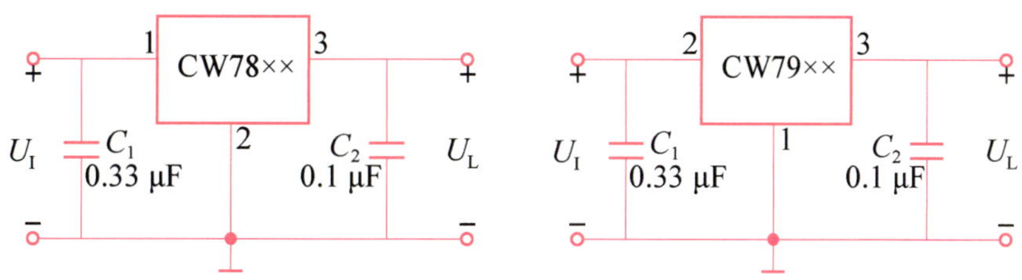

图 1-24　三端固定集成稳压器的基本应用电路

2) 正、负对称固定输出的稳压电源。在电子电路中，常常需要同时输出正、负电压的双向直流电源，由集成稳压器组成的这种电源形式较多，如图 1-25 所示，该电路具有共同的公共端，可以同时输出正、负电压。

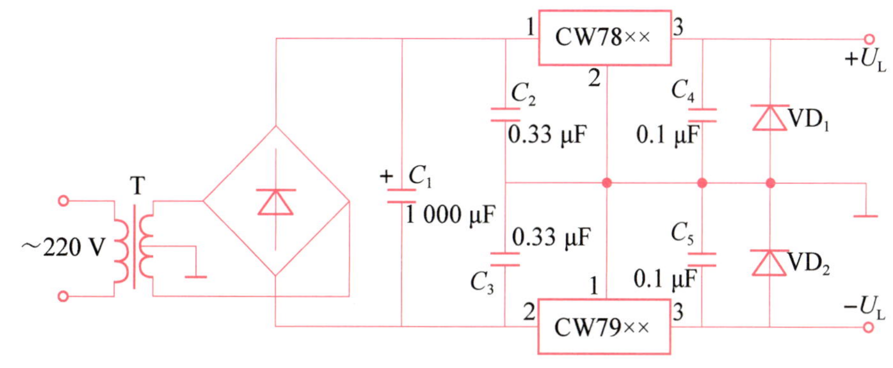

图 1-25　正、负电压同时输出电路

3）三端可调电压电路。一般固定 R_1，调 R_2 以获得 1.25～37 V 的电压。CW317 的输出电压可以从 1.25 V 连续调节到 37 V。其输出电压可以由下式算出：输出电压 $U_L = 1.25 \times (1 + R_2/R_1)$ V。使用时，R_1 要紧靠在稳压器的输出端和调整端接线，以免当输出电流大时，附加压降影响输出精度。R_2 的接地点应与负载电流返回接地点相同，且 R_1 和 R_2 应选择同种材料制作的电阻，精度尽量高一些。为了保护稳压器，在输入端和输出端间加入二极管 VD_1，在调整端和输出端间加入二极管 VD_2，分别提供一个放电回路。

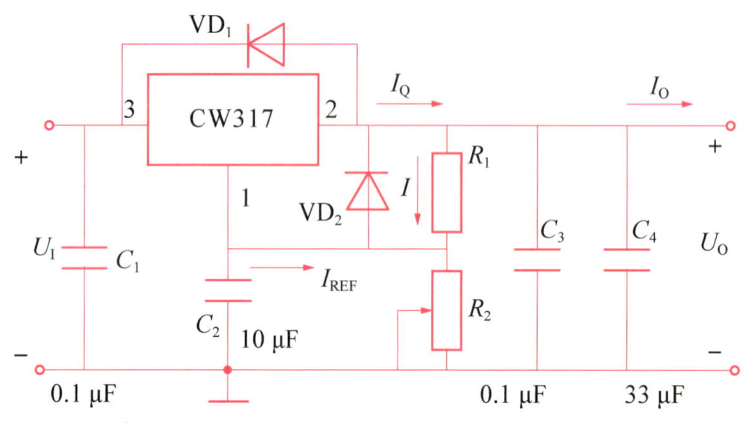

图 1-26　CW317 典型应用电路

（3）三端集成稳压器的检测

1）测量各引脚之间的电阻值。用万用表测量，可粗略判断好坏。要用 R×1k 挡测量。若测得结果与正常值相差较大，则性能不良。若测得某两脚之间的正、反向电阻值均很小或接近 0 Ω，则可判断该内部已被击穿。若均为无穷大，则说明它已经开路损坏。若测得阻值不稳定，随温度变化而改变，说明该稳压器热稳定性能不良。78××系列集成稳压器各引脚间电阻值参见表 1-5、表 1-6。

表 1-5　78××系列集成稳压器各引脚间电阻值

黑表笔所接引脚	红表笔所接引脚	正常阻值/kΩ
VI	VO	28～50
VO	VI	4.5～5.5
GND	VO	2.3～6.9
GND	VI	4～6.2
VO	GND	2.5～15
VI	GND	23～46

表 1-6　79××系列集成稳压器各引脚间电阻值

黑表笔所接引脚	红表笔所接引脚	正常阻值/kΩ
VI	VO	4~5.5
VO	VI	17~23
GND	VO	2.5~4
GND	VI	14~16.5
VO	GND	2.5~4

2）外形及引脚排列，如图 1-27 所示。

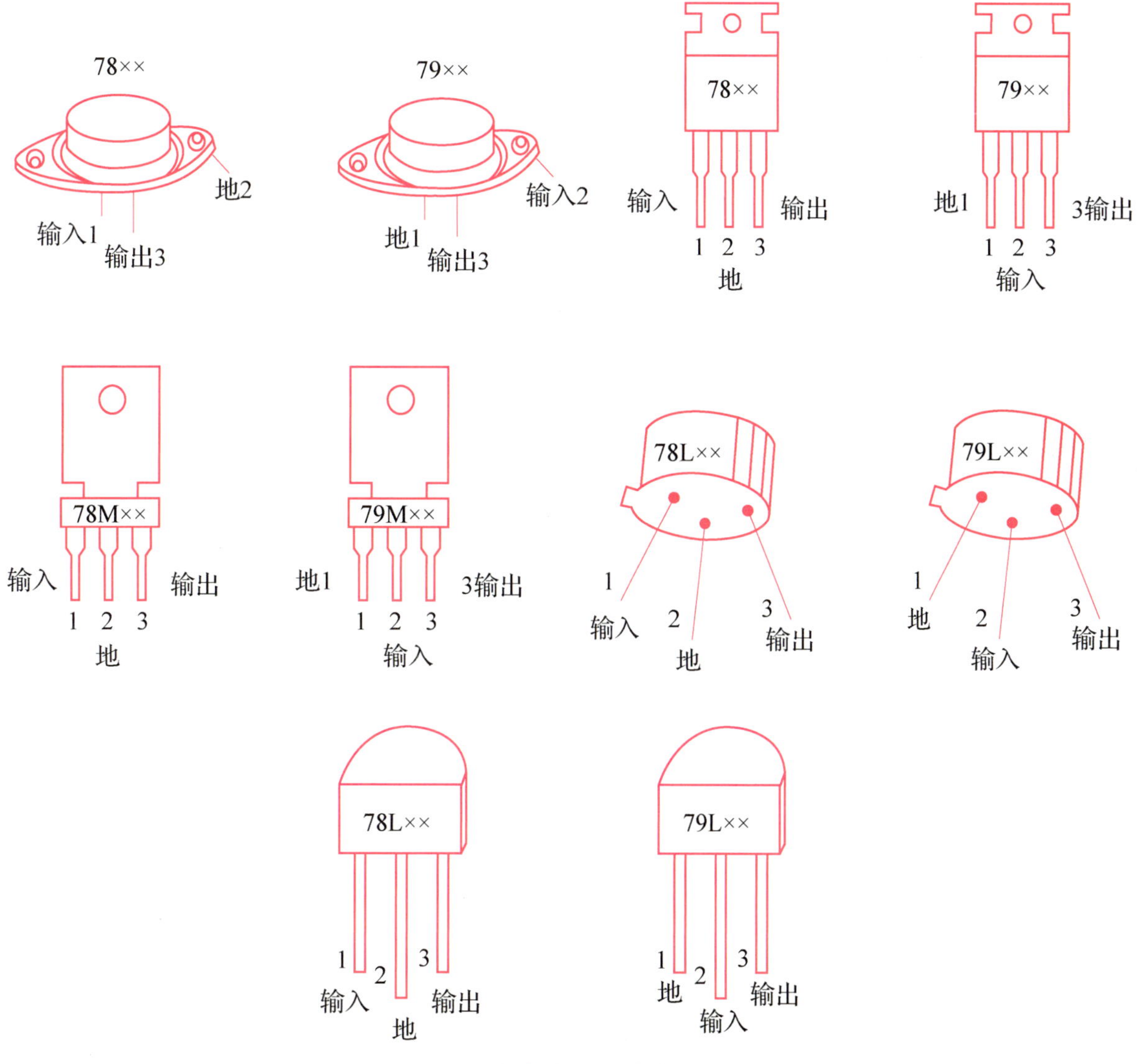

图 1-27　三端集成稳压器的外形及引脚排列

理论知识归纳

①本征半导体本身导电性较差，掺入杂质后导电性能显著提升，根据掺入的杂质不同可分为 N 型半导体和 P 型半导体。

②二极管由 1 个 PN 结组成，二极管具有单向导电性。利用这一特性可组成不同种类的整流电路。实现将交流电转换为直流电的作用。

③整流电路可分为单相半波、全波、单相桥式整流电路。每一种整流电路输出的电压大小不同，通过二极管的电流也有所不同。

④滤波电路可分为电容滤波电路、电感滤波电路和复式滤波电路，应根据其滤波效果要求选择不同的滤波电路。滤波的主要作用是过滤电路中的毛刺。

⑤稳压电路主要实现电路中输出电压的稳定。常采用二极管稳压电路和集成稳压块实现稳压作用。

实训操作

任务导入

随着校企合作的不断推进，现受中联国际电子有限公司委托，需加工 40 套充电器，并与企业签订产品委托加工合同。根据厂家要求，我们必须在 3 天之内完成所有套件的安装、调试工作，性能指标如下：输入电压为 AC 110~240 V，输出电压为 DC 2.8~8.7 V，使用电池容量为 200~3 000 mA，产品的出厂合格率达到 98%以上，并保证该产品保修期为 6 个月。

任务准备

一、焊接工具

1. 电烙铁

电烙铁是修理家用电器不可缺少的工具之一，常用的电烙铁有外热式电烙铁、内热式电烙铁、恒温电烙铁、吸锡电烙铁。

不论哪种电烙铁，都是在接通电源后，电阻丝绕制的加热器发热，直接通过传热筒加热烙铁头，待达到工作温度后，就可熔化焊锡，进行焊接。

(1)内热式电烙铁

其特点是烙铁心装置于烙铁头空腔内部，如图 1-28(a)所示，热量从里向外传给烙铁头，使得发热快、热效率高(可达 85%~90%)。另外，内热式电烙铁的体积小、质量轻、省电和价

格便宜，最适用于晶体管等小型电子器件和印制电路板的焊接。常用内热式电烙铁的规格有20 W、30 W 和 50 W 等。

(2)外热式电烙铁

其特点是传热筒内部固定烙铁头，外部缠绕电阻丝，如图 1-28(b)所示，并将热量从外部向里传到烙铁头上。常用外热式电烙铁的规格有 25 W、45 W、75 W、100 W 和 300 W 等。

(3)恒温电烙铁

由于恒温电烙铁头内装有带磁铁式的温度控制器，控制通电时间而实现温控，即给电烙铁通电时，烙铁的温度上升，当达到预定的温度时，因强磁体传感器达到了居里点而磁性消失，从而使磁芯触点断开，这时便停止向电烙铁供电；当温度低于强磁体传感器的居里点时，强磁体便恢复磁性，并吸动磁芯开关中的永久磁铁，使控制开关的触点接通，继续向电烙铁供电。

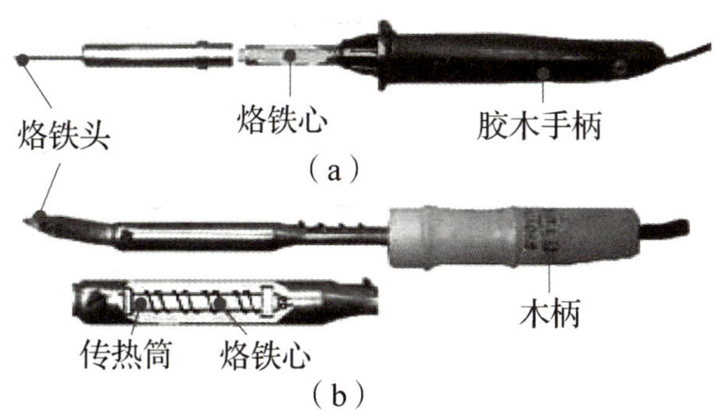

图 1-28　电烙铁结构

(a)内热式电烙铁结构；(b)外热式电烙铁结构

(4)吸锡电烙铁

吸锡电烙铁是将活塞式吸锡器与电烙铁融为一体的拆焊工具。它具有使用方便、灵活、适用范围宽等特点。这种吸锡电烙铁的不足之处是每次只能对一个焊点进行拆焊。

(5)电烙铁的握法

电烙铁的握法可分为三种，如图 1-29 所示。

图 1-29(a)为反握法，就是用五指把电烙铁的柄握在掌内，此法适用于大功率电烙铁，焊接散热量较大的被焊件。

图 1-29(b)为正握法，此法使用的电烙铁也比较大，且多为弯形烙铁头。

图 1-29(c)为笔握法，此法适用于小功率的电烙铁，焊接散热量小的被焊件，如焊接收音机、电视机的印制电路板及其维修等。

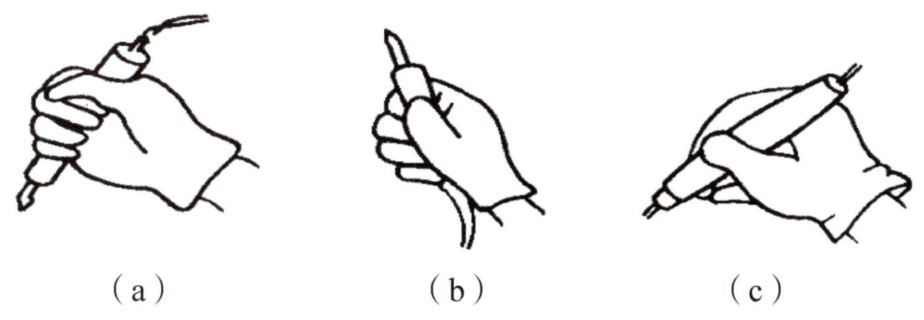

图 1-29　电烙铁的握法

(a)反握法；(b)正握法；(c)笔握法

(6) 电烙铁的使用注意事项

1) 电烙铁使用前应检查使用电压是否与电烙铁标称电压相符。

2) 电烙铁插头最好使用三级插头，要使外壳妥善接地。

3) 电烙铁通电后不能任意敲击、拆卸及安装其电热部分零件。

4) 电烙铁应保持干燥，不宜在过分潮湿或淋雨环境使用。

5) 拆烙铁头时，要关掉电源。

6) 关电源后，利用余热在烙铁头上上一层锡，以保护烙铁头。

7) 当烙铁头上有黑色氧化层时，可用砂布擦去，然后通电，并立即上锡。

8) 海绵用来收集锡渣和锡珠，用手捏时以刚好不出水为宜。

9) 焊接之前做好“7S”处理，焊接之后也要做“7S”处理。

10) 使用前，应认真检查电源插头、电源线有无损坏，并检查烙铁头是否松动。

2. 镊子

在焊接过程中，镊子是配合使用不可缺少的工具，特别是在焊接小零件时，用手扶拿会烫手，既不方便，有时还容易引起短路。有了镊子，可用它接引线、送引脚，灵活性好。其外形如图 1-30 所示。

3. 尖嘴钳

尖嘴钳是一种运用杠杆原理的典型工具之一。它在焊接过程中主要是用来剪除元件过长引脚，其外形如图 1-31 所示。

图 1-30　镊子

图 1-31　尖嘴钳

4. 吸锡器

吸锡器与电烙铁配合使用，主要是收集拆卸焊盘电子元件时熔化的焊锡，其外形如图 1-32 所示。

5. 海绵

除了以上工具外，在焊接的过程中，海绵也是一种不可或缺的小工具，它的主要功能是去除烙铁头的氧化物质。海绵在使用中必须保持干净，水分不宜过多，每次使用前都必须轻轻挤压，以 3~4 滴水珠为宜。其外形如图 1-33 所示。

图 1-32　吸锡器

图 1-33　海绵

二、参考原理图和原理分析

1. 参考原理图

充电器参考原理图如图 1-34 所示。

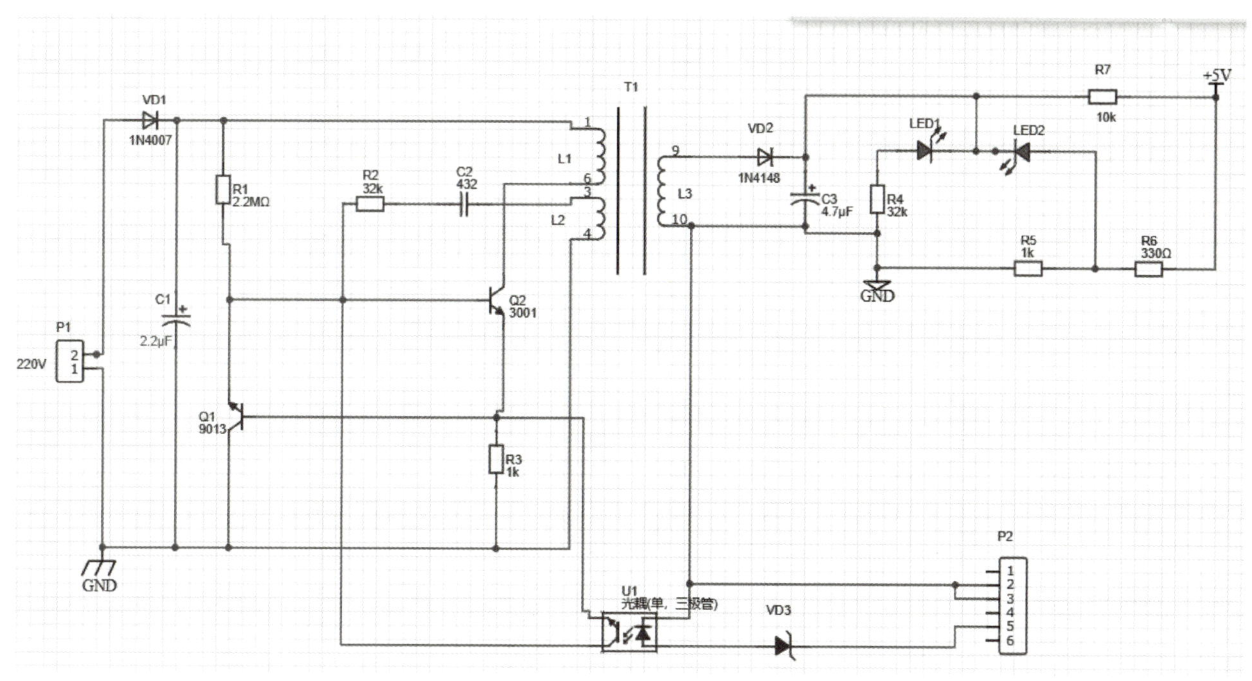

图 1-34　充电器参考原理图

2. 工作原理

当接通电源 220 V 后，通过 VD_1 整流，C_1 滤波，经电阻 R_1 给三极管 Q_2 提供基极启动电流，使 Q_2 开始导通，其集电极电流 I_c 线性增长，在 L_1 中感应出使 Q_2 基极为正、发射极为负的反馈电压，通过 C_2、R_2 送到 Q_2 基极，使 Q_2 迅速饱和，与此同时，感应电动势给电容 C_2 充电，随着 C_2 充电电压升高，Q_2 基极电位逐渐下降，I_c 开始减小，在 L_2 中感应出使 Q_2 基极为负，发射极为正的电压，使 Q_2 迅速截止，完成一个振荡周期。在 Q_2 截止期间，在 L_3 绕阻感应出一个 5 V 左右的交流电压，此后，C_2 逐渐放电，Q_2 基极电压逐渐升高，从而开始第二个周期，不断循环。

VD_3、U_1、Q_1 等组成采样比较电路，以检查输出电压的高低。当负载变轻或者电压升高等原因导致输出电压升高时，VD_3 被击穿，U_1 中发光二极管电流增大，U_1 中光敏三极管电流增大，L_2 反馈绕阻中的感应电压经 U_1 中的光敏三极管反馈到 Q_1 基极，Q_1 基极电流增大，使集电极电流增大，Q_1 基极电流减小，使集电极电流减小，负载能力变小，从而导致输出电压降低。当输出电压降低以后，Q_1 取样后又会截止，Q_2 的负载能力变强，输出电压升高，这样，起到了自动稳压的作用。

本电路设计有电流过载保护功能。当负载过载或者短路时，Q_2 的集电极电流增大，Q_2 的发射极电阻 R_3 上产生较高的压降，从而让 Q_2 截止，停止输出，防止过载损坏。因此，改变 R_3 的大小，可以改变负载能力。

任务实施

一、焊接前操作步骤

1. 元器件清单

元器件清单如表 1-7 所示。

表 1-7　元器件清单

序号	名称	型号规格	位号	数量	型号规格是否正确	实测数值
1	电阻	1 kΩ	R_3、R_5	2		
2	电阻	330 Ω	R_6	1		
3	电阻	2. 2 MΩ	R_1	1		
4	电阻	32 kΩ	R_2、R_4	1		
5	电阻	10 kΩ	R_7	1		
6	电解电容	2. 2 μF	C_1	1		
7	电解电容	4. 7 μF	C_3	1		
8	瓷片电容	432/50 V	C_2	1		
9	二极管	1N4148	VD_2	1		
10	二极管	1N4007	VD_1	1		
11	稳压二极管	0. 5 W，4. 7 V	VD_3	1		
12	三极管	MJE 3001	Q_2	1		
13		S9013	Q_1	1		
14	指示灯	3 mm 双色	共阴	2		
15	IC 光耦	EL817	U_1	1		
16	连接线		若干	2		

续表

序号	名称	型号规格	位号	数量	型号规格是否正确	实测数值
17	变压器	EE-13	T_1	1		
18	电路板	PCB		1		
19	USB 插座	B 母座弯	P_2	1		

2. 电路板检验

电路板主要分为万能板和 PCB 板。对于万能板，主要检验焊孔是否有脱落、是否有铜箔损坏情况。对于 PCB 板，主要检验焊孔、定位孔、过线孔等是否有铜箔脱落、损坏或者绝缘损坏等情况。

3. 元器件整形

电子元器件通常采用立式或者卧式的安装方式，对于不同的电子元器件，根据其通过的电流和安装方式的不同，具体安装尺寸参考表 1-8。

表 1-8　电子元器件安装尺寸要求

元器件大类型	元器件小类型及规格描述	元器件本体抬高于 PCB 板的尺寸或其他要求	安装是否符合要求
电阻	额定功率<1 W 的普通电阻	平贴于 PCB 板面 1~6 mm	
	额定功率≥1 W 的普通电阻	抬高于 PCB 板面 1~6 mm	
	水泥电阻	抬高于 PCB 板面 2.5~3.5 mm	
	压敏电阻、热敏电阻等外形类似瓷介电容的电阻元件	有安全距离，要求从距离引脚处 1~2 mm 处开始整形	
电容	独石电容、瓷介电容、金属膜电容、钽电容、铝电解电容等	平贴于 PCB 板，插装到底(卧式除外)	
二极管	额定功率<1 W 的稳压二极管(卧式成型)	抬高于 PCB 板面 1~2 mm	
	额定电流<1 A 的其他各种二极管(卧式成型)	抬高于 PCB 板面 1~2 mm	
	额定功率≥1 W 的稳压二极管	抬高于 PCB 板面 1~4 mm	
	额定电流>1 A 的其他各种二极管	抬高于 PCB 板面 1~4 mm	
	额定功率<1 W 的稳压二极管(立式成型)	抬高于 PCB 板面 1~4 mm	
	额定电流<1 A 的其他各种二极管(立式成型)	抬高于 PCB 板面 1~4 mm	
	LED 长度为 5 mm 的圆体封装	抬高于 PCB 板面 9~10 mm	
三极管	小功率三极管	抬高于 PCB 板面 3~4 mm	
	自带无散热器的大功率三极管，电压调整器为立式安装	元器件引脚细的一段完全插入焊盘通孔内	

4. 元器件插接间距

元器件的插接间距如表 1-9 所示。

表 1-9　元器件的插接间距

序号	项目说明	要求标准	是否符合要求	备注
1	插装的顺序	先低后高、先小后大、先轻后重、先里后外		
2	元件标识	标记和色码部分朝上		
3	元器件间距	元件之间间距不小于 1 mm		
		轴式元器件水平安装，本体底部与印制板间的最大距离为 3 mm		
		轴式元器件水平安装，功率大于 1 W 的，至少距离为 1.5 mm		
		轴式元器件垂直安装，元器件底面与印制板的高度在 0.4~3.0 mm		
		径向元器件垂直安装，元器件底面与印制板的高度在 0.3~2.0 mm		
		引线间距大于 2 mm		
4	插接方向	元件极性方向与印制板印制方向相同		
5	元器件引脚成型加工	引脚弯曲位置离元器件本体的长度至少在一个引脚的直径（厚度），且不能少于 0.8 mm		
6	引脚	引脚应过板，露出印制板的最小长度为 1 mm		
7	大型元器件	一定要用金属固定件或塑料固定架加以固定		

二、焊接操作步骤

1. 焊前准备

把被焊件、焊锡丝和烙铁准备好(包括元件表面氧化层的处理、元件脚的弯制、上锡等处理)，处于随时可焊的状态。

2. 焊接步骤

步骤一：准备施焊(见图 1-35(a))。左手拿焊锡丝，右手握电烙铁，进入备焊状态。要求烙铁头保持干净，无焊渣等氧化物，并在表面镀有一层焊锡。

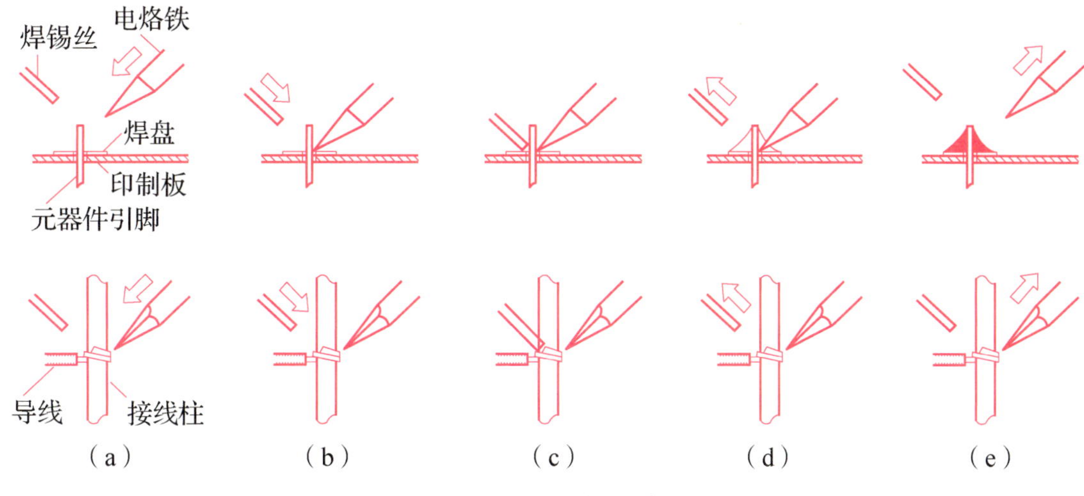

图 1-35　焊锡操作步骤

(a)步骤一；(b)步骤二；(c)步骤三；(d)步骤四；(e)步骤五

步骤二：加热焊件（见图 1-35(b)）。将烙铁头靠在两焊件的连接处，加热整个焊件全体，时间为 1～2 s。对于在印制板上焊接元器件来说，要注意使烙铁头同时接触两个被焊接物。例如图 1-35(b)中的导线与接线柱、元器件引线与焊盘要同时均匀受热。

步骤三：送入焊锡丝（见图 1-35(c)）。焊件的焊接面被加热到一定温度时，焊锡丝应从烙铁对面接触焊件。注意：不要把焊锡丝送到烙铁头上。

步骤四：移开焊锡丝（见图 1-35(d)）。当焊锡丝熔化一定量后，立即向左上 45°方向移开焊锡丝。

步骤五：移开烙铁（见图 1-35(e)）。焊锡浸润焊盘和焊件的施焊部位以后，向右上 45°方向移开电烙铁，结束焊接。从第三步开始到第五步结束，时间也是 1～2 s。

3. 焊接工艺

在焊接开始时，要保证电烙铁的烙铁头清洁，同时对电烙铁与 PCB 的距离、焊点都有具体的要求，详细标准如表 1-10 所示。

表 1-10　焊接要求

序号	项目说明	标准要求	现场记录	备注
1	电烙铁	烙铁头要保持清洁		
2	焊接要求	电烙铁与水平面夹角为 60°		
		焊接时间：一般元件，3 s 以内；集成类元件单引脚，2 s 以内		

续表

序号	项目说明	标准要求	现场记录	备注
3	焊点要求	无虚焊、漏焊、桥接、溅锡		
		无焊料过多或者过少		
		焊接无毛刺、孔隙		
		无超出焊盘		
		无铜箔脱落		
		剪脚留头长度小于 1 mm		
4	安全文明	无烫伤、烫坏线路及设备情况		

电子产品的组装其主要任务是在印制电路板上对电子元器件进行锡焊。焊点的个数从几十个到成千上万个，如果有一个焊点达不到要求，就要影响整机的质量，常见虚焊点和不良焊点如图 1-36 所示。

图 1-36　常见不良焊点

三、功能调试

1. 通电前检查

按照焊接操作的基本工艺要求焊接电路，焊接完成后，对电路的装接质量进行自检，重点是检查装配的准确性，包括：元件的位置正确；变压器的一次侧、二次侧绕组接线正确、绝缘恢复良好；焊点质量良好，应无虚焊、假焊、漏焊、空隙、毛刺等现象；没有其他影响安全性指标的缺陷；元器件整体合格。将焊接情况记录于表 1-11 中。

表 1-11　自检情况记录表

自检项目	自检结果	出现问题的原因和解决办法
按照电路图安装元件		
焊点的质量		
元件的整体美观度		
其他问题		

2. 通电试车

检查电路装接无误后，经教师允许，即可进行通电测试。

按要求连接好元件，通电后，注意观察有无异常现象，如冒烟、有焦煳味、元件发热烫手等。如发现异常现象，立即切断电源，然后查找故障原因并记录于表1-12中。

表1-12　情况记录表

所遇问题	出现的原因	解决方法

任务评价

以小组为单位，选择演示文稿、展板、海报、录像等形式中的一种或几种，向全班展示汇报学习成果。完成综合评价表1-13。

表1-13　综合评价表

评价项目	评价内容	评价标准： A为90分，B为75分，C为60分，D为30分	评价方式		
			自我评价	小组评价	教师评价
职业素养	安全意识 责任意识	A 作风严谨、自觉遵章守纪、出色地完成工作任务			
		B 能够遵守规章制度，较好地完成工作任务			
		C 遵守规章制度，未完成工作任务，或完成工作任务但忽视规章制度			
		D 不遵守规章制度，未完成工作任务			
	学习态度	A 积极参与教学活动，全勤			
		B 缺勤达本任务总学时的10%			
		C 缺勤达本任务总学时的20%			
		D 缺勤达本任务总学时的30%			
	团队合作意识	A 与同学协作融洽、团队合作意识强			
		B 与同学沟通、协作能力较强			
		C 与同学沟通、协作能力一般			
		D 与同学沟通、协作能力较差			

续表

<table>
<tr><td rowspan="2">评价项目</td><td rowspan="2">评价内容</td><td rowspan="2">评价标准：
A 为 90 分，B 为 75 分，C 为 60 分，D 为 30 分</td><td colspan="3">评价方式</td></tr>
<tr><td>自我评价</td><td>小组评价</td><td>教师评价</td></tr>
<tr><td rowspan="8">专业能力</td><td rowspan="4">学习活动 1</td><td>A 熟练、有条理地完成知识的自主学习，正确回答工作页中的相关问题，工作计划制订合理</td><td></td><td></td><td></td></tr>
<tr><td>B 较顺利地完成知识的自主学习，正确回答工作页中的相关问题，工作计划制订合理</td><td></td><td></td><td></td></tr>
<tr><td>C 自主学习能力一般，或工作页中内容遗漏、错误较多，或工作计划制订存在较多问题</td><td></td><td></td><td></td></tr>
<tr><td>D 未能完成知识的自主学习，或未完成工作页中的相关内容</td><td></td><td></td><td></td></tr>
<tr><td rowspan="4">学习活动 2</td><td>A 学习活动评价成绩为 90~100 分</td><td></td><td></td><td></td></tr>
<tr><td>B 学习活动评价成绩为 75~89 分</td><td></td><td></td><td></td></tr>
<tr><td>C 学习活动评价成绩为 60~74 分</td><td></td><td></td><td></td></tr>
<tr><td>D 学习活动评价成绩为 0~59 分</td><td></td><td></td><td></td></tr>
<tr><td colspan="2">创新能力</td><td>学习过程中提出了具有创新性、可行性的建议</td><td colspan="3"></td></tr>
<tr><td colspan="2">班级</td><td></td><td>学号</td><td colspan="2"></td></tr>
<tr><td colspan="2">姓名</td><td></td><td>综合评价等级</td><td colspan="2"></td></tr>
<tr><td colspan="2">指导教师</td><td></td><td>日期</td><td colspan="2"></td></tr>
</table>

模块二

收音机的安装与调试

学习目标

知识目标

1）掌握三极管的基本工作原理和工作状态，会用万用表判别三极管的类型、引脚极性及质量好坏。

2）掌握常用放大电路的静态工作点的设置。

3）熟悉集成运放电路的基本工作原理和特性。

4）熟悉功放电路的基本工作原理和特性。

5）掌握示波器的操作方法及其接线要求。

技能目标

1）能根据任务要求，列出所需工具和材料清单并正确对电子元器件进行识别检测，合理制订工作计划。

2）能正确识读电路原理图，完成电子元器件焊接基本技能训练。

3）能正确使用示波器，并且对线路故障进行分析及排除。

素养目标

1）培养学生严谨、细致的工作态度。

2）培养学生团队协作、创新创业等能力。

3）培养学生语言组织、沟通等职业素养能力。

理论知识

一、三极管

1. 三极管的基本知识

(1)结构及符号

三极管的结构包括 3 个区(集电区、基区、发射区)、两个结(集电结、发射结)、3 个极(集电极 C 或 c、基极 B 或 b、发射极 E 或 e)。根据两个 PN 结连接方式的不同，三极管可以分为 NPN 型和 PNP 型两种不同导电类型，其结构和符号如图 2-1 所示。

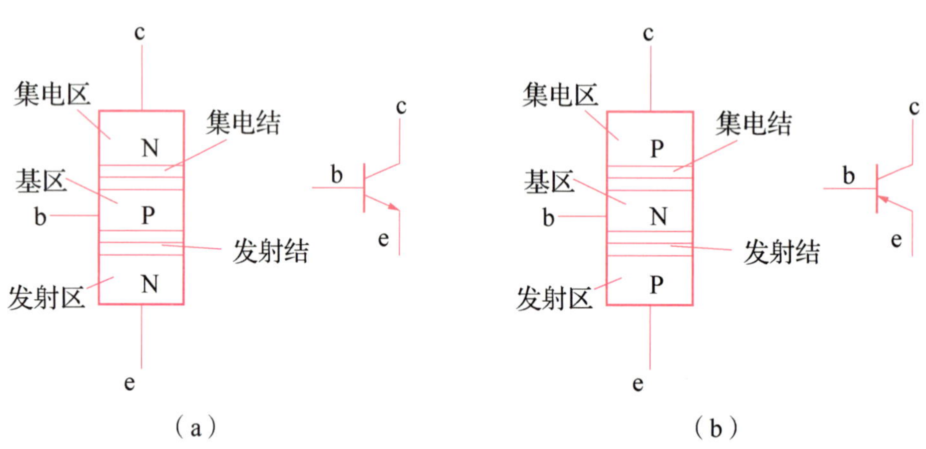

图 2-1　三极管的结构和符号

(a)NPN 型三极管；(b)PNP 型三极管

(2)三极管的电流放大作用

1)放大条件。

①内部：发射区掺杂浓度大于基区，以便发射载流子；集电区比发射区大，以便收集载流子；基区很薄，杂质也少，以便减少载流子的复合。

②外部：给三极管加一定的工作电压，且电压极性要正确，大小要正常，具体来说就是发射结加正向电压，集电结加反向电压，且反向电压要高于正向电压 2 倍以上，如图 2-2 所示。

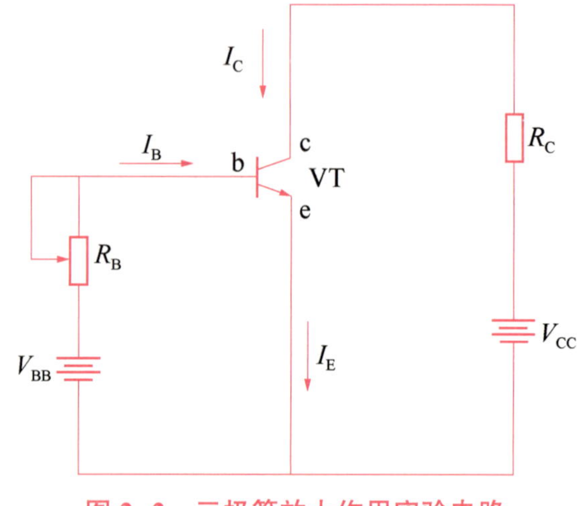

图 2-2　三极管放大作用实验电路

2)放大实质：用较小的基极电流控制较大的集电极电流。

3)电流分配关系：

$$I_E = I_B + I_C$$

$$I_C = \beta I_B$$

$$\Delta I_C = \beta \Delta I_B$$

式中，β 称为三极管的电流放大系数，它反映三极管的电流放大能力。

2. 三极管的识别

(1)外形

三极管的常见外形如图 2-3 所示。

插件三极管的三根引脚分布是有一定规律的，根据这一规律，可方便地识别引脚极性。识别时按图 2-3(b)所示排列，引脚 1、2、3 分别对应为 E、B、C。

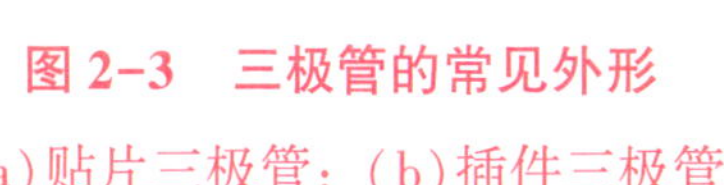

图 2-3　三极管的常见外形

(a)贴片三极管；(b)插件三极管

(2)特性曲线及主要参数

1)输入特性曲线。输入特性是指在 U_{CE} 一定时，三极管基极、发射极间电压 u_{BE} 与基极电流 i_B 之间的关系曲线，如图 2-4(a)所示。由此看出，三极管的输入特性曲线与二极管的正向特性曲线相似，只有当 u_{BE} 大于死区电压时，才产生基极电流 i_B，这时三极管处于正常放大状态。

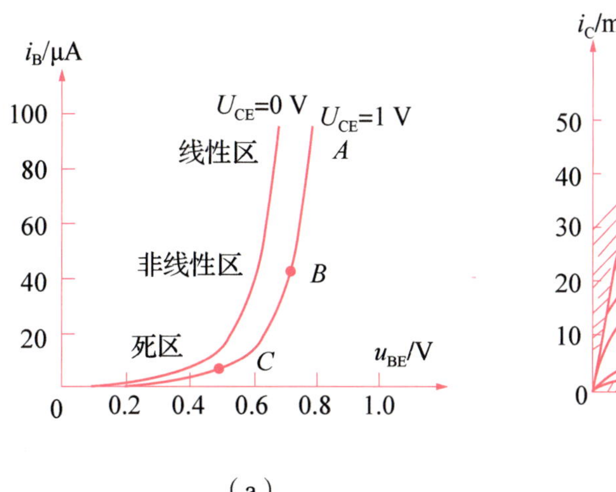

(a)

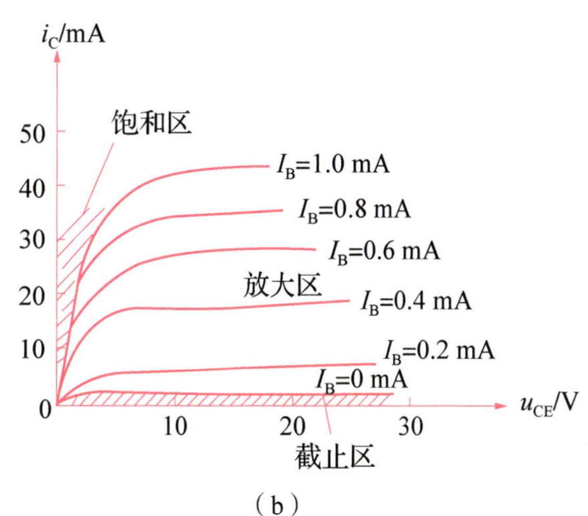

(b)

图 2-4　三极管的特性曲线

(a)输入特性曲线；(b)输出特性曲线

2)输出特性曲线。输出特性曲线是指当三极管基极电流 I_B 一定时，三极管集电极、发射极间电压 u_{CE} 与集电极电流 i_C 之间的关系曲线，如图 2-4(b)所示。

三极管的输出特性曲线由一簇形状相同的曲线组成，每条对应不同的 I_B 值，每条都可分为线性上升、弯曲、平坦三部分。

三极管的输出特性曲线分为 3 个区域，不同区域对应三极管的不同工作状态，见表 2-1。

表 2-1　三极管输出特性的 3 个区域

区域	条件	工作状态
截止区	发射结反偏，集电结反偏	截止状态，c、e 之间等效电阻很大，相当于开路
放大区	发射结正偏，集电结反偏	放大状态，c、e 之间等效电阻线性可变，阻值受基极电流大小控制，基极电流大，c、e 之间等效电阻小，反之则大
饱和区	发射结正偏，集电结正偏	饱和状态，c、e 之间等效电阻很小，相当于短路

3) 主要参数。三极管的参数反映了其性能和安全运用范围，是正确使用和合理选择三极管的依据，这里重点介绍以下参数，如表 2-2 所示。

表 2-2　三极管的主要参数

参数名称	符号	说明
电流放大系数	β	β 值一般在 20~200，它是表征三极管电流放大作用的最主要参数
反向击穿电压值	$U_{(BR)CEO}$	指基极开路时加在 c、e 两端电压的最大允许值，一般为几十伏，高压大功率管可达千伏以上，超过此值，可能会击穿管子
最大集电极电流	I_{CM}	指由于三极管集电极电流 I_C 过大使 β 值下降到规定允许值时的电流（一般指 β 值下降到 2/3 正常值时的 I_C 值）。实际管子在工作时超过 I_{CM} 并不一定损坏，但管子的性能将变差。硅管比锗管在高温下具有较好的稳定性
最大管耗	P_{CM}	指根据三极管允许的最高结温而定出的集电结最大允许耗散功率。在实际工作中，三极管的 I_C 与 U_{CE} 的乘积要小于 P_{CM} 值，反之则可能烧坏管子
穿透电流	I_{CEO}	在三极管基极电流 $I_B = 0\ \mu A$ 时，流过集电极的电流 I_C。它表明基极对集电极电流失控的程度。小功率硅管的 I_{CEO} 约为 0.1 mA，锗管的值要比它大 1 000 倍，大功率硅管的 I_{CEO} 约为 mA 数量级

(3) 三极管的检测

1) 三颠倒，找基极。三极管是含有两个 PN 结的半导体器件。根据 PN 结的单向导电性，选用万用表的欧姆挡，并选择 $R\times100$ 或 $R\times1k$ 挡位，测量任意两引脚阻值，根据测量结果找出基极，如表 2-3 所示。

表 2-3　基极的测量

测量引脚	第一次测量值	第二次测量值	第三次测量值
1—2	大	小	大
1—3	大	小	大
2—3	小	大	小
结论	两次测量阻值均小的那组，1 号引脚为基极		

2）PN 结，定管型。根据以上结论，若用指针式万用表测量，如果接基极引脚为黑表笔，则为 NPN 型，反之，接基极引脚为红表笔，则为 PNP 型。

3）顺箭头，偏转大。对于 NPN 型三极管，穿透电流的测量电路如图 2-5 所示。根据这个原理，用万用表的黑、红表笔颠倒测量两极间的正、反向电阻 R_{CE} 和 R_{EC}，虽然两次测量中万用表指针偏转角度都很小，但仔细观察，总会有一次偏转角度稍大，此时电流的流向一定是：黑表笔→c 极→b 极→e 极→红表笔，电流流向正好与三极管符号中的箭头方向一致（“顺箭头”），所以此时黑表笔所接的一定是集电极 c，红表笔所接的一定是发射极 e。

对于 PNP 型的三极管，道理也类似于 NPN 型，其电流流向一定是：黑表笔→e 极→b 极→c 极→红表笔，其电流流向也与三极管符号中的箭头方向一致，所以此时黑表笔所接的一定是发射极 e，红表笔所接的一定是集电极 c。

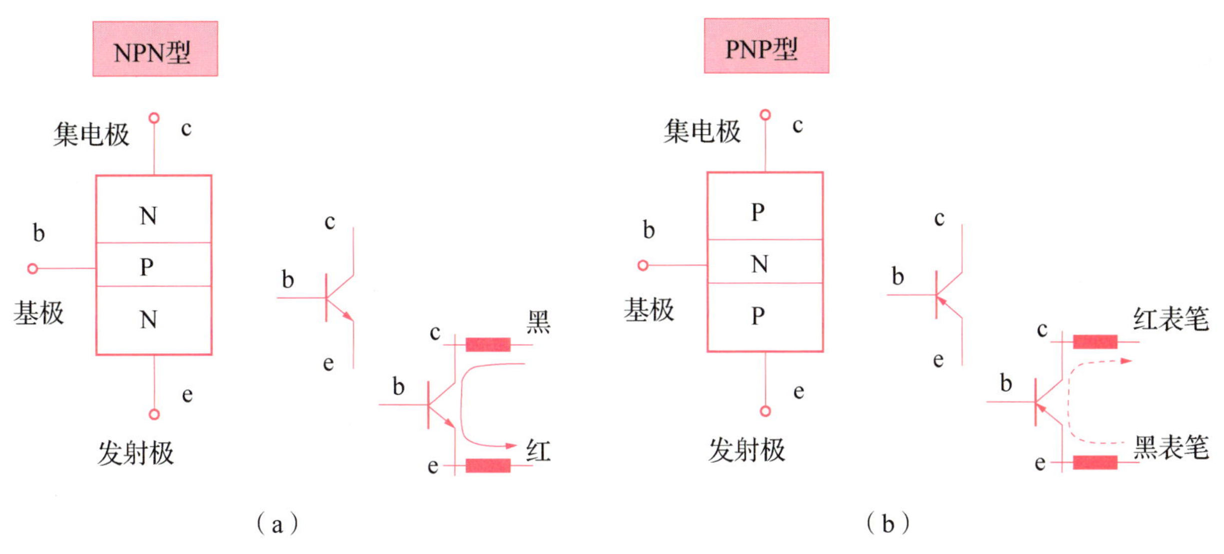

图 2-5　判断集电极和发射极

4）测不出，动嘴巴。若在“顺箭头，偏转大”的测量过程中，由于颠倒前后的两次测量指针偏转均太小难以区分时，就要“动嘴巴”了。具体方法是：在两次测量中，用两只手分别捏住两表笔与引脚的结合部，用嘴巴含住（或用舌头抵住）基极 b，仍用“顺箭头，偏转大”的判别方法即可区分开集电极 c 与发射极 e。其中人体起到直流偏置电阻的作用，目的是使效果更加明显，方法示意如图 2-6 所示。

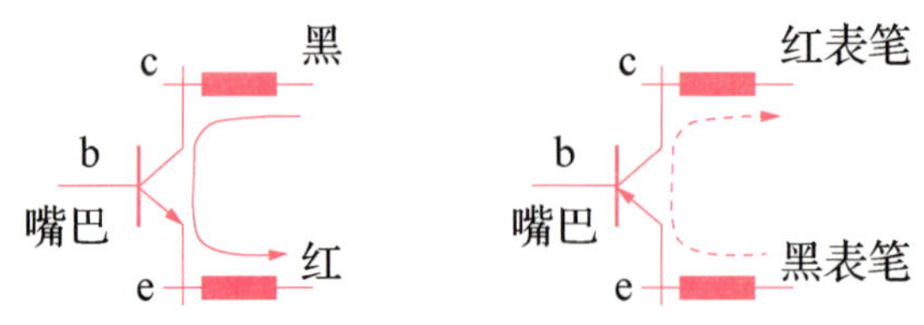

图 2-6　判断集电极和发射极

注：PNP 型三极管发射区“发射”的是空穴，其移动方向与电流方向一致，故发射极箭头向里；NPN 型三极管发射区“发射”的是自由电子，其移动方向与电流方向相反，故发射极箭头向外。发射极箭头指向也是 PN 结在正向电压下的导通方向。

二、基本放大电路的分析

1. 放大电路概述

(1) 放大电路的基本概念

所谓“放大”，就是指放大电路(放大器)特定的性能，它能够将微弱的电信号(电压或电流)转变为较强的电信号，如图 2-7 所示。“放大”的实质是以微弱的电信号控制放大电路的工作，将电源的能量转变为与微弱信号相对应的较大能量的大信号，是一种“以弱控强”的方式。

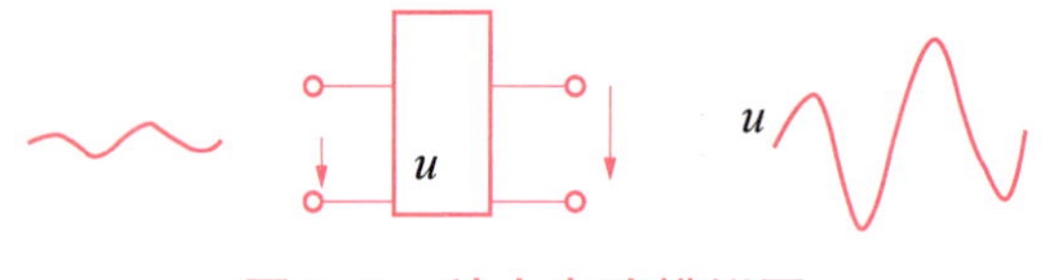

图 2-7　放大电路模拟图

(2) 对放大电路的基本要求

1) 足够的放大倍数。

2) 一定宽度的通频带。

3) 非线性失真小。

4) 工作要稳定。

5) 输入信号的电压、电流及功率不能超过放大器的最大允许值，否则会损坏放大器。

6) 放大器允许输出信号的最大功率应小于由电源提供给放大器的功率。

(3) 放大电路的分类

1) 按三极管的连接方式分类，有共射放大器、共基放大器和共集放大器等。

2) 按放大信号的工作频率分类，有直流放大器、低频(音频)放大器和高频放大器等。

3) 按放大信号的形式分类，有交流放大器和直流放大器等。

4) 按放大器的级数分类，有单级放大器和多级放大器等。

5) 按放大信号的性质分类，有电流放大器、电压放大器和功率放大器等。

6) 按被放大信号的强度分类，有小信号放大器和大信号放大器等。

7）按元器件的集成化程度分类，有分立元件放大器和集成电路放大器等。

2. 基本共射放大电路

基本共射放大电路的基本电路如图 2-8 所示。

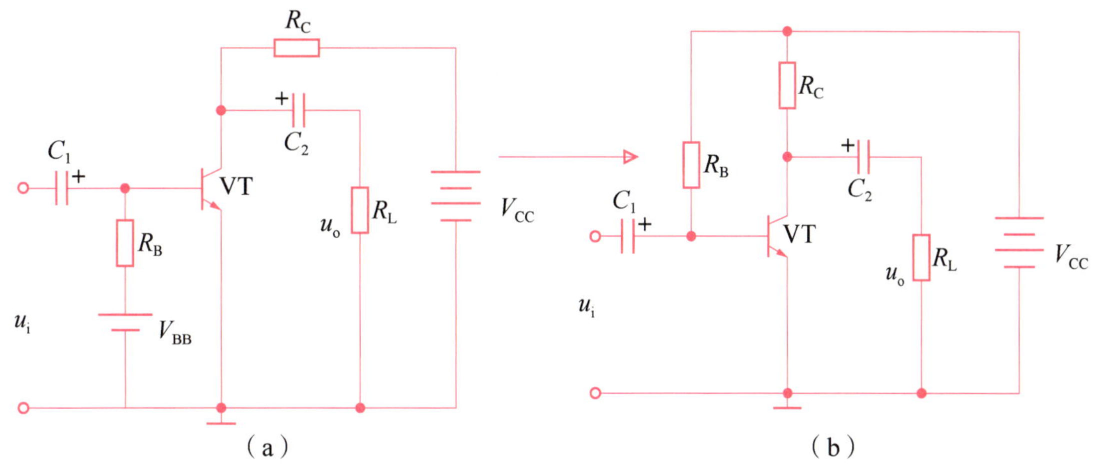

图 2-8　基本共射放大电路

在图 2-8(a)中，V_{BB} 为基极偏置电源，为发射结提供正向偏压；V_{CC} 为集电极直流电源，为集电结提供反向偏压。这两个电压共同作用，使三极管工作在放大状态。在图 2 - 8(b)中，省去了基极电源，由集电极电源 V_{CC} 通过 R_B 分出一部分提供基极电压。

NPN 型三极管组成的基本共射放大电路和元件作用如图 2-9 所示。外加的微弱信号 u_i 从基极 b 和发射级 e 输入，经放大后的信号 u_o 由集电极 c 和发射极 e 输出；因此，发射极 e 是输入和输出回路的公共端，故称为共射放大电路。

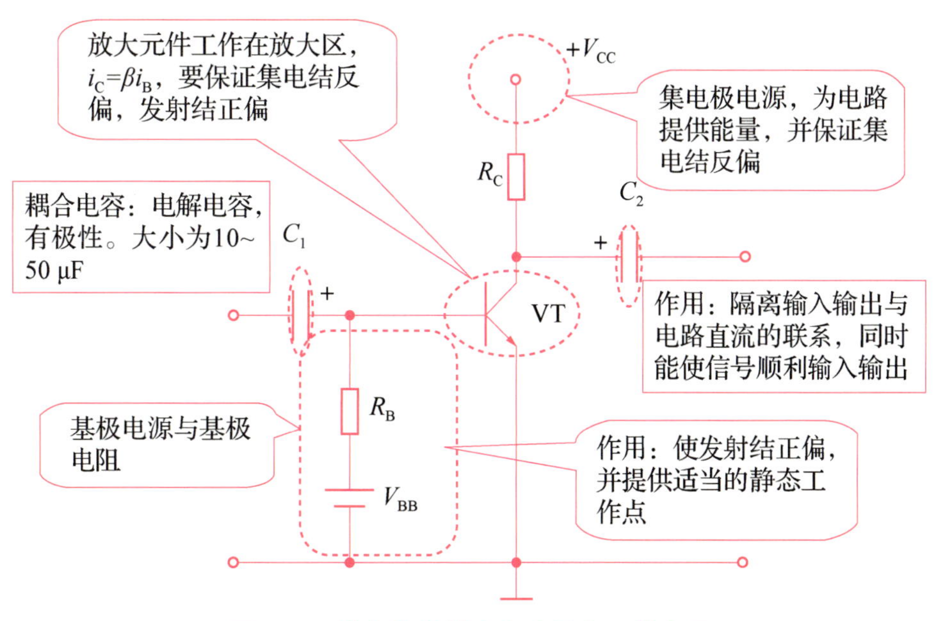

图 2-9　基本共射放大电路及各元件作用

3. 放大电路的静态工作点

(1)放大电路的静态

当放大电路的输入端没有信号输入时所处的状态叫作放大电路的静态。此时电路中的电压、电流都是直流信号，I_B、I_C、U_{CE} 的值称为放大电路的静态工作点，记作 $Q(I_{BQ}, I_{CQ}, U_{CEQ})$，如图 2-10 所示。

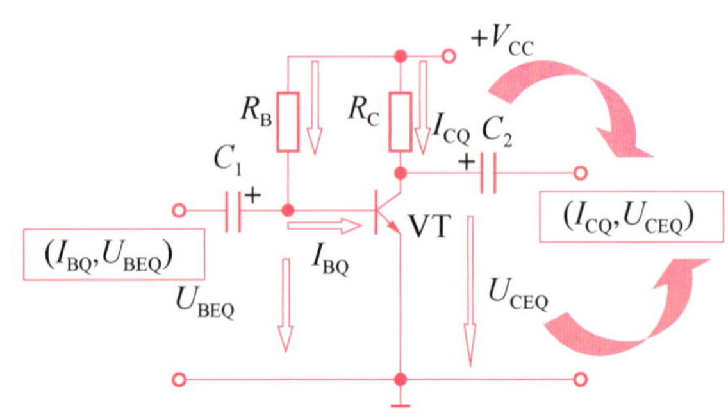

图 2-10 “静态”时工作状态

其中：

$$I_{BQ} = \frac{V_{CC} - U_{BEQ}}{R_B} \approx \frac{V_{CC}}{R_B}$$

$$I_{CQ} = \beta I_{BQ}$$

$$U_{CEQ} = V_{CC} - R_C I_{CQ}$$

(2)直流通路

直流通路是放大电路中直流电流通过的路径。

画法：将电路中的电容 C 看成开路，如图 2-11 所示。

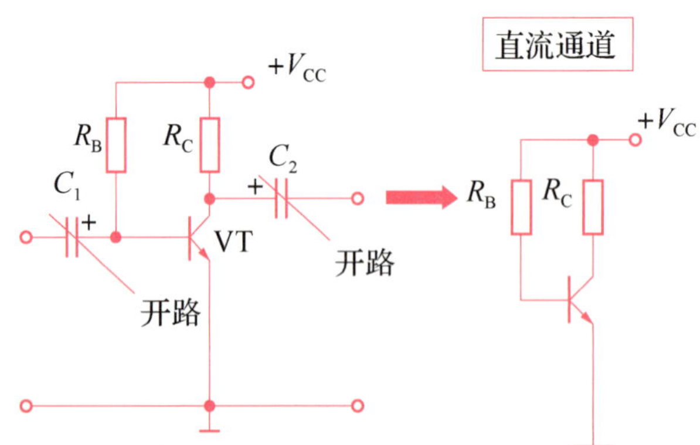

图 2-11 共射放大电路的直流通路

(3)静态工作点的设置对放大电路的影响

静态工作点的设置对放大电路的影响，如图 2-12 所示。

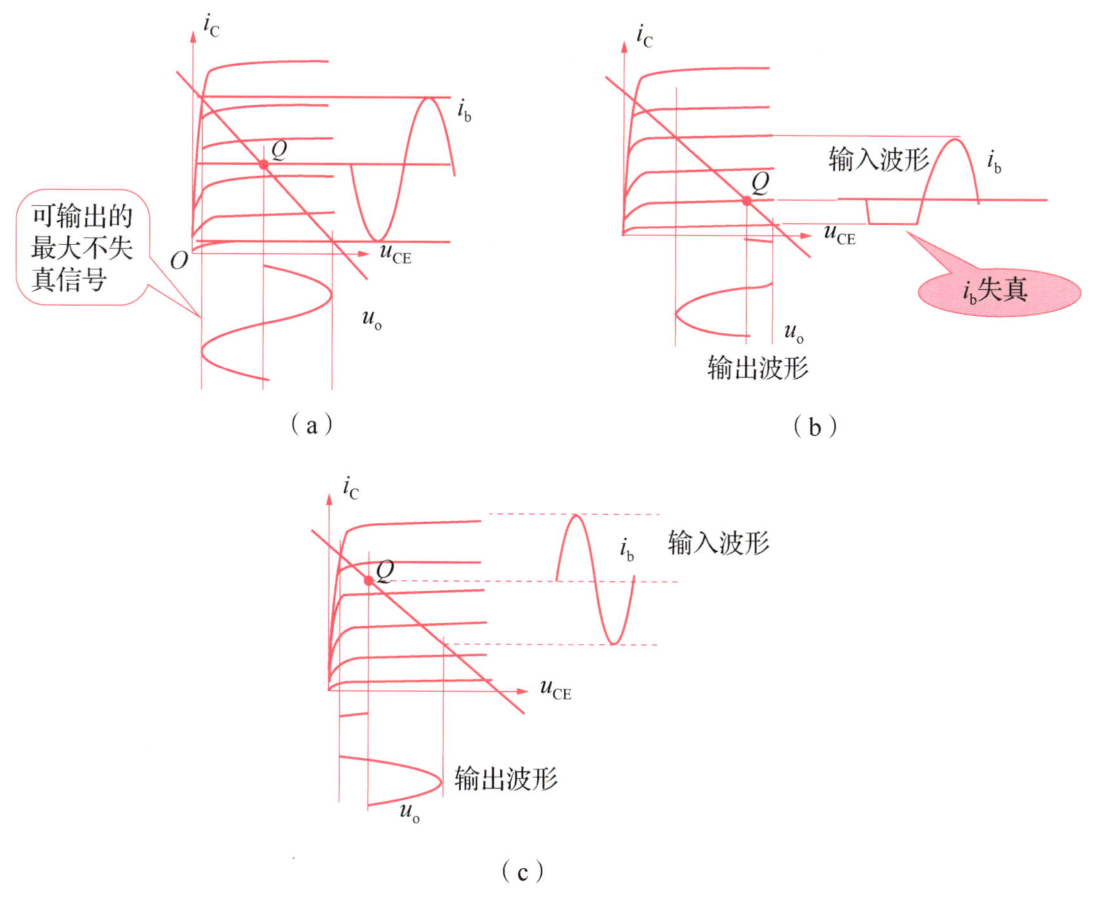

图 2-12　Q 点对放大电路的影响

(a) Q 点设置合适；(b) Q 点设置过低；(c) Q 点设置过高

(4) 放大器能否正常工作的重要条件

设置合适的静态工作点是放大器能否正常工作的重要条件。

放大器在工作时，其基极和集电极的电流、电压值是由直流和交流的瞬时值叠加而成的。

三极管处于放大状态的条件是：发射结正向偏置，集电结反向偏置。

4. 基本共射放大电路的工作原理

(1) 工作原理

三极管对信号是怎样进行放大的呢？如图 2-13 所示。

图 2-13 中，交流信号电压从基极和发射极间输入，而处理后的交流信号从集电极和发射极间输出。变化的交流信号电流叠加在基极的静态直流电流上，形成变化的既有交流又有直流分量的基极电流 $i_B = I_B + i_b$，集电极电压 $u_{CE} = V_{CC} - i_C \cdot R_C$，这样往相反方向输出更大变化的交流信号电压。

由图 2-13 可以看出，输出电压的相位与输入电压的相位刚好相反(输入电压上升到正的最大时，输出电压下降到负的最大)，故这种共发射极的单管放大电路称为反相器。

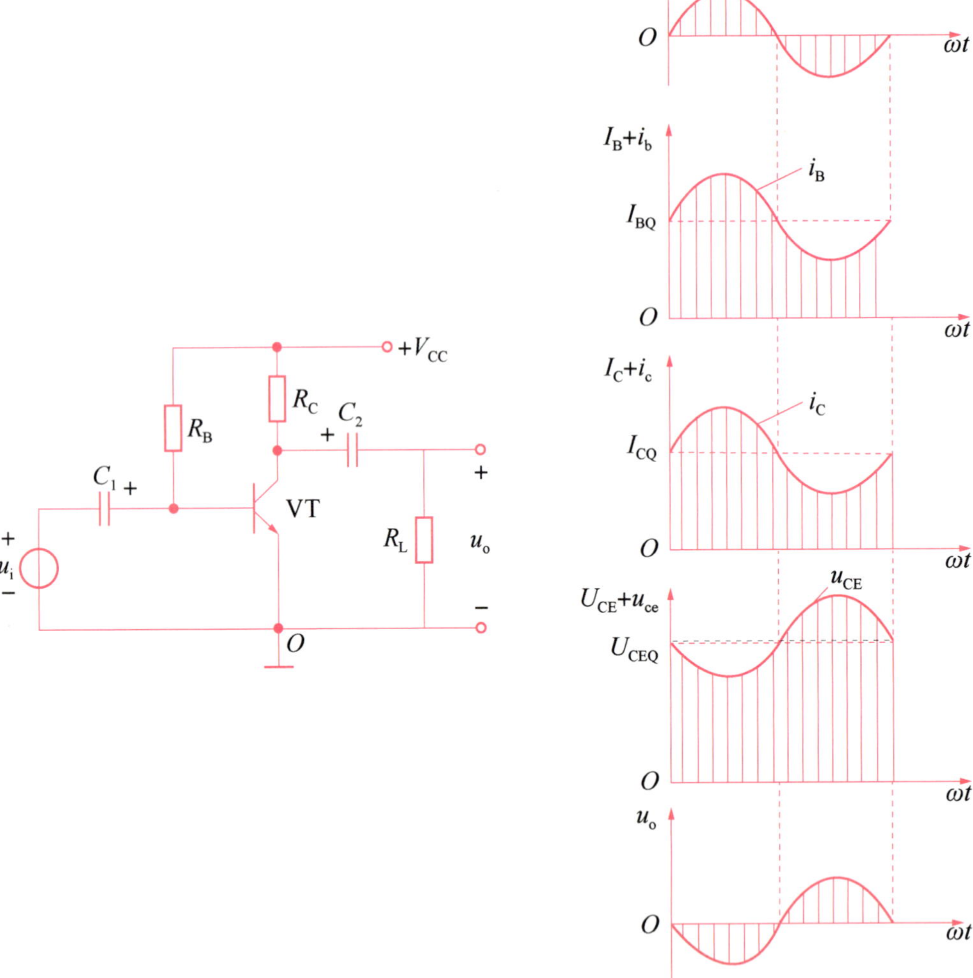

图 2-13　放大电路工作原理

(2) 交流通路

交流通路：是放大器交流信号的流经途径，它是放大器的交流等效电路。

画法：将容量较大的电容视为短路，将直流电源(内阻小，可忽略不计)视为断路，其余元件照画，如图 2-14 所示。

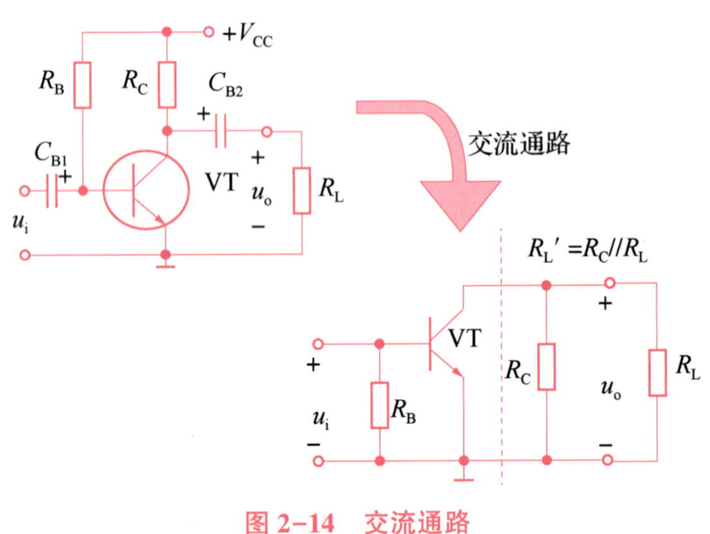

图 2-14　交流通路

(3) 放大器常用指标

1) 电压放大倍数 A_u。放大器的输出电压有效值 U_o 与输入电压有效值 U_i 的比值称为电压放大倍

数，即：

$$A_u = \frac{U_o}{U_i}$$

2）放大器的增益。放大倍数用对数表示叫作增益 G，电子技术对增益做如下规定：

$$G_p 10\lg A_p = 10\lg \frac{P_o}{P_i}(\mathrm{dB})$$

$$G_u = 20\lg A_u(\mathrm{dB})$$

$$G_i = 20\lg A_i(\mathrm{dB})$$

3）输入电阻和输出电阻。

①放大器的输入电阻 r_i：输入电阻也可理解为从输入端看进去的等效电阻，如图 2-15 所示。在应用中输入电阻值越大，则放大器要求信号源提供的信号电流越小，信号源的负担就越小。

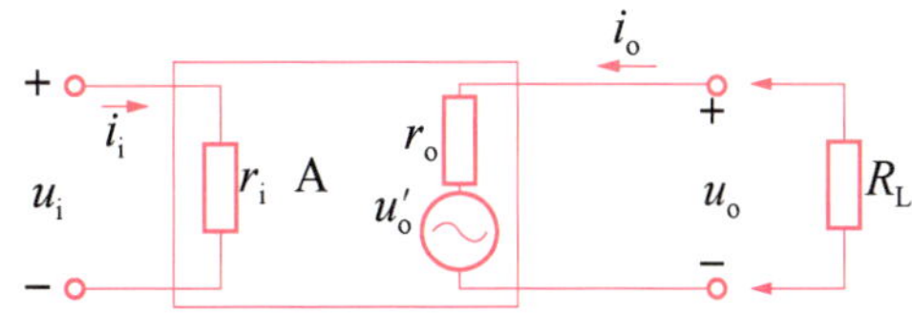

图 2-15　输入输出电路

②放大器的输出电阻 r_o：是从放大器的输出端（不包括外接负载电阻 R_L）看进去的交流等效电阻。输出电阻越小，放大器带负载能力越强，并且负载变化时，对放大器影响也小。所以输出电阻越小越好。

5. 分压式偏置电路的结构及工作原理

（1）电路结构

分压式偏置电路如图 2-16 所示。

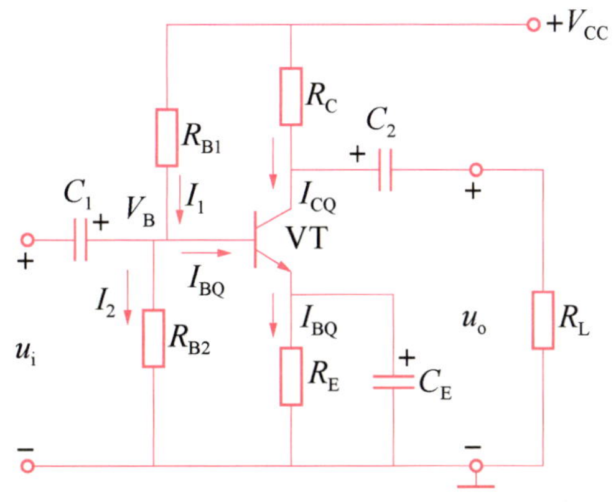

图 2-16　分压式偏置电路

R_{B1} 为上偏流电阻，R_{B2} 为下偏流电阻（它们的取值均为几十千欧姆），电源电压 V_{CC} 经 R_{B1}、R_{B2} 分压后得到基极电压 V_{BQ}，提供基极偏流 I_{BQ}。

由图 2-16 可见，$I_1 = I_2 + I_{BQ}$，而 $I_2 \gg I_{BQ}$，所以 $I_1 \approx I_2$，基极静态电压为：

$$V_{BQ} = V_{CC} \cdot \frac{R_{B2}}{R_{B1} + R_{B2}}$$

由上式可见，在分压式偏置电路中 V_{BQ} 的大小与三极管的参数无关，只由 V_{CC} 和 R_{B1}、R_{B2} 的分压决定。

(2) 工作原理

温度变化时，三极管的 I_{CBO}、$\bar{\beta}$、U_{BEQ} 等参数将发生变化，导致工作点偏移。实验证明，温度升高时，三极管穿透电流 $I_{CEO} = (1+\bar{\beta}) I_{CBO}$ 将大幅度增加，使 I_{CQ} 增大。分压式偏置电路能使 I_{CQ} 的增大受到抑制，自动稳定工作点。

1) 温度对 U_{BE} 的影响，如图 2-17 所示。

2) 温度对 $\bar{\beta}$ 值及 I_{CEQ} 的影响，如图 2-18 所示。

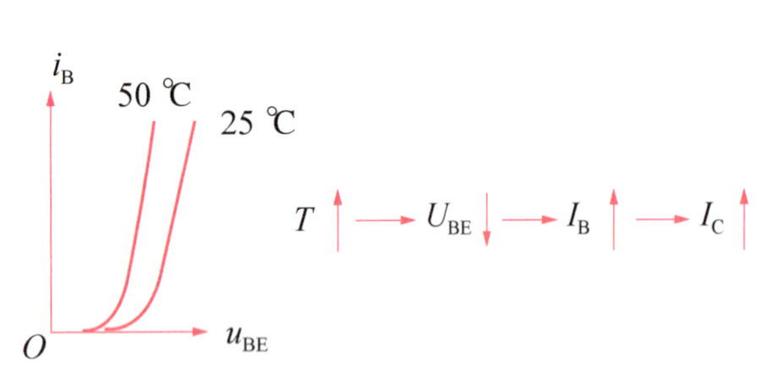

图 2-17　温度对 U_{BE} 的影响

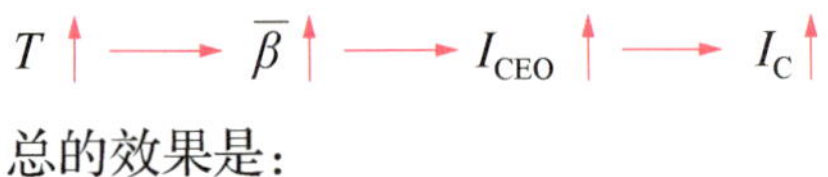

总的效果是：

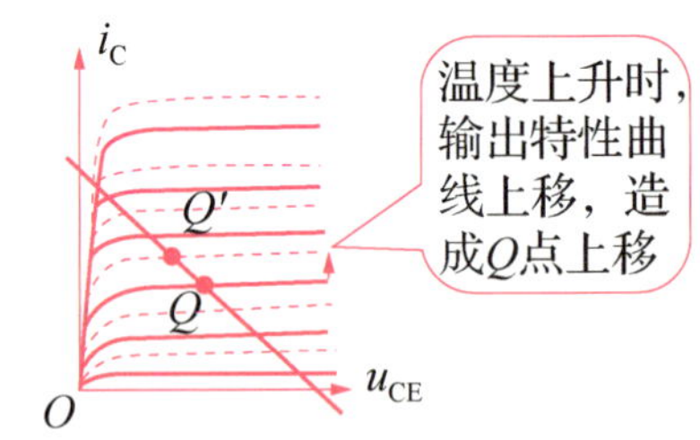

图 2-18　温度对 β 值及 I_{CEQ} 的影响

固定偏置电路的 Q 点是不稳定的。Q 点不稳定可能会导致静态工作点靠近饱和区或截止区，从而导致失真。为此，引入分压式偏置放大电路来自动调整以稳定静态工作点。稳定工作点的过程可表示为：

$$T(\text{温度})\uparrow(\text{或}\bar{\beta}\uparrow) \rightarrow I_{CQ}\uparrow \rightarrow I_{EQ}\uparrow \rightarrow V_{EQ}\uparrow \rightarrow U_{BEQ}\downarrow \rightarrow I_{BQ}\downarrow \rightarrow I_{CQ}\downarrow$$

三、集成运放电路的分析

1. 集成运算放大器

集成运放即集成运算放大器，是一种多端集成电路。早期，集成运放主要用来完成模拟信号的求和、微分和积分等运算，故称为运算放大器。现在，集成运放的应用已远远超过运算的范围，它在通信、控制和测量等设备中得到广泛应用。常见集成运放的封装形式如图 2-19 所示。

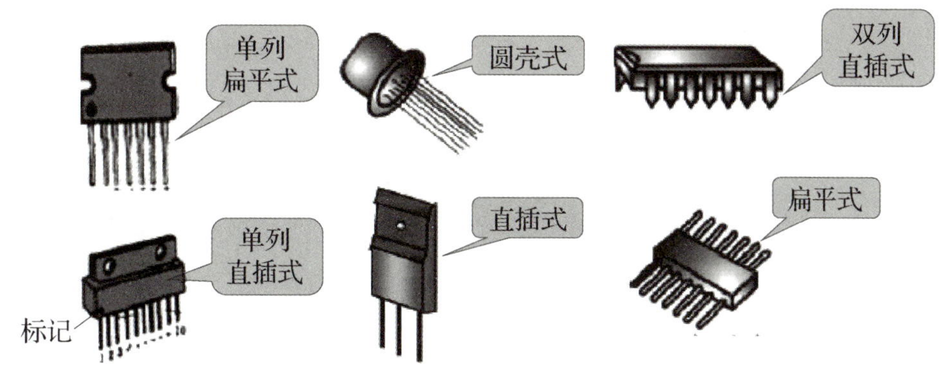

图 2-19　常见集成运放的封装形式

集成运放的型号和种类很多，内部电路也各有差异，但它们的基本组成部分相同，如图 2-20 所示。

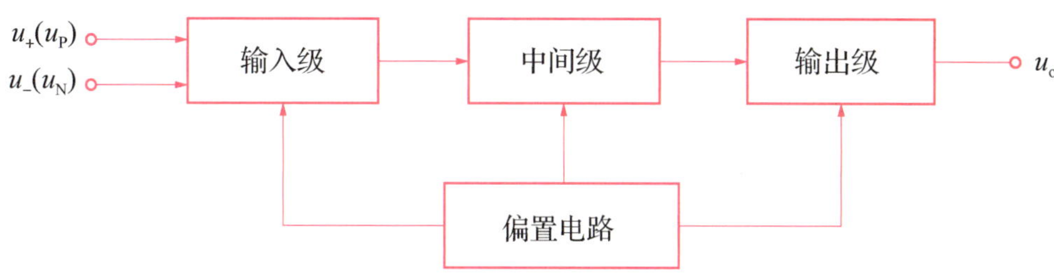

图 2-20　集成运放组成部分

(1)集成运放的符号、引脚和理想条件

1)集成运放的符号。如图 2-21(a)所示，是国家标准规定的符号，图 2-21(b)是常用符号，也是国际通用符号。

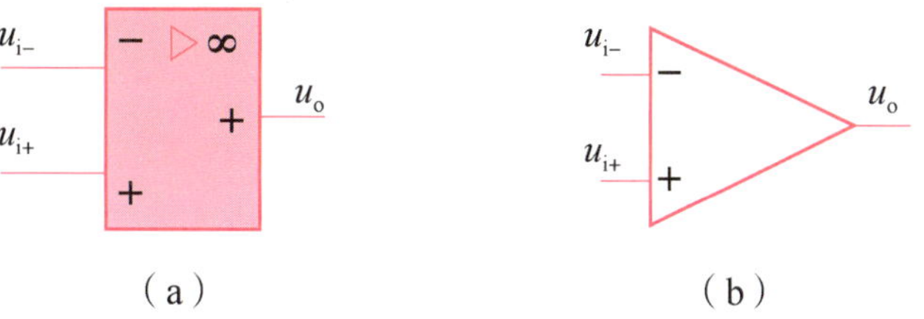

图 2-21　集成运放的符号

(a)国家标准规定的符号；(b)常用符号

画电路时，通常只画出输入、输出端，输入端标“+”号表示同相输入端，即该端输入信号变化的极性与输出端相同；标“-”号表示反相输入端，即该端输入信号变化的极性与输出端相异。

2)集成运放的引脚。集成运放的符号中有 3 个引线端——两个输入端，一个输出端。如图 2-22 所示。实际的运放通常必须有正、负电源端，有的品种还有补偿端和调零端。

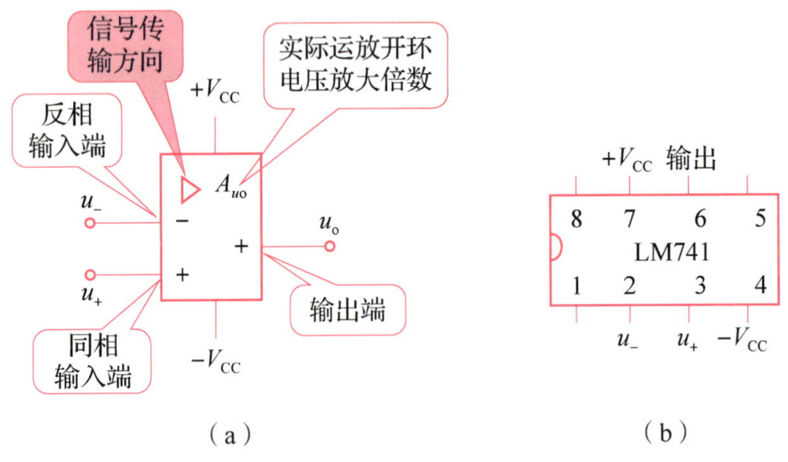

图 2-22　集成运放的引脚

(a)符号；(b)引脚图

3)理想运放的特性。

在实际应用和分析集成运放电路时，可将实际运放视为理想运放，以简化分析。理想运放的特性有：

①输入信号为零时，输出信号恒定为零；

②输入阻抗 $r_i=\infty$ ；

③输出阻抗 $r_o=0$；

④频带宽度应从 $0\to\infty$ ；

⑤开环电压放大倍数 $A_{uo}=\infty$ 。

由 $u_o=A_{uo}(u_+-u_-)$ 可知，理想运放工作在线性区时，输出电压 u_o 与输入电压 u_i 之间是线性放大关系。因 $A_{uo}=\infty$ ，所以可导出 $u_+-u_-=0$。

运放工作在线性区时，差模输入电压等于零，说明 $u_+=u_-$， 即理想运放的两个输入端电位相等。两点等电位相当于短路，称为"虚短"。

由于理想运放的差模输入电阻 $r_i=\infty$ ，所以可近似地认为两个输入端均无电流输入。这种现象称为"虚断"。

"虚短"和"虚断"是运放工作在线性区的两个重要结论。

(2)集成运放的主要性能指标

1)开环差模增益 A_{od}。

在集成运放无外加反馈时的差模放大倍数称为开环差模增益，记作 A_{od}。$A_{od}=\Delta u_o/(u_P-u_N)$， 常用分贝(dB)表示，其分贝数为 $20\lg|A_{od}|$。通用型集成运放 A_{od} 通常在 10^5 左右或用 10^2 V/mV 表示，即 100 dB 左右。

2)共模抑制比 K_{CMR}。

共模放大倍数用 A_{oc} 表示，且 $A_{oc}=\Delta u_o/\Delta u_{ic}$。

共模抑制比等于差模放大倍数 A_{od} 与共模放大倍数 A_{oc} 之比的绝对值，即 $K_{CMR}=|A_{od}/A_{oc}|$，常用分贝表示，其数值为 $20\lg K_{CMR}$。K_{CMR} 越大越好，K_{CMR} 越大对温度影响的抑制能力就越强。

3）差模输入电阻 r_{id}。

r_{id} 是集成运放两个输入端之间的差模输入电压变化量与由它所引起的差模输入电流之比。r_{id} 越大越好，从信号源索取的电流越小。

4）输入失调电压 U_{OS} 及其温漂 dU_{OS}/dT。

由于集成运放的输入级电路参数不可能绝对对称，所以当输入电压为零时，输出电压 u_o 不为零。U_{OS} 是使输出电压为零时在输入端加的补偿电压。U_{OS} 越小越好，越小表明电路参数对称性越好。

dU_{OS}/dT 是 U_{OS} 的温度系数，是衡量集成运放温漂的重要参数，其数值越小，表明集成运放的温漂越小。

5）输入失调电流 I_{OS} 及其温漂 dI_{OS}/dT。

$I_{OS}=|I_{B1}-I_{B2}|$，其中 I_{B1}、I_{B2} 是集成运放输入级差放管的基极（栅级）偏置电流，I_{OS} 反映输入级差放管输入电流的不对称程度。dI_{OS}/dT 与 dU_{OS}/dT 的含义相类似。I_{OS} 和 dI_{OS}/dT 越小，集成运放质量越好。

6）输入偏置电流 I_{IB}。

I_{IB} 是集成运放输入级差放管的基极（栅级）偏置电流的平均值。即 $I_{IB}=\frac{1}{2}(I_{B1}+I_{B2})$，$I_{IB}$ 越小，信号源内阻对集成运放静态工作点的影响越小；通常 I_{IB} 越小，I_{OS} 也越小。

7）最大共模输入电压 U_{Icmax}。

U_{Icmax} 是集成运放两个输入端对地间所允许加的最大共模输入电压。超出此共模电压极限值，其共模抑制比将明显下降，不能对差模信号进行放大。这也是集成运放用于同相放大器时所允许的输入电压极限值。

特别提示：U_{OS}、dU_{OS}/dT、I_{OS}、dI_{OS}/dT、I_{IB} 越小，集成运放的精度越高。

2. 集成运放典型电路

1）反相比例运算电路，如图 2-23 所示。

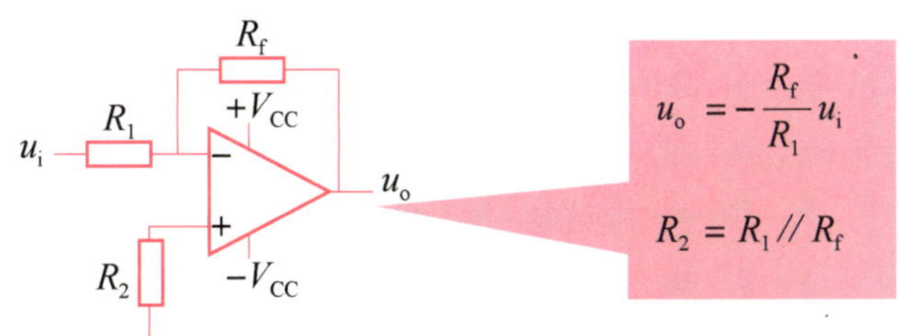

图 2-23　反相比例运算电路

2) 同相比例运算电路，如图 2-24 所示。

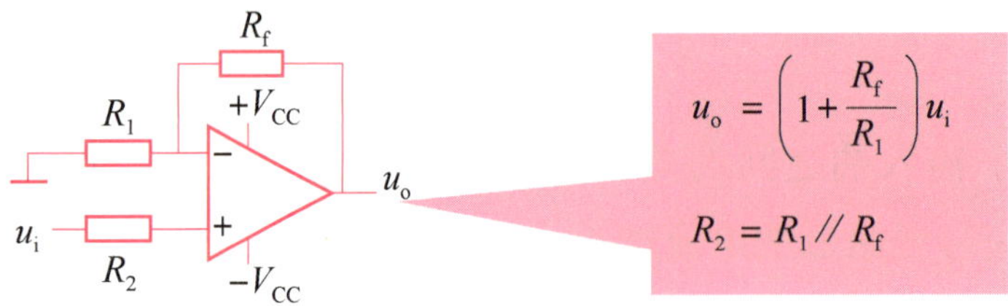

图 2-24　同相比例运算电路

3) 反相求和运算电路，如图 2-25 所示。

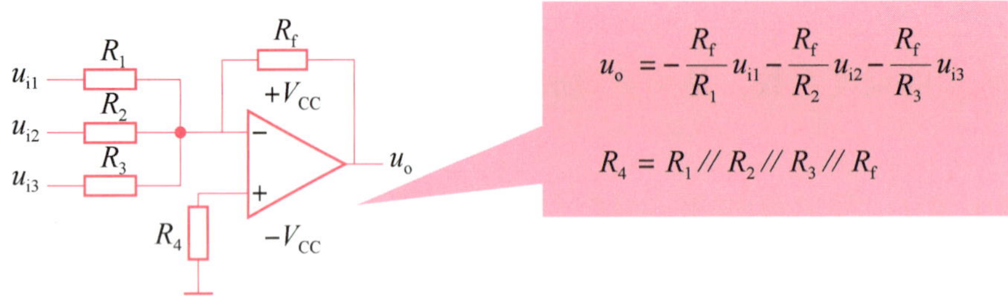

图 2-25　反相求和运算电路

4) 同相求和运算电路，如图 2-26 所示。

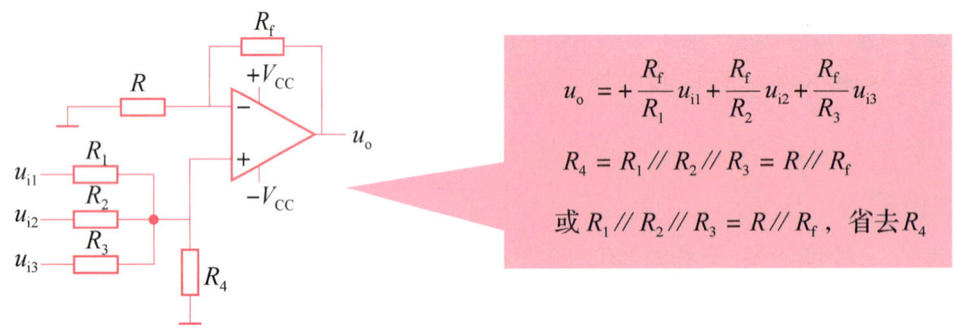

图 2-26　同相求和运算电路

5) 积分运算电路，如图 2-27 所示。

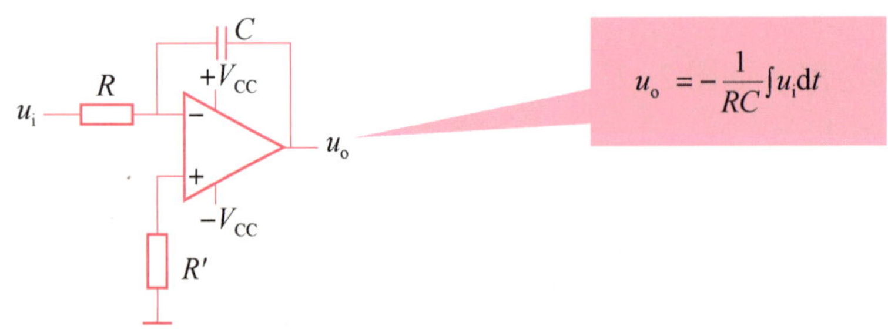

图 2-27　积分运算电路

集成运放除可组成上述运算单元电路外，还可以改变反馈元件或连接方式，组成乘法、除法、开方等各种运算电路。

四、功率放大电路的基本应用

1. 功率放大器的基本特点

1）具有足够大的输出功率。

2）效率要高。

3）非线性失真要小。

4）功放管散热好。

2. 功率放大器的几种工作状态

甲类工作状态：静态工作点设置在特性曲线的放大区，直流电源提供的能量有一半耗散在集电结上，效率低。实际应用中不采用这种状态。

乙类工作状态：静态工作点工作在截止区，静态电流为 0，BJT 只在正弦信号的半个周期内导通，效率高。

甲乙类工作状态：静态工作点介于甲类和乙类之间，保持了乙类工作状态效率高的特点，同时减小了非线性失真，功放管处于弱导通状态。

3. OCL 电路的组成及工作原理

1）OCL 电路组成，如图 2-28 所示。

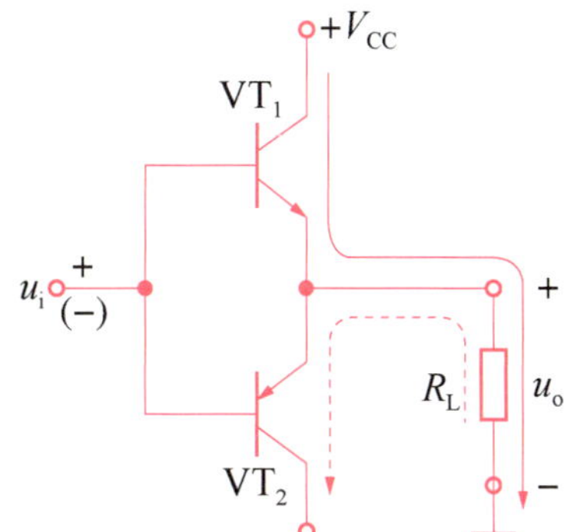

互补对称：

电路中采用两个晶体三极管：NPN型、PNP型各一个；

两管特性一致，组成互补对称式射极输出器。

图 2-28　OCL 电路组成

2）输入输出波形，如图 2-29 所示。

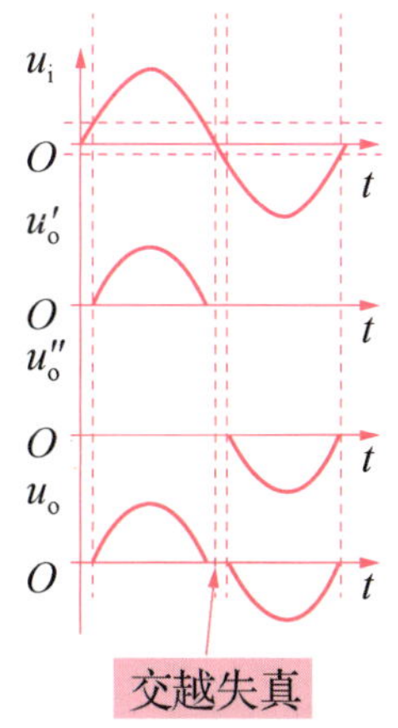

交越失真：实际中，三极管门限电压不能为零，且电压和电流的关系不是线性的，在输入电压较低时，输出电压存在着死区，此段输出电压与输入电压不存在线性关系，产生失真。这种失真出现在通过零值处，因此将它称为交越失真。

图 2-29　输入输出波形

3）工作原理。

①静态时：两管均不导通，无电流流过负载，输出电压 $u_o=0$。

②动态时：在 u_i 正半周，VT_1 发射结正偏导通，VT_2 截止。i_{C1} 自上而下流过负载，输出 u_o 的正半周。

在 u_i 负半周，VT_2 发射结正偏导通，VT_1 截止。i_{C2} 自下而上流过负载，输出 u_o 的负半周。可见在 u_i 的整个周期内，两管交替导通，负载上得到一个完整波形。

4. 甲乙类互补对称功率放大电路

1）电路组成，如图 2-30 所示。

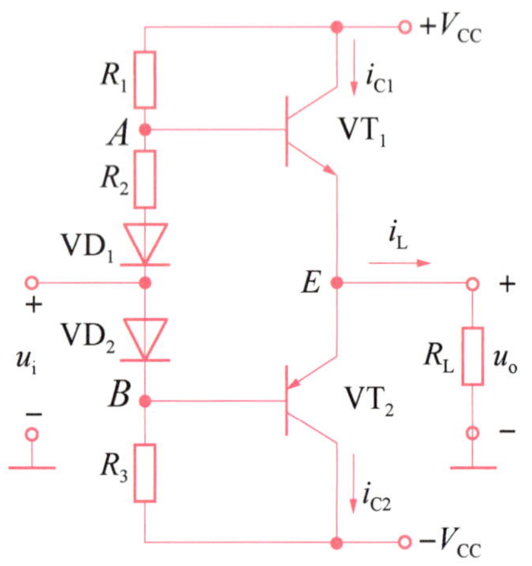

思考：对比OCL电路，电路中增加了哪些元件？如何克服交越失真？

图 2-30　互补对称功率放大电路

2）输入输出波形，如图 2-31 所示。

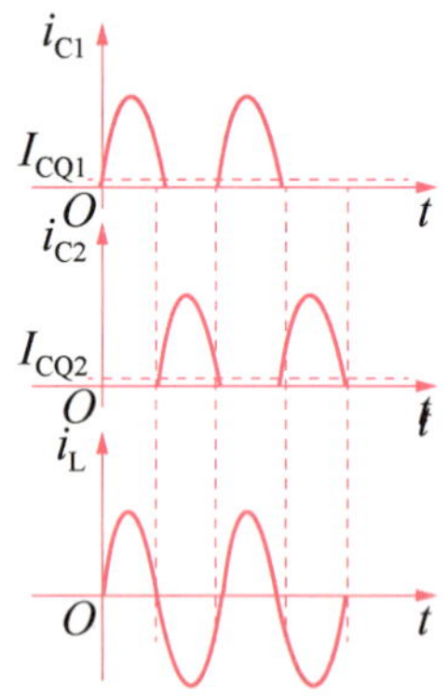

存在较小的静态电流 I_{CQ}、I_{BQ}。每管导通时间大于半个周期，基本不失真。其工作方式称为“甲乙类放大”。

图 2-31　输入输出波形

3）工作原理。

①静态时：两管均处于微弱导通状态，调节基极偏置电阻，使 $u_o=0$。

②动态时：设 u_i 为正弦信号。在 u_i 正半周，VT_1 发射结正向导通，VT_2 截止，在负载上形成正方向电流；在 u_i 负半周，VT_2 发射结正向导通，VT_1 截止，在负载上形成负方向电流，有效克服了交越失真。

五、数字示波器

1. 数字示波器快速入门

数字示波器前面板各通道标志、旋钮和按键的位置及操作方法与传统示波器类似。现以 DS1000 系列数字示波器为例，对示波器前操作面板加以说明。

DS1000 系列数字示波器前操作面板如图 2-32 所示。按功能划分，前面板可分为 8 大区，即液晶显示区、功能菜单操作区、常用菜单区、执行按键区、垂直控制区、水平控制区、触发控制区、信号输入/输出区等。

功能菜单操作区有 5 个按键、1 个多功能旋钮和 1 个按钮。5 个按键用于操作屏幕右侧的功能菜单及子菜单；多功能旋钮用于选择和确认功能菜单中下拉菜单的选项等；按钮用于取消屏幕上显示的功能菜单。

常用菜单区如图 2-32 所示。按下任一按键，屏幕右侧会出现相应的功能菜单。通过功能菜单操作区的 5 个按键可选定功能菜单的选项。功能菜单选项中有“◁”符号的，标明该选项有下拉菜单。下拉菜单打开后，可转动多功能旋钮(↻)选择相应的项目并按下予以确认。功能菜单上、下有“⬆”“⬇”符号的，表明功能菜单一页未显示完，可操作此按键上、下翻页。功能菜单中有“↻”符号的，表明该项参数可转动多功能旋钮进行设置调整。按下取消屏幕功能菜单按钮，显示屏上的功能菜单立即消失。

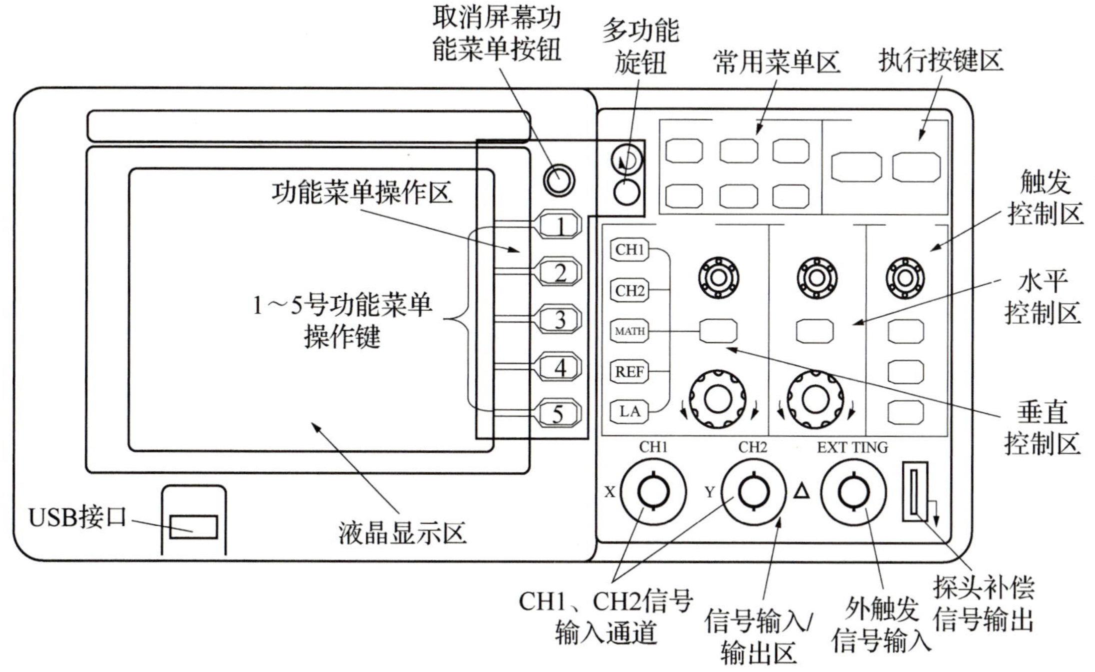

图 2-32　DS1000 系列数字示波器前操作面板

执行按键区有AUTO(自动设置)和RUN/STOP(运行/停止)2个按键。按下AUTO按键，示波器将根据输入的信号，自动设置和调整垂直、水平及触发方式等各项控制值，使波形显示达到最佳适宜观察状态，如需要，还可进行手动调整。RUN/STOP键为运行/停止波形采样按键。运行(波形采样)状态时，按键为黄色；按一下按键，停止波形采样且按键变为红色，有利于绘制波形并可在一定范围内调整波形的垂直衰减和水平时基，再按一下，恢复波形采样状态。注意：应用自动设置功能时，要求被测信号的频率大于或等于50 Hz，占空比大于1%。

2. 功能检查

(1)接通仪器电源

通过一条接地主线操作示波器，电线的供电电压为100~240 V交流电，频率为45~440 Hz。接通电源后，仪器执行所有自检项目，并确认通过自检，按STORAGE按钮，用菜单操作键从顶部菜单框中选择存储类型，然后调出设置菜单框。

警告：为避免电击，请确认示波器已经正确接地。

(2)示波器接入信号

DS1000系列为双通道输入加一个外触发输入通道以及16个数字输入通道的数字示波器。

请按照以下步骤接入信号：

①用示波器探头将信号接入通道1(CH1)：将探头上的开关设定为10×，并将示波器探头与通道1连接。将探头连接器上的插槽对准CH1同轴电缆插接件(BNC)上的插口并插入，然后向右旋转以拧紧探头。

②对示波器输入探头衰减系数。此衰减系数可改变仪器的垂直挡位比例，从而使得测量结果正确地反映被测信号的电平。默认的探头菜单衰减系数设定值为1×。设置探头衰减系数的方法如下：按CH1功能键显示通道1的操作菜单，应用与探头项目平行的3号菜单操作键，选择与你使用的探头同比例的衰减系数，此时设定应为10×。

③把探头端部和接地夹接到探头补偿器的连接器上。按AUTO(自动设置)按钮。几秒钟内，可见到方波显示(1 kHz，约3 V，峰到峰)。

④以同样的方法检查通道2(CH2)。按OFF功能按钮或再次按下CH1功能按钮以关闭通道1，按CH2功能按钮以打开通道2，重复步骤②和步骤③。

3. 使用实例

例：测量简单信号。

观测电路中一未知信号，迅速显示和测量信号的频率和峰峰值。

(1)显示该信号

欲迅速显示该信号，请按以下步骤操作：

①将探头菜单衰减系数设定为 10×，并将探头上的开关设定为 10×。

②将通道 1 的探头连接到电路被测点。

③按下 AUTO（自动设置）按钮。

示波器将自动设置使波形显示达到最佳。在此基础上，你可以进一步调节垂直、水平挡位，直至波形的显示符合你的要求为止。

(2) 进行自动测量

示波器可对大多数显示信号进行自动测量。欲测量信号频率和峰峰值，请按以下步骤操作。

①测量峰峰值。

按下 MEASURE 按钮以显示自动测量菜单。

按下 1 号菜单操作键以选择信源 CH1。

按下 2 号菜单操作键选择测量类型：电压测量。

在电压测量弹出菜单中选择测量参数：峰峰值。

此时，可以在屏幕左下角发现峰峰值的显示。

②测量频率。

按下 3 号菜单操作键选择测量类型：时间测量。

在时间测量弹出菜单中选择测量参数：频率。

此时，可以在屏幕下方发现频率的显示。

注意：测量结果在屏幕上的显示会因为被测信号的变化而改变。

理论知识归纳

1) 三极管的实质是用较小的电流控制较大的电流。它具有两个 PN 结，即发射结和集电结。三极管放大的条件是：发射结正偏，集电结反偏。当发射结正偏、集电结正偏时，三极管处于饱和状态，相当于开关闭合。当发射结反偏、集电结反偏时，三极管处于截止状态，相当于开关断开。

2) 放大器的主要功能是将输入信号不失真地放大，要想不失真地放大信号，就必须设置静态工作点，以保证三极管工作在放大区。

3) 集成运放在实际应用中较多，主要应注意集成运放的特点和使用注意事项。

4) 示波器是检测电子电路波形的一个重要仪器，在使用时应注意良好接地。

实训操作

任务导入

收音机正在向迷你化、存储快速化、安全保障化、高精度、高稳定性和高可靠性的方向发展，对收音机电路也提出了更高的要求。一般的收音机电路包含电波接收、信号放大、集成运放、功率放大等基本环节，本实训任务重点针对信号的变换过程进行分析。通过完成收音机电路的组装与调试，形成识读工艺文件和图纸的能力，熟练掌握民用电子产品整机电路组装的工艺流程和技术规范，掌握电子电路检测与调试的基本方法步骤，形成较强的专业技术能力。

任务准备

一、元件识别

1. 中周

收音机中周就是中频变压器(俗称中周)，是超外差式晶体管收音机中特有的一种具有固定谐振回路的变压器，但谐振回路可在一定范围内微调，以使接入电路后能达到稳定的谐振频率(465 kHz)。微调借助于磁芯的相对位置变化来完成。中周外形如图 2-33 所示。

2. 磁棒线圈

磁棒电感线圈使导线内通过交流电流时，在导线的内部周围产生交变磁通。导线的磁通量与产生此磁通的电流成正比。当电感中通过直流电流时，其周围只呈现固定的磁力线，不随时间而变化。磁棒线圈外形如图 2-34 所示。

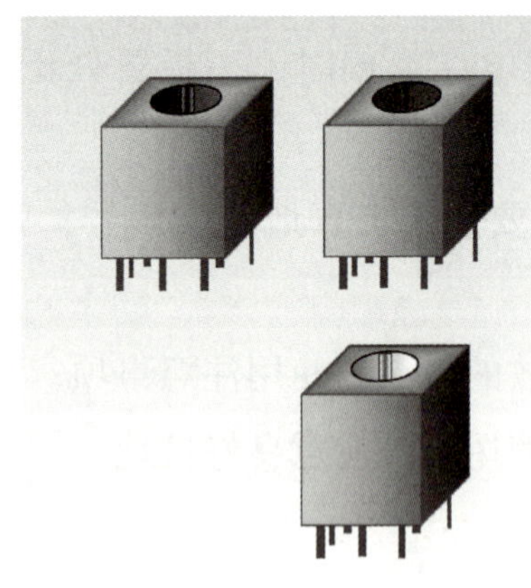

图 2-33　中周外形

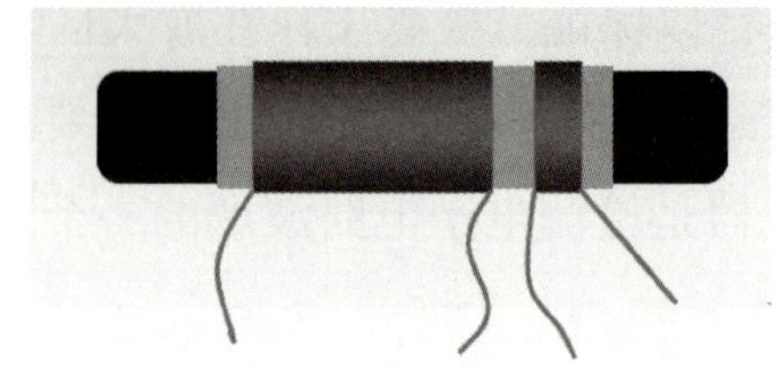

图 2-34　磁棒线圈外形

3. 变压器

变压器是利用电磁感应原理来改变交流电压的装置，主要由初级线圈、次级线圈和铁芯(磁芯)组成。输入/输出变压器是采用变压器推挽式功率放大电路必须使用的器件。输入变压器塑料绝缘层一般为黄色或蓝色，输出变压器塑料绝缘层一般为红色。变压器外形如图 2-35 所示。

4. 三极管安装方式

三极管一般在电路中要垂直安装，这样不仅有利于电流通过，同时可以减小电路板的面积，还可以增加三极管的散热功能。一般在安装的过程中将有标志的一面朝向便于观察的位置，如图 2-36 所示。

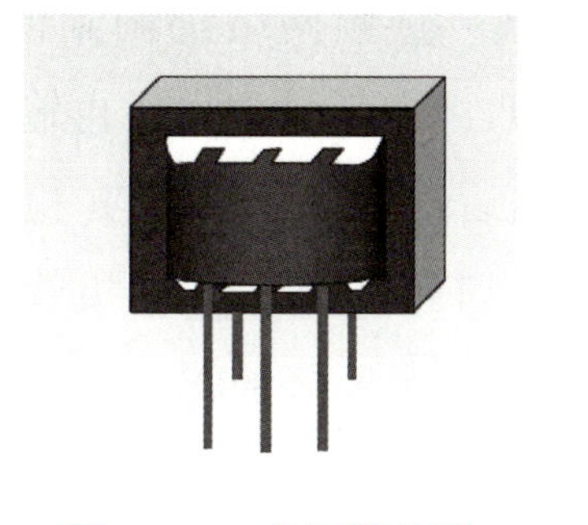

图 2-35　变压器外形

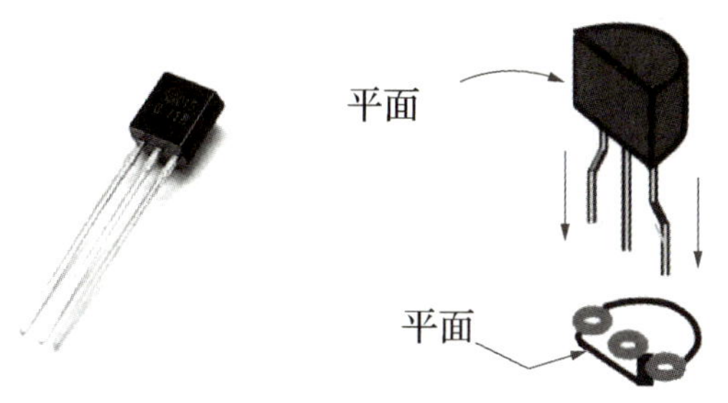

图 2-36　三极管实物和安装剖面图

二、参考原理图和工作原理

1. 参考原理图

收音机整机原理图，如图 2-37 所示。

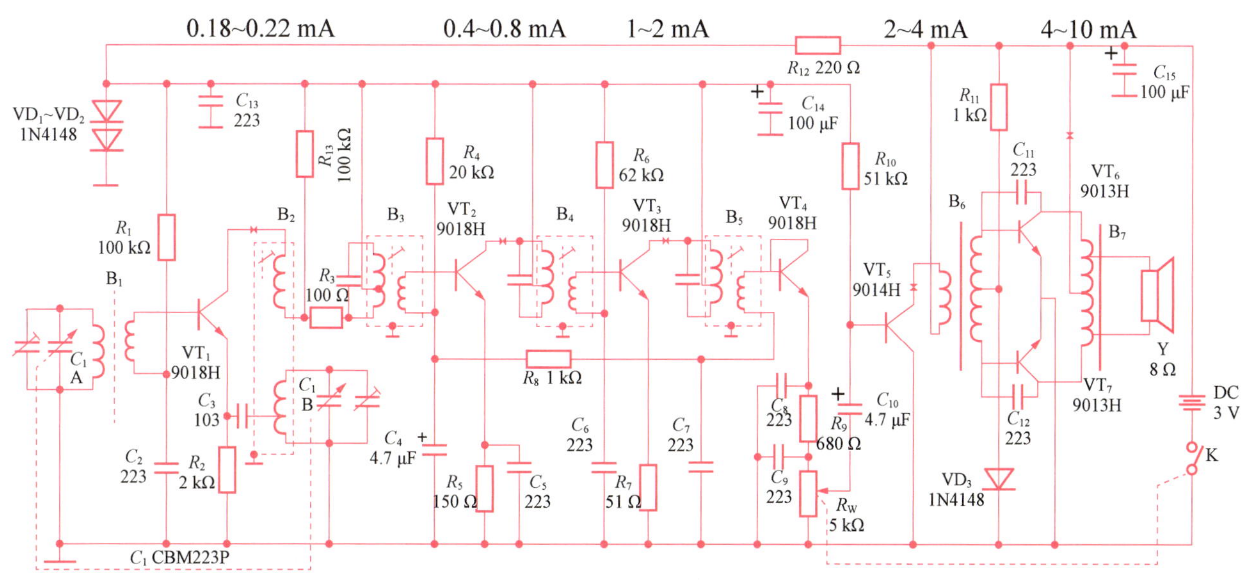

图 2-37　收音机整机原理图

2. 工作原理

收音机是用电磁感应原理接收电台发射的电磁波信号，通过磁棒线圈(天线)将感应到的电磁波信号转换为电信号，再通过电路的处理和变换，把信号经过一级一级地放大，最终转为声音信号。

原理图中的 C_1 是双联可变电容器(一联为调谐联，一联为振荡联)，其中调谐联和磁棒上的大线圈构成调谐回路，与电台的频率谐振。振荡联与振荡线圈构成振荡回路。磁棒线圈相当于变压器，磁棒线圈的一次侧就是接收电台信号的高频电路。二次侧通过电磁感应接收电台信号。电台信号和本机振荡信号通过磁棒线圈的二次侧输入给三极管 VT_1 形成多种混频信号，利用混频的非线性特性可以生成多种信号电路。通过振荡选出 465 kHz 的中频信号输入给 B_3 黄中周(黄、白、黑这三个中周是中频变压器，过滤杂波、选频网络都调到谐振频率为 465 kHz 上，中频信号才能一路畅通)，然后输入给三极管 VT_2，把信号放大后再输入给 B_4 白中周，再经过三极管 VT_3 二次中频放大后送入 B_5 黑中周，然后送入三极管 VT_4(检波管)，把中频信号变成低频信号(音频信号)，再送入音量电位器，再到三极管 VT_5(三极管是低放管，也叫前置)低频放大，再送入 B_6 输入变压器，将交流信号提升(交流信号就是音频信号)，然后送入 VT_6 和 VT_7 两个功放管 9013，再送入输出变压器 B_7 提升信号，最后提供给扬声器发声。

任务实施

一、通电前操作步骤

1. 元件清单

元件清单，如表 2-4 所示。

表 2-4 元件清单

序号	名称	型号规格	数量	型号规格是否正确	质量情况
1	三极管	9018H	4		
2	三极管	9014H	1		
3	三极管	9013H	2		
4	二极管	1N4148	4		
5	磁棒线圈		1 套		
6	中周	红、黄、白、黑	4		
7	变压器		1		

续表

序号	名称	型号规格	数量	型号规格是否正确	质量情况
8	电阻	100 kΩ、1 kΩ	各 2 只		
9	电阻	51 Ω、100 Ω、150 Ω、220 Ω、680 Ω、2 kΩ、20 kΩ、51 kΩ、62 kΩ	各 1 只		
10	电容	103	1		
11	电解电容	4. 7 μF、100 μF	各 2 只		
12	瓷片电容	223	9		
13	双联电容	223P	1		
14	电位器	5 kΩ	1		
15	扬声器		1		

2. 电路板检验

电路板主要分为万能板和 PCB 板。对于万能板，主要检验焊孔是否有脱落、是否有铜箔损坏情况。对于 PCB 板，主要检验焊孔、定位孔、过线孔等是否有铜箔脱落、损坏或者绝缘损坏等情况。印制电路板体现了原理图中各元器件在电路上的分布状况和具体位置，并且给出了各元器件引脚之间的铜箔导线及走向，它是组装焊接元器件的直接依据。识读印制电路图的关键是识别印制电路板上的元器件符号和安装位置、极性，正确识读导线的连接关系。收音机电路板如图 2-38 所示。

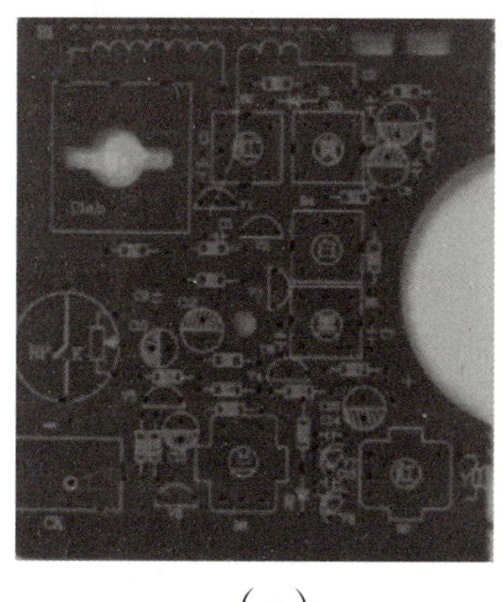
（a）

（b）

图 2-38 收音机电路板

（a）正面；（b）反面

二、实训步骤

1. 整机组装与焊接

1) 认真阅读安装电路图，准备焊接工具。

2) 插装元器件：按照 PCB 板要求对电子元器件进行整形，整形后安装。

3) 使用焊接工具对元件进行焊接，焊接顺序为：电阻器—二极管—电容器—三极管—中周—输入输出变压器—音量开关—双联电容。

4) 组装磁性天线，将两个线圈引线焊接在电路板正确位置。

5) 将电源引线、扬声器引线焊接在电路板正确位置。

6) 将电路板预留的测试点用焊锡连接（测试工作完成后）。

2. 注意事项

电阻器、二极管一般采用卧式安装；电容器全部采用立式安装，不要太高；电源、扬声器、天线线圈导线要提前镀锡；中周、输入输出变压器、双联电容、音量旋钮等器件要紧贴电路板安装。

三、功能调试

1. 通电前检查

按照焊接操作的基本工艺要求焊接电路，焊接完成后，对电路的装接质量进行自检，重点是检查装配的准确性，包括：元件的位置正确；变压器的一次侧、二次侧绕组接线正确、绝缘恢复良好；焊点质量良好，应无虚焊、假焊、漏焊、空隙、毛刺等现象；没有其他影响安全性指标的缺陷；元器件整体合格。将焊接情况记录在表 2-5 中。

表 2-5　自检情况记录表

自检项目	自检结果	出现问题的原因和解决办法
按照电路图安装元件		
焊点的质量		
元件的整体美观度		
其他问题		

2. 通电试车

检查电路装接无误后，经教师允许，即可进行通电测试。

按要求连接好元件，通电后，注意观察有无异常现象，如冒烟、有焦煳味、元件发热烫手等。如发现异常现象，立即切断电源，然后查找故障原因并记录于表 2-6 中。

表 2-6　情况记录表

所遇问题	出现的原因	解决方法

3. 静态工作点的调整

自行在收音机 PCB 板预留的工作电流测试断点处用电流挡测试静态电流，将数据记录于表 2-7 中。

表 2-7　静态工作点测试表

测试点	I_{BQ}/μA	I_{CQ}/mA	I_{EQ}/mA	U_{CEQ}/V
数值				

4. 故障分析与排除

进行故障分析与排除检测，并完成表 2-8。

表 2-8　故障分析与排除检测表

故障现象	可能原因	排故方法	问题是否解决	小组评价
完全无声	电源供电异常； 输出电路异常； 低频放大电路异常	检查焊接质量问题； 检测电源供电电压； 检测扬声器阻值； 检测低频放大电路	是 否	
有杂音无电台	电台信号受屏蔽； 接收灵敏度低	到开阔处接收； 调整磁棒线圈位置	是 否	
电台声音小	电源电压异常； 中放级工作点异常	检测并更换电源； 调整中放级工作点	是 否	
评价标准：能够排查故障原因并排除故障，共 10 分			总分：	

任务评价

以小组为单位，选择演示文稿、展板、海报、录像等形式中的一种或几种，向全班展示汇报学习成果。完成综合评价表 2-9。

表 2-9　综合评价表

<table>
<tr><th rowspan="2">评价项目</th><th rowspan="2">评价内容</th><th rowspan="2">评价标准：
A 为 90 分，B 为 75 分，C 为 60 分，D 为 30 分</th><th colspan="3">评价方式</th></tr>
<tr><th>自我评价</th><th>小组评价</th><th>教师评价</th></tr>
<tr><td rowspan="12">职业素养</td><td rowspan="4">安全意识
责任意识</td><td>A 作风严谨、自觉遵章守纪、出色地完成工作任务</td><td></td><td></td><td></td></tr>
<tr><td>B 能够遵守规章制度，较好地完成工作任务</td><td></td><td></td><td></td></tr>
<tr><td>C 遵守规章制度，未完成工作任务，或完成工作任务但忽视规章制度</td><td></td><td></td><td></td></tr>
<tr><td>D 不遵守规章制度，未完成工作任务</td><td></td><td></td><td></td></tr>
<tr><td rowspan="4">学习态度</td><td>A 积极参与教学活动，全勤</td><td></td><td></td><td></td></tr>
<tr><td>B 缺勤达本任务总学时的 10%</td><td></td><td></td><td></td></tr>
<tr><td>C 缺勤达本任务总学时的 20%</td><td></td><td></td><td></td></tr>
<tr><td>D 缺勤达本任务总学时的 30%</td><td></td><td></td><td></td></tr>
<tr><td rowspan="4">团队合作
意识</td><td>A 与同学协作融洽、团队合作意识强</td><td></td><td></td><td></td></tr>
<tr><td>B 与同学沟通、协作能力较强</td><td></td><td></td><td></td></tr>
<tr><td>C 与同学沟通、协作能力一般</td><td></td><td></td><td></td></tr>
<tr><td>D 与同学沟通、协作能力较差</td><td></td><td></td><td></td></tr>
<tr><td rowspan="8">专业能力</td><td rowspan="4">学习活动 1</td><td>A 熟练、有条理地完成知识的自主学习，正确回答工作页中的相关问题，工作计划制订合理</td><td></td><td></td><td></td></tr>
<tr><td>B 较顺利地完成知识的自主学习，正确回答工作页中的相关问题，工作计划制订合理</td><td></td><td></td><td></td></tr>
<tr><td>C 自主学习能力一般，或工作页中内容遗漏、错误较多，或工作计划制订存在较多问题</td><td></td><td></td><td></td></tr>
<tr><td>D 未能完成知识的自主学习，或未完成工作页中的相关内容</td><td></td><td></td><td></td></tr>
<tr><td rowspan="4">学习活动 2</td><td>A 学习活动评价成绩为 90~100 分</td><td></td><td></td><td></td></tr>
<tr><td>B 学习活动评价成绩为 75~89 分</td><td></td><td></td><td></td></tr>
<tr><td>C 学习活动评价成绩为 60~74 分</td><td></td><td></td><td></td></tr>
<tr><td>D 学习活动评价成绩为 0~59 分</td><td></td><td></td><td></td></tr>
<tr><td colspan="2">创新能力</td><td>学习过程中提出了具有创新性、可行性的建议</td><td colspan="3"></td></tr>
<tr><td colspan="2">班级</td><td></td><td colspan="2">学号</td><td></td></tr>
<tr><td colspan="2">姓名</td><td></td><td colspan="2">综合评价等级</td><td></td></tr>
<tr><td colspan="2">指导教师</td><td></td><td colspan="2">日期</td><td></td></tr>
</table>

模块三

裁判表决器的安装与调试

学习目标

知识目标

1）掌握基本门电路的逻辑功能。

2）掌握逻辑函数的化简方法。

3）能够正确运用编码器、译码器设计电路。

技能目标

1）能正确判断门电路芯片的引脚功能及其接线。

2）能够正确使用仪表判断数码管等译码器的质量情况。

3）能够正确选用工具，完成系统的安装、焊接、调试。

素养目标

1）培养学生精益求精的工匠精神。

2）培养学生严谨、细致的岗位能力。

3）培养学生语言组织、沟通等职业素养能力。

理论知识

在电子电路中，电信号分为两大类：一类是模拟信号，如图 3-1(a)所示，随着时间的变化，电压值的大小、方向也发生连续变化。另一类是数字信号，如图 3-1(b)所示，随着时间的变化，电压值的大小和方向不连续变化，形成离散信号。

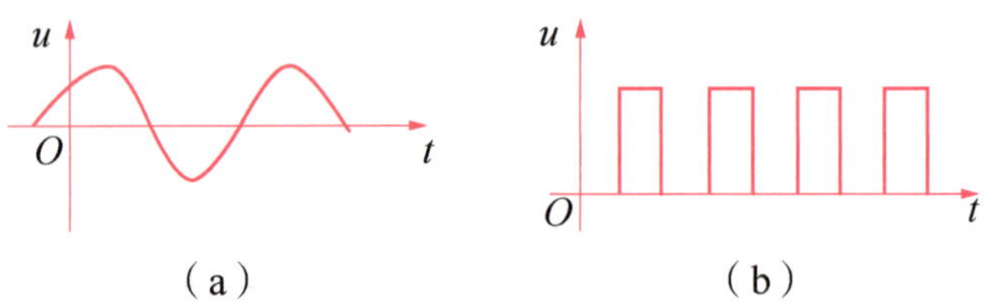

图 3-1 数字信号和模拟信号

(a)模拟信号；(b)数字信号

数字电路的结构和模拟电路基本相同，都是由二极管、三极管以及电阻、电容等分立元件组成的，与模拟电路相比，主要有如下特点：

1)电路结构简单、稳定可靠、功耗小，便于集成。

2)元器件性能有一定的离散性，通常只用到两种工作状态。

数字电路不仅能够完成数值之间的运算，还能够进行逻辑运算和判断，同时可方便地对数字信号进行保存、传输和再现，因此数字电路数据处理能力强。

一、分立元件门电路

在数字电路中，通常将输入信号称为“条件”，输出信号称为“结果”，将条件和结果之间的关系称为逻辑关系，基本的逻辑关系有与逻辑、或逻辑、非逻辑。

通过逻辑关系实现某种控制功能的数字电路称为逻辑门电路。与之相应的基本门电路有与门、或门、非门。

在数字逻辑电路中，输入信号就像一扇门，门有“开”和“关”两种工作状态，且这两种状态是相反的，这两种状态常用“1”和“0”表示。规定用“1”表示高电平状态，用“0”表示低电平状态，称为正逻辑，反之为负逻辑。若无特殊说明本书均采用正逻辑。

1. 与门电路

如图 3-2 所示，开关 A 与 B 串联在电路中，只有当两个开关同时闭合时，灯 Y 才亮；只要其中任意一个开关断开，灯 Y 就灭。从电路图中反映出当一件事情的几个条件(开关全部为“1”)全部具备之后，结果(灯亮)才能发生，否则不发生。这样的因果关系称为与逻辑关系，也称为逻辑乘。

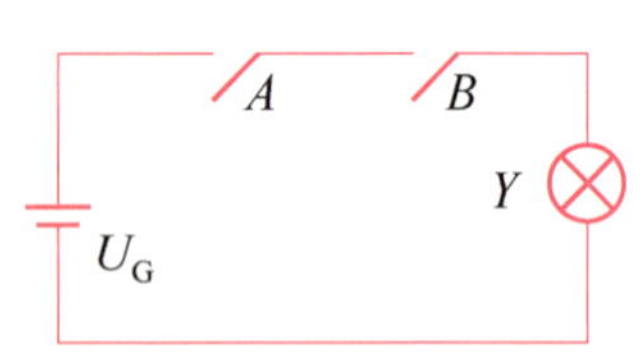

图 3-2 与逻辑电路图

(1)与逻辑的表示

与逻辑关系的表达式为：

$$Y = A \cdot B$$

或

$$Y = AB$$

式中“ · ”读作“与”或“乘”。逻辑与满足数学上乘法运算规律。

与逻辑除了用逻辑函数表达式表示外，还可以用真值表表示，即将全部可能的输入组合及其对应的输出值用表格表示，如表 3-1 所示。

表 3-1　与逻辑真值表

输　入		输　出
A	***B***	***Y***
0	0	0
0	1	0
1	0	0
1	1	1

从真值表可以看出，与逻辑功能为“有 0 出 0，全 1 出 1”。

(2) 与门电路

能实现与逻辑功能的电路称为与门电路，简称与门。与门电路可以用二极管、三极管、MOS 管和继电器等具有两种状态的分立元器件组成，也可以由集成电路组成。

图 3-3 所示是由二极管组成的与门电路，图中 A、B 为输入信号，Y 为输出信号。设“0”表示低电平(<0.35 V)，“1”表示高电平(>2.4 V)。根据二极管导通和截止条件，功能分析如下：

1) 若 A、B 端全部输入为 3 V 时，二极管 D_1、D_2 都截止，则输出端为 3.7 V。

2) 若 A、B 端全部输入为 0 V 时，二极管 D_1、D_2 都导通，则输出端为 0.7 V。

3) 若 A 端输入为 3 V、B 端输入为 0 V 时，二极管 D_2 导通，则输出端为 0.7 V。

4) 若 A 端输入为 0 V、B 端输入为 3 V 时，二极管 D_1 导通，则输出端为 0.7 V。

结论：若输入端有低电平时，则二极管正向偏置导通，输出端电压被下拉为低电平。图 3-4 所示是与门电路的图形符号。

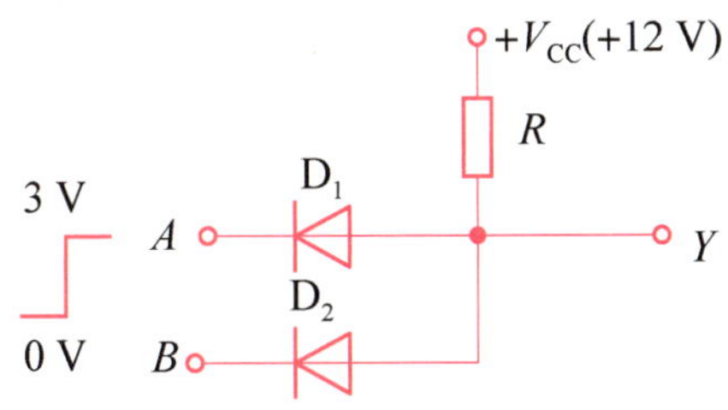

图 3-3　由二极管组成的与门电路

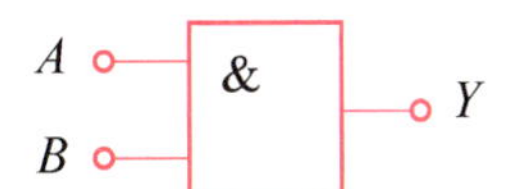

图 3-4　与门电路图形符号

2. 或门电路

如图 3-5 所示，开关 A 与 B 并联在电路中，只要两个开关有一个是闭合的，灯(Y)就点亮。只有当开关 A、B 全部断开时，灯(Y)才不亮。这就是说“当电路中只要有一个条件满足，这件事情(灯亮)就会发生，否则不发生”。这样的因果关系称为或逻辑关系，也称为逻辑加。

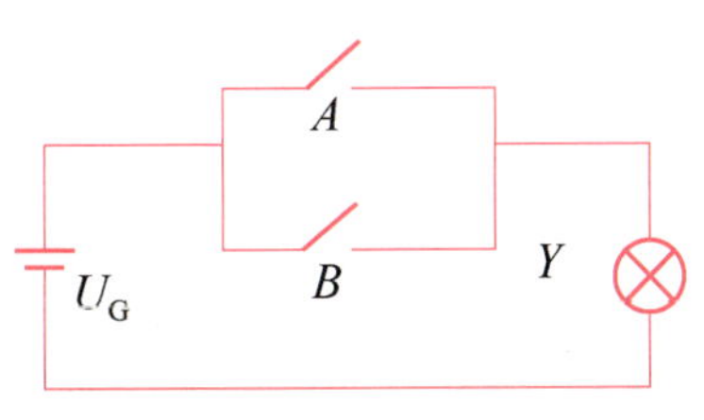

图 3-5　或逻辑电路图

(1)或逻辑的表示

或逻辑关系的表达式为：

$$Y = A + B$$

或逻辑真值表如表 3-2，可以看出或逻辑功能为“有 1 出 1，全 0 出 0”。

表 3-2　或逻辑真值表

输　入		输　出
A	**B**	**Y**
0	0	0
0	1	1
1	0	1
1	1	1

(2)或门电路

能实现或逻辑功能的电路称为或门电路，简称或门。

图 3-6 所示是由二极管组成的或门电路，图中 A、B 为输入信号，Y 为输出信号。设“0”表示低电平(<0.35 V)，“1”表示高电平(>2.4 V)。根据二极管导通和截止条件，功能分析如下：

1)若 A、B 端全部输入为 5 V 时，二极管 D_1、D_2 都导通，则输出端为 4.3 V。

2)若 A、B 端全部输入 0 V 时，二极管 D_1、D_2 都截止，则输出端为-0.7 V。

3)若 A 端输入为 5 V、B 端输入为 0 V 时，二极管 D_1 导通，则输出端为 4.3 V。

4)若 A 端输入为 0 V、B 端输入为 5 V 时，二极管 D_2 导通，则输出端为 4.3 V。

结论：若输入端有高电平时，则二极管正向偏置导通，输出端电压为高电平。图 3-7 所示是或门电路的图形符号。

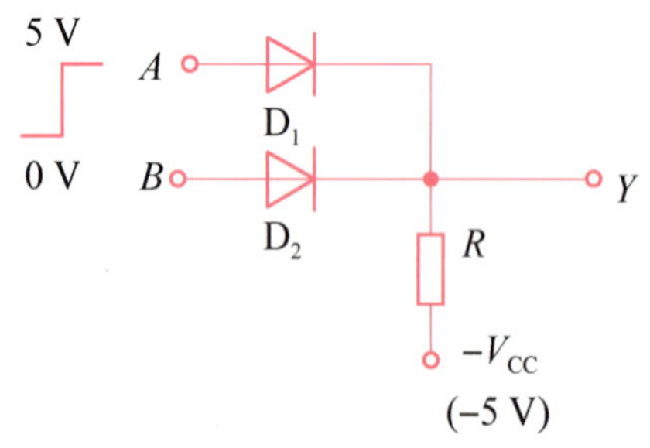

图 3-6　二极管组成的或门电路

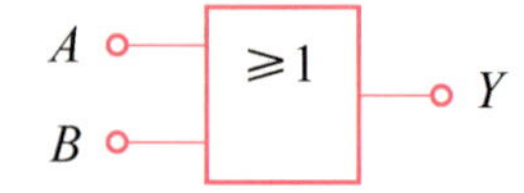

图 3-7　或门电路图形符号

3. 非门电路

如图 3-8 所示，开关 A 与灯 Y 并联，当开关断开时，灯 Y 亮；当开关 A 闭合时，灯 Y 不亮。这就是说“要想使灯亮，开关总是呈现相反的工作状态”。这样的因果关系称为非逻辑关

系，也称为逻辑非。

(1)非逻辑的表示

非逻辑关系的表达式为：

图 3-8　非逻辑电路图

$$Y=\overline{A}$$

非逻辑真值表如表 3-3 所示。从分析可以看出，非逻辑功能为“有 0 出 1，有 1 出 0”。

表 3-3　非逻辑真值表

输入	输出
A	**Y**
0	1
1	0

(2)非门电路

能实现非逻辑功能的电路称为非门电路，又称反相器，简称非门。

图 3-9 所示是由三极管组成的非门电路，图中 A 为输入信号，Y 为输出信号，根据三极管饱和导通与截止条件，输入为高电平时，三极管导通，输出端电压就为低电平；输入为低电平时，三极管截止，输出端电压就为高电平。图 3-10 所示是非门电路的图形符号。

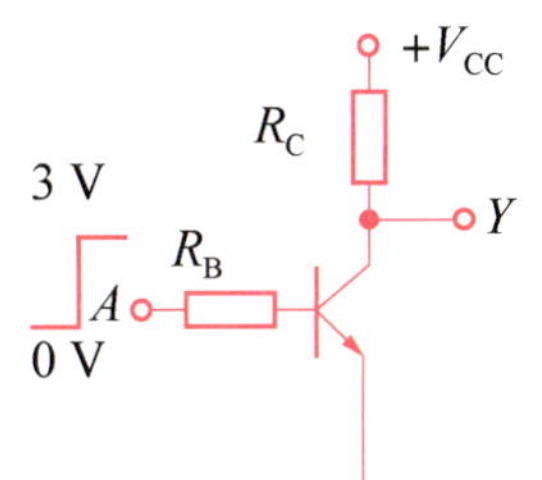

图 3-9　由三极管组成的非门电路

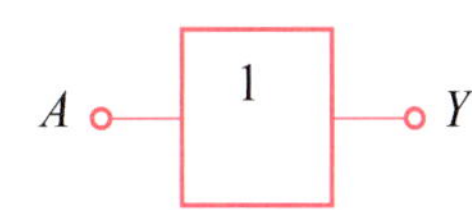

图 3-10　非门电路图形符号

二、复合逻辑门电路

上述三种门电路是最基本的逻辑门电路，如果将这些基本门电路适当地组合，就能构成多种复合逻辑门电路。

1. 与非门

在与门电路后串接上非门电路就构成了一个与非门电路。图 3-11 所示为与非门的逻辑结构和图形符号。

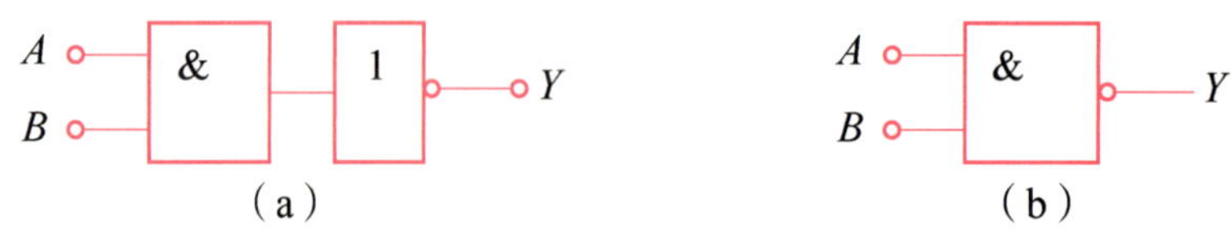

图 3-11　与非门逻辑结构和图形符号

(a)逻辑结构；(b)图形符号

与非门的逻辑函数表达式为：

$$Y = \overline{AB}$$

与非门真值表见表 3-4，通过分析，其逻辑功能可归纳为“有 0 出 1，全 1 出 0”。

表 3-4　与非门真值表

输入		AB	输出
A	**B**		**Y**
0	0	0	1
0	1	0	1
1	0	0	1
1	1	1	0

2. 或非门

在或门电路后面串接一个非门电路就构成了一个或非门。图 3-12 所示为或非门的逻辑结构和图形符号。

图 3-12　或非门逻辑结构和图形符号

(a)逻辑结构；(b)图形符号

或非门的逻辑函数表达式为：

$$Y = \overline{A + B}$$

或非门真值表见表 3-5，其逻辑功能可归纳为“有 1 出 0，全 0 出 1”。

表 3-5　或非门真值表

输入		A+B	输出
A	**B**		**Y**
0	0	0	1
0	1	1	0
1	0	1	0
1	1	1	0

3. 与或非门

与或非门一般由两个或多个与门和一个或门，再和一个非门串联而成。图 3-13(a)所示为与或非门的逻辑结构，图 3-13(b)所示为与或非门的图形符号。

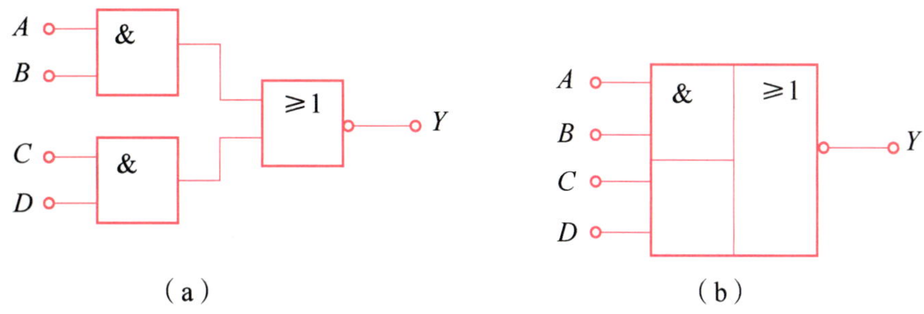

图 3-13　与或非门的逻辑结构和图形符号

(a)逻辑结构；(b)图形符号

与或非门的逻辑函数表达式为：

$$Y = \overline{AB + CD}$$

根据逻辑表达式可得与或非门真值表如表 3-6 所示，A、B、C、D 四个输入变量有 16 种可能情况。其逻辑功能可归纳为“一组全 1 出 0，各组有 0 出 1”。

表 3-6　与或非门真值表

输　入				输出	输　入				输出
A	B	C	D	Y	A	B	C	D	Y
0	0	0	0	1	1	0	0	0	1
0	0	0	1	1	1	0	0	1	1
0	0	1	0	1	1	0	1	0	1
0	0	1	1	0	1	0	1	1	0
0	1	0	0	1	1	1	0	0	0
0	1	0	1	1	1	1	0	1	0
0	1	1	0	1	1	1	1	0	0
0	1	1	1	0	1	1	1	1	0

三、集成逻辑门电路

基本逻辑门电路可以用分立元件组成的电路实现，同时也可以由集成电路实现。所谓集成电路就是将逻辑电路的元器件和连线通过特殊的工艺制作在一个芯片上，再通过不同的封装工艺封装。按内部所采用元器件的不同，可分为 TTL 集成门电路和 CMOS 集成门电路。

1. TTL 集成门电路

TTL 集成门电路是晶体管-晶体管集成逻辑门电路的简称，它的输入端和输出端都是由晶体管构成的。

(1)产品系列和外形封装

TTL 集成门电路中，现主要有 74 标准(中速)、74H(高速)、74S(超高速肖特基)、74LS(低功耗肖特基)和 74AS(先进的肖特基)等系列，74LS 系列为现代主要应用产品。

TTL 集成门电路通常采用双列直插式外形封装，如图 3-14 所示。

TTL 集成门电路的型号由五部分构成。

图 3-14　TTL 集成门电路外形封装

CT74LS××CP：

C：表示国标。

T：表示 TTL 电路。

74：表示国际通用 74 系列，54 表示军用产品系列。

LS：表示低功耗肖特基系列；

××：表示品种代号。

C：表示器件工作温度为 0~70 ℃。

P：表示为塑料双列直插式(J 为黑瓷双列直插式)。

(2)引脚识读

如图 3-15 所示为部分 74LS 系列集成逻辑门电路的引脚排列。引脚编号的判断方法是：把有凹槽标志的地方置于左方，将引脚朝向下面，逆时针自左下到右上顺序依次为 1、2、…

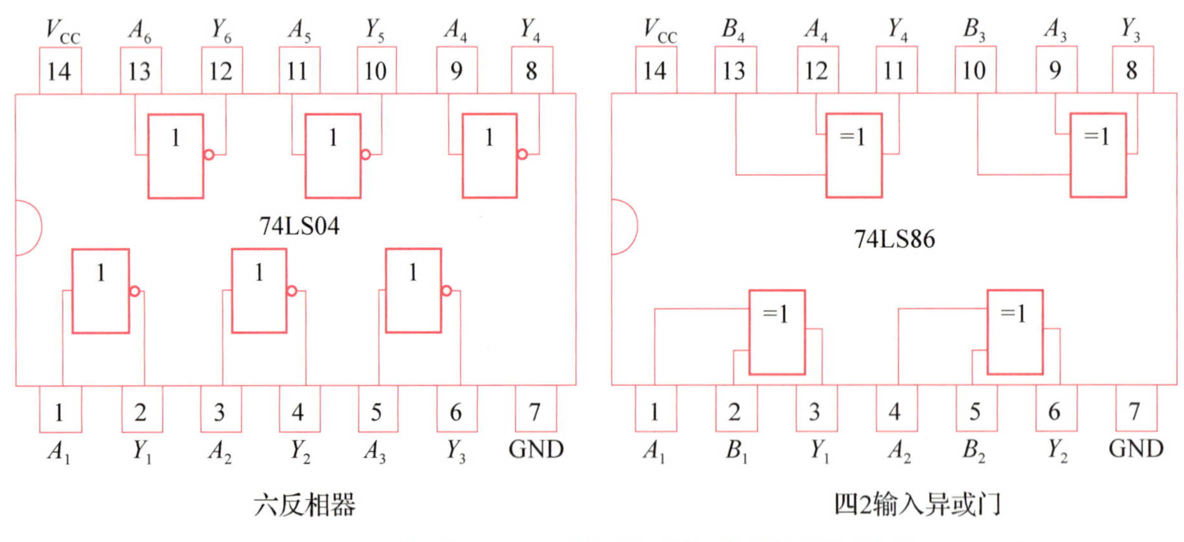

图 3-15　部分 74LS 系列集成逻辑门电路的引脚排列

(3)TTL 集成门电路使用技巧

1)TTL 集成门电路功耗大，电源电压必须保证在 4.75~5.25 V，建议用稳压电源供电。

2)TTL 集成门电路不使用的多余输入端可以悬空，相当于高电平。但在实际使用中，由于抗干扰能力弱，所以很少使用。与门和与非门多采用多余输入端接固定高电平，或门和或非门多采用多余输入端接地。

3)TTL 集成门电路的输入端不能直接与高于 5.5 V 或低于-0.5 V 的低电阻电源连接，否则会造成元件损坏。

4)TTL 集成门电路的输出端不允许与正电源或地短接。必须通过电阻与正电源或地连接。

2. CMOS 集成门电路

MOS 集成门电路以绝缘栅场效应管为基本单元，MOS 场效应管有 PMOS 和 NMOS 两类。CMOS 集成门电路是由 PMOS 场效应管和 NMOS 场效应管组成的互补对称型逻辑门电路，具有集成度更高、功耗更低、抗干扰能力更强等优点。

(1)产品系列和外形封装

CMOS 集成门电路系列较多，现主要有 4000(普通)、74HC(高速)、74HCT(与 TTL 兼容)等产品系列，外形封装与 TTL 集成门电路相同，如图 3-16 所示。

CMOS 集成门电路的型号由五部分构成。

如 CC74HC××RP：

第一个 C：表示国标。

第二个 C：表示 CMOS 电路。

74：表示国际通用 74 系列。

HC：表示高速 CMOS 系列。

××：表示品种代号。

R：表示工作温度为-55~85 ℃。

P：表示为塑封双列直插式。

图 3-16　CMOS 集成门电路外形封装

(2)引脚识读

CMOS 集成门电路通常采用双列直插式外形封装，引脚编号的判断方法与 TTL 集成门电路相同。部分 CMOS 系列集成逻辑门电路的引脚排列如图 3-17 所示。

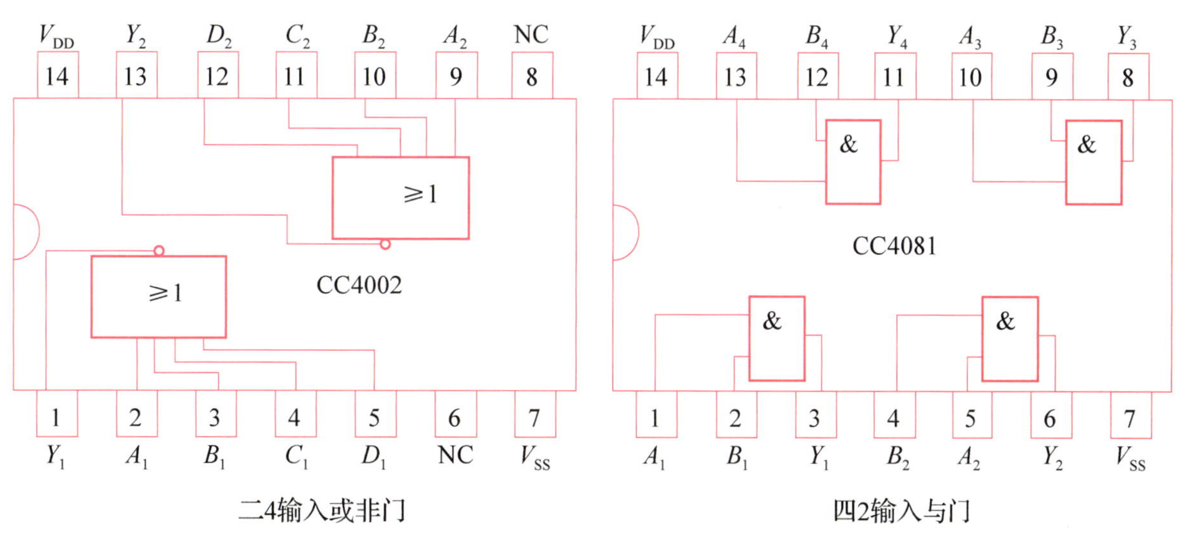

图 3-17　部分 CMOS 系列集成逻辑门电路的引脚排列

(3) CMOS 集成门电路的使用注意事项

1) 电源极性绝不能接反。

2) 焊接时，应采用 20 W 内热式电烙铁，每次焊接时间应控制在 3~5 s 内。电烙铁应接地良好。

3) 不带电插拔集成电路。

4) 输入端接低内阻信号源时，应在输入端与信号源之间串接限流电阻。

5) 除具有 OD 结构和三态输出结构的门电路之外，禁止将输出端并联使用。

6) 电源电压越高，电路抗干扰能力就越强，允许的工作频率越高，但功耗会相应增大。

四、数制与编码

在日常的计算中，有多种进制计数方式，如最常用的有"逢十进一"的十进制计数。在数字电路中，因只有两种工作状态，即"1"和"0"。通常情况下采用"逢二进一"的二进制计数和"逢十六进一"的十六进制计数。

1. 进制之间的换算关系

(1) 十进制

1) 十进制数有 0、1、2、3、4、5、6、7、8、9 共十个数字符号，这些数字符号称为数码。将这些数码的个数称为基数，十进制的基数就是 10。

2) 不同位置的同一个数字代表的数值大小不同，主要是因为该位置代表的位权不同。十进制的位权是以 10 为底的幂。幂的大小由该位的位数决定。相邻位的关系：高位为低位的 10 倍，逢十进一，借一当十。

例如：

$$(246)_{10}=2\times10^2+4\times10^1+6\times10^0$$

式中，10^2、10^1、10^0 是各位数码的"位权"。十进制中，位权是 10 的整数次幂。

(2) 二进制

1) 二进制数仅有 0 和 1 两个不同的数码。

2) 相邻位的关系：逢二进一，借一当二。

3) 数码的位权是 2 的整数次幂。

例如：

$$(1011)_2=1\times2^3+0\times2^2+1\times2^1+1\times2^0$$

在数字电路中，二进制数进行数学运算的法则如表 3-7 所示。

表 3-7　二进制四则运算法则

运算类型	运算法则
加法	0+0=0，0+1=1，1+1=10
减法	0-0=0，1-0=1，1-1=0，10-1=1
乘法	0×0=0，0×1=0，1×1=1
除法	0÷1=0，1÷1=1

(3)十六进制

十六进制数有0、1、2、3、4、5、6、7，8、9、A、B、C、D、E、F共十六个不同数码，用符号A~F分别代表十六进制数的10~15，各位的位权是16的整数次幂，其计数规律是逢十六进一，借一当十六。

十六进制数$(3AE)_{16}$可以表示为：

$$(3AE)_{16}=3\times16^2+10\times16^1+14\times16^0$$

(4)不同进制的转换

1)非十进制数转换为十进制数。

方法：乘权相加法。对将转换的进制数按照位权展开，然后将各相应数相加，算出的结果就是其对应的十进制数。

【例1】将二进制数1110转换为十进制数。

解：$(1110)_2=1\times2^3+1\times2^2+1\times2^1+0\times2^0$

$=2^3+2^2+2^1+0$

$=(14)_{10}$

【例2】将十六进制数119转换为十进制数。

解：$(119)_{16}=1\times16^2+1\times16^1+9\times16^0$

$=256+16+9$

$=(281)_{10}$

2)十进制数转换为二进制数。

十进制转换为二进制的方法：采用除2取余倒数法。

【例3】将十进制数19转化为二进制数。

解：

2 |19 ………… 余1

2 |9 ………… 余1

2 |4 ………… 余0　　读数方向（↑）

2 |2 ………… 余0

2 |1 ………… 余1

0

所以：$(19)_{10}=(10011)_2$。

3)十六进制数转换为二进制数。

将每个十六进制数用4位二进制数表示，然后按十六进制数的排序将这些4位二进制数排列好，就可得到相应的二进制数。

【例 4】将十六进制数 4AB 转化为二进制数。

解：十六进制数　4　A　B

二进制数　0100　1010　1011

所以：$(4AB)_{16}=(0100\ 1010\ 1011)_2$。

4)二进制整数转换为十六进制数。

可将二进制整数自右向左每 4 位分为一组，最后不足 4 位的，高位用 0 补足，再把每 4 位二进制数对应的十六进制数写出即可。

【例 5】将二进制数 101010100111 转换为十六进制数。

解：二进制数　1010　1010　0111

十六进制数　A　A　7

所以：$(101010100111)_2=(AA7)_{16}$。

2. 码制

在数字电路中，数码不仅可以表示数值的大小，而且还能用来表示各类特定的信息。例如运动员的号码布，教学楼中班级教室的位置 101、102……显然，这些号码只是用来区别不同的代号或者功能。

用数码来表示特定对象的过程称为编码，用于编码的数码称为代码。编码的方法有很多种，各种编码的制式称为码制。

(1)二进制代码

数字电路处理的信息，一类是具体的数值，另一类则是文字和多种多样的符号，这些信息大多采用多位二进制数码来表示。通常把这种表示特定对象的多位二进制数称为二进制代码。

二进制代码与所表示的信息之间应具有一一对应的关系，用 n 位二进制数可以组合成 2^n 个代码，若需要编码的信息有 N 项，则应满足 $2^n \geqslant N$。

(2)BCD 码

在数字电路中，各种数据要转换为二进制代码才能进行处理，由于人们习惯于使用十进制数，所以在输入、输出中仍采用十进制数，处理时采用二进制数。这样就产生了用 4 位二进制数分别表示 0~9 这十个十进制数码的编码方法，这种用于表示 1 位十进制数的 4 位二进制代码称为二-十进制代码，简称 BCD 码。

8421BCD 码是使用最多的一种编码，每一位二进制数的位权依次为 2^3、2^2、2^1、2^0，即 8、4、2、1，所以称为 8421 码。8421 码选取 0000~1001 这十种组合来表示，而后六种组合舍去，如表 3-8 所示。

表 3-8　8421BCD 码及其代表的十进制数

十进制数	8421BCD 码	十进制数	8421BCD 码
0	0000	5	0101
1	0001	6	0110
2	0010	7	0111
3	0011	8	1000
4	0100	9	1001

五、逻辑代数及逻辑函数化简

1. 逻辑函数化简

逻辑代数是研究逻辑电路的数学工具，它与普通代数类似，只不过逻辑代数的变量只有 0 和 1 两种取值，代表两种相反的逻辑关系。

(1)逻辑代数的运算规则

逻辑代数的基本运算有与、或、非三种。逻辑代数的基本公式和基本定律如表 3-9 所示。

与运算规则：$0\cdot 0=0$　　$0\cdot 1=0$　　$1\cdot 0=0$　　$1\cdot 1=1$

或运算规则：$0+0=0$　　$0+1=1$　　$1+0=1$　　$1+1=1$

非运算规则：$\overline{1}=0$　　$\overline{0}=1$

表 3-9　逻辑代数的基本公式和基本定律

名称	与运算	或运算
0-1 律	$A\cdot 0=0$	$A+0=A$
	$A\cdot 1=A$	$A+1=1$
重叠律	$A\cdot A=A$	$A+A=A$
互补律	$A\cdot\overline{A}=0$	$A+\overline{A}=1$
还原率	$\overline{\overline{A}}=A$	
交换律	$AB=BA$	$A+B=B+A$
结合律	$A(BC)=(AB)C$	$A+(B+C)=(A+B)+C$
分配律	$A(B+C)=AB+AC$	$A+BC=(A+B)(A+C)$
吸收律	$A(A+B)=A$	$A+AB=A$
	$A(\overline{A}+B)=AB$	$A+\overline{A}B=A+B$
反演律	$\overline{AB}=\overline{A}+\overline{B}$	$\overline{A+B}=\overline{A}\,\overline{B}$

对表 3-9 中定律的证明，最直接的办法就是通过真值表证明。若等式两边逻辑函数的真值表相同，则等式成立。

(2)逻辑函数的公式化简

逻辑函数的化简，一般来讲，其要求是符合“乘积项的项数最少”和“每个乘积项中包含的变量个数最少”这两个条件。逻辑函数公式化简法就是运用逻辑代数的运算规则、基本公式或定律来化简逻辑函数。一般采用以下几种方法。

1)并项法：利用 $A+\overline{A}=1$ 将两项合并成一项，并消除一个变量。

【例 6】请化简逻辑函数 $Y=ABC+AB\overline{C}+A\overline{B}$。

解：$Y=ABC+AB\overline{C}+A\overline{B}$

$=AB(C+\overline{C})+A\overline{B}$

$=AB+A\overline{B}$

$=A(B+\overline{B})$

$=A$

2)吸收法：利用 $A+AB=A$ 吸收多余的项。

【例 7】请化简逻辑函数 $Y=\overline{A}B+\overline{A}B\overline{C}$。

解：$Y=\overline{A}B+\overline{A}B\overline{C}$

$=\overline{A}B(1+\overline{C})$

$=\overline{A}B$

3)消去法：利用 $A+\overline{A}B=A+B$ 消除多余因子。

【例 8】请化简逻辑函数 $Y=AB+\overline{A}C+\overline{B}C$。

解：$Y=AB+\overline{A}C+\overline{B}C$

$=AB+(\overline{A}+\overline{B})C$

$=AB+\overline{AB}C$

$=AB+C$

4)配项法：利用公式 $A+\overline{A}=1$ 给某函数配上适当的项。

【例 9】请化简逻辑函数 $Y=A\overline{B}+B+\overline{A}B$。

解：$Y=A\overline{B}+B+\overline{A}B$

$=A\overline{B}+(A+\overline{A})B+\overline{A}B$

$=A\overline{B}+AB+\overline{A}B+\overline{A}B$

$$= A(B + \overline{B}) + B(A + \overline{A})$$

$$= A + B$$

公式化简的过程就是仔细观察组成函数乘积项的特点，把一些乘积项有效地结合起来，利用基本公式和常用公式达到化简的目的。

(3)卡诺图化简法

1)定义。将逻辑函数用方格图来表示，卡诺图中每一个小方格对应逻辑函数的一个最小项。逻辑函数对应的最小项编号如表 3-10 所示。

表 3-10　逻辑函数对应的最小项编号

最小项	变量取值			最小项编号
	A	**B**	**C**	
$\overline{A}\,\overline{B}\,\overline{C}$	0	0	0	Y_0
$\overline{A}\,\overline{B}\,C$	0	0	1	Y_1
$\overline{A}\,B\,\overline{C}$	0	1	0	Y_2
$\overline{A}\,B\,C$	0	1	1	Y_3
$A\,\overline{B}\,\overline{C}$	1	0	0	Y_4
$A\,\overline{B}\,C$	1	0	1	Y_5
$A\,B\,\overline{C}$	1	1	0	Y_6
$A\,B\,C$	1	1	1	Y_7

将 n 个变量的逻辑函数的 2^n 个最小项，用小方格代表，并且按相邻规则排列而成的图形，称为最小项卡诺图，简称卡诺图，如图 3-18 所示。

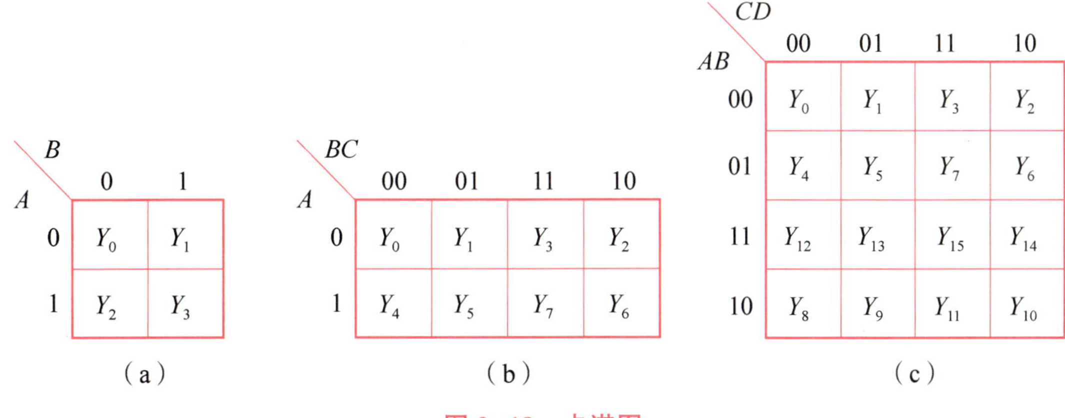

(a)　(b)　(c)

图 3-18　卡诺图

2)用卡诺图表示逻辑函数。

例如：化简函数 $Y = \overline{A}\,\overline{B}C + ABC + AB\overline{C} + A\overline{B}C$。

方法：先将逻辑函数化为与或表达式，然后再把卡诺图中每一个乘积项所对应的最小项都填上 1，其余的填上 0(或不填)，便可得到该逻辑函数的卡诺图，如图 3-19 所示。

卡诺图化简逻辑函数的基本原理，即两个“与”项中，如果只有一个变量相反，其余变量均相同，则这两个“与”项可以合并成一项，消去其中互反的变量。

相邻最小项用倒角矩形圈(或椭圆形圈)圈起来，称为卡诺圈，如图 3-20 所示。在合并项(卡诺圈)所处位置上，若某变量的代码有 0 也有 1，则该变量被消去，否则该变量被保留，并按 0 为反变量，1 为原变量的原则写成乘积项形式的合并项中。

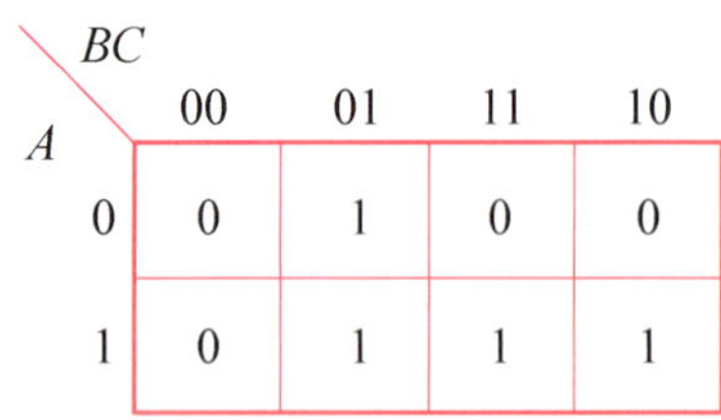

图 3-19　最小项对应的卡诺图

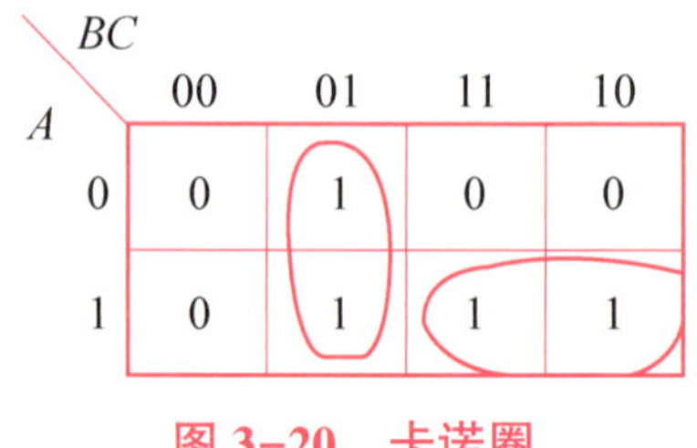

图 3-20　卡诺圈

通过化简可得最简逻辑函数表达式为：

$$Y = AB + \overline{B}C$$

3)画卡诺圈所遵循的规则。

①必须包含所有的最小项。

②按照“从小到大”顺序，先圈孤立的“1”，再圈只能由两个 1 组合的，再圈由 4 个 1 组合的。

③卡诺圈的圈数要尽可能少(乘积项总数要少)。

④卡诺圈要尽可能大(乘积项中含的因子最少)。

2. 逻辑函数的转换

一个逻辑函数可以分别用逻辑表达式、真值表和逻辑图来表示，因此它们之间可以相互转换。

真值表就是将各个变量取真值的各种可能组合列出来，得到对应的逻辑函数真值而形成的表格。逻辑图是由基本逻辑门或复合逻辑门等逻辑符号及它们之间的连线构成的图形。

(1)由逻辑函数转真值表

由逻辑函数转真值表的方法：先根据逻辑函数的变量确定真值表的形式，然后将各个变量列出来，再将真值代入逻辑函数表达式，计算出其函数值，即得到该逻辑函数的真值表。

【例 10】请列出逻辑函数 $Y = AB + \overline{A}\overline{B}$ 的真值表。

解：从逻辑函数表达式中可以看出：

1)该函数有两个输入变量 A、B 和一个输出变量 Y。

2)对应的输入变量分别是 00、01、10、11。

3)将真值代入逻辑函数表达式，计算出函数值，即可得到真值表，如表 3-11 所示。

表 3-11　例 10 真值表

A	*B*	*Y*	备注
0	0	1	
0	1	0	
1	0	0	
1	1	1	

（2）由真值表列出逻辑函数表达式

由真值表列出逻辑函数表达式的方法：首先将真值表中函数值为 1 的真值组合找出来，在每一组合中，将取值为 0 的变量写成反变量的形式，取值为 1 的变量写成原变量的形式，得到各乘积项，将这些项相加即得到逻辑函数表达式。

【例 11】请写出真值表 3-12 所示的逻辑函数表达式。

表 3-12　例 11 真值表

A	*B*	*C*	*Y*
0	0	0	0
0	0	1	1
0	1	0	1
0	1	1	0
1	0	0	0
1	0	1	1
1	1	0	0
1	1	1	1

解：从真值表中可以看出：

1）有 4 个真值组合使函数值为 1，分别是 001、010、101、111。

2）将取值为 0 的项写成反变量的形式，取值为 1 的项写成原变量的形式。

3）把这些项相加得到逻辑函数表达式：

$$Y=\overline{A}\,\overline{B}C+\overline{A}B\overline{C}+A\overline{B}C+ABC$$

六、组合逻辑电路

数字逻辑电路分为组合逻辑电路和时序逻辑电路。

组合逻辑电路从电路形式上看：在输入和输出之间只有信号正向传输的通路，没有从输出到输入的反馈回路；在功能上，任意时刻组合逻辑电路的输出状态仅取决于该时刻的输入信号，与电路原来的状态无关，没有记忆功能。常用的组合逻辑电路有编码器、译码器、数据选择器和数据分配器等。

1. 组合逻辑电路的分析方法

组合逻辑电路的分析，是指基于逻辑电路图，分析该电路的基本功能的过程。一般情况下逻辑电路图表达的逻辑功能不够直观形象，往往需要将其转化成逻辑表达式或是真值表的形式，以使逻辑更加直观、确定。组合逻辑电路的分析步骤如图 3-21 所示。

图 3-21　组合逻辑电路的分析步骤

1) 根据逻辑电路图，由输入到输出逐级写出逻辑表达式。

2) 化简逻辑表达式，得到最简逻辑表达式。

3) 根据最简逻辑表达式列出真值表。

4) 根据所列真值表，分析电路的基本逻辑功能。

【例 12】分析如图 3-22 所示的三人表决器电路逻辑功能。

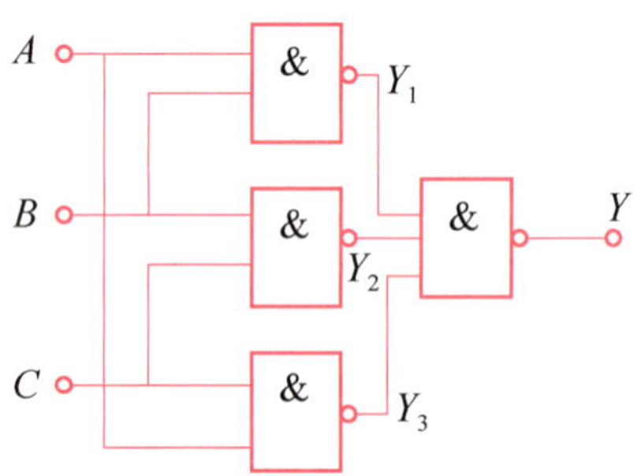

图 3-22　三人表决器逻辑电路

第一步：根据电路逐级写出逻辑表达式。

$$Y_1 = \overline{AB}$$

$$Y_2 = \overline{BC}$$

$$Y_3 = \overline{AC}$$

$$Y = \overline{Y_1 \cdot Y_2 \cdot Y_3} = \overline{\overline{AB} \cdot \overline{BC} \cdot \overline{AC}}$$

第二步：化简逻辑表达式。

$$Y = \overline{\overline{AB} \cdot \overline{BC} \cdot \overline{AC}} = \overline{\overline{AB}} + \overline{\overline{BC}} + \overline{\overline{AC}} = AB + BC + AC$$

第三步：根据化简后的逻辑表达式列写真值表，如表 3-13 所示。

表 3-13　三人表决器真值表

输入真值表			输出
A	B	C	Y
0	0	0	0
0	0	1	0
0	1	0	0
0	1	1	1
1	0	0	0
1	0	1	1
1	1	0	1
1	1	1	1

第四步：从真值表中可以看出三输入中至少有两个或两个以上的输入为 1 时，输出才为 1，否则输出为 0，可知此电路为一少数服从多数的三人表决器。

2. 常见组合逻辑电路

组合逻辑电路应用十分广泛，常见的基本组合逻辑电路有编码器、译码器、数据选择器、数据分配器和加法器等。

(1) 编码器

在二进制运算系统中，每一位二进制数只有 0 和 1 两个数码，只能表达两个不同的信号信息。如果要用二进制数码表示更多的信号，就必须采用多位二进制数，并按照一定的规律进行编排。

把若干个 0 和 1 按一定的规律编排在一起，组成不同的代码，并且赋予每个代码以固定的含义，这就称为编码，能完成上述编码功能的逻辑电路称为编码器。编码器就是能够实现编码功能的数字电路，其输入为被编信号，输出为二进制代码。按照输出代码种类的不同，编码器可分为二进制编码器和二-十进制编码器。

1) 二进制编码器。

将所需信号编为二进制代码的电路称为二进制编码器。一位二进制代码可以表示两个信号，两位二进制代码有 00、01、10、11 四种组合，因而可以表示 4 个信号。以此类推，用 n 位二进制代码则有 2^n 种数码组合，可以表达 2^n 个不同的信号。3 位二进制编码器示意图如图 3-23 所示。

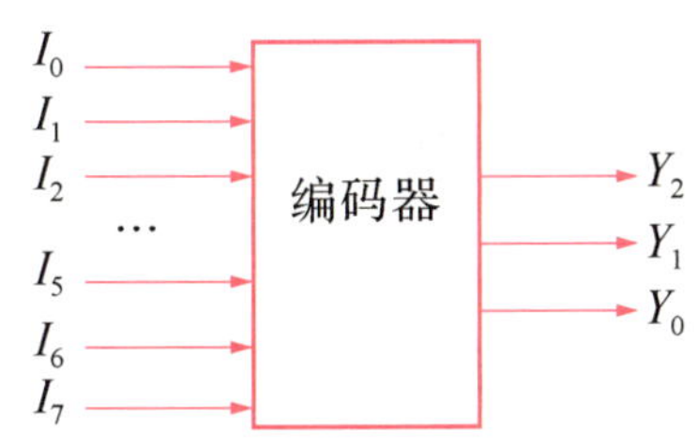

图 3-23　3 位二进制编码器示意图

I_0 ~ I_7 是编码器的 8 路输入，分别代表十进制数 0 ~ 7 的 8 个数字或 8 个要区分的不同信号；Y_0、Y_1、Y_2 是编码器的 3 个输出。假设任何时刻这 8 个输入都只有一个有效(设定为逻辑“1”)，由此可得其真值表如表 3-14 所示。

表 3-14　3 位二进制编码器真值表

十进制数	输入								输出		
	I_7	I_6	I_5	I_4	I_3	I_2	I_1	I_0	Y_2	Y_1	Y_0
0	0	0	0	0	0	0	0	1	0	0	0
1	0	0	0	0	0	0	1	0	0	0	1
2	0	0	0	0	0	1	0	0	0	1	0
3	0	0	0	0	1	0	0	0	0	1	1
4	0	0	0	1	0	0	0	0	1	0	0
5	0	0	1	0	0	0	0	0	1	0	1
6	0	1	0	0	0	0	0	0	1	1	0
7	1	0	0	0	0	0	0	0	1	1	1

根据真值表可得出各输出的逻辑表达式：

$$Y_2 = I_4 + I_5 + I_6 + I_7$$

$$Y_1 = I_2 + I_3 + I_6 + I_7$$

$$Y_0 = I_1 + I_3 + I_5 + I_7$$

由上述逻辑表达式可得到由 3 个或门构成的 3 位二进制编码器逻辑电路图，如图 3-24 所示。

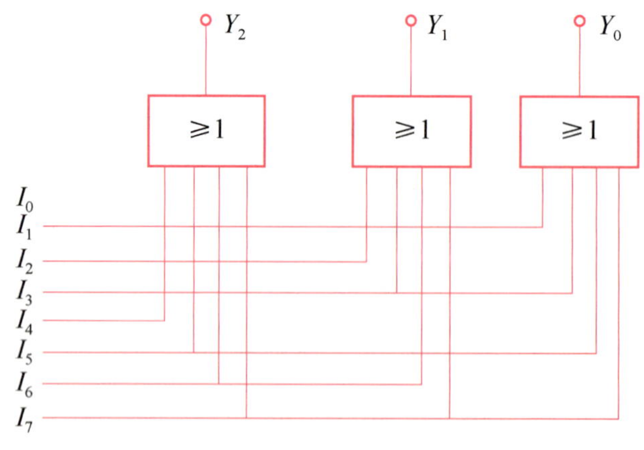

图 3-24　3 位二进制编码器逻辑电路图

2)二-十进制编码器。

将十进制数 0~9 这十个对象编成二进制代码的电路，称为二-十进制编码器，又称 10 线-4 线编码器。最常见的二-十进制编码器是 8421BCD 编码器。

8421BCD 编码器真值表，如表 3-15 所示。按照逻辑电路的设计方法，可列出 8421BCD 编码器的逻辑函数表达式，由此画出逻辑电路。

表 3-15 8421BCD 编码器真值表

十进制数	输出			
	Y_3	Y_2	Y_1	Y_0
0	0	0	0	0
1	0	0	0	1
2	0	0	1	0
3	0	0	1	1
4	0	1	0	0
5	0	1	0	1
6	0	1	1	0
7	0	1	1	1
8	1	0	0	0
9	1	0	0	1

由真值表 3-15 可得出输出端的逻辑表达式如下：

$$Y_3 = I_8 + I_9$$

$$Y_2 = I_4 + I_5 + I_6 + I_7$$

$$Y_1 = I_2 + I_3 + I_6 + I_7$$

$$Y_0 = I_1 + I_3 + I_5 + I_7 + I_9$$

根据逻辑表达式，可得出逻辑电路图。逻辑电路图因采用的门电路不同，电路图连接方式也不相同，请自行绘制。

3)优先编码器。

前面学习的编码器中，当输入端有两个或两个以上信号同时有效的情况下，输出端就会产生错误的编码。为了解决这一问题，可采用优先编码器。

优先编码器是指该电路可允许两个或两个以上输入信号同时有效，但电路只对其中优先级别高的信号进行编码，而对其他优先级别低的信号不予理睬。

图 3-25 为集成 8 线-3 线优先编码器 74LS148 的引脚排列图，各引脚功能如下。

$\bar{I}_0 \sim \bar{I}_7$：代表 8 位输入端，$\bar{I}_7$ 优先级别最高，其余依次为 $\bar{I}_6$、$\bar{I}_5$、$\bar{I}_4$、$\bar{I}_3$、$\bar{I}_2$、$\bar{I}_1$、$\bar{I}_0$。输入端低电平有效。

$\bar{Y}_0$、$\bar{Y}_1$、$\bar{Y}_2$：代表 3 位输出端。输出端低电平有效。

$\overline{ST}$：输入控制端或使能输入端。

$\overline{Y}_S$：选通输出端或使能输出端。

$\overline{Y}_{EX}$：扩展端。

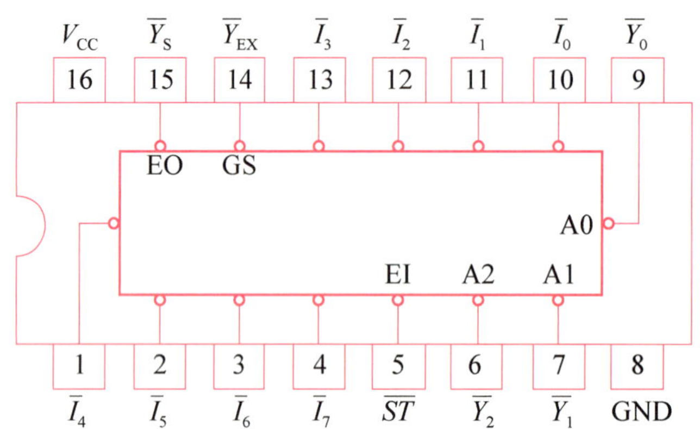

图 3-25　集成 8 线-3 线优先编码器 74LS148 的引脚排列图

(2) 译码器

译码是编码的逆过程，也称为解码器。它将具有特定含义的二进制代码按其原意“翻译”出来，并转换成相应的输出信号，这个过程称为译码，实现译码功能的电路称为译码器。与编码器相对应，译码器也分为二进制译码器和二-十进制译码器，此外还有一种常用的显示译码器。

1) 二进制译码器。

二进制译码器是将二进制码按照其原意翻译成相应的输出信号。按照二进制译码器输入和输出的线数，二进制译码器可分为 2 线-4 线译码器、3 线-8 线译码器和 4 线-16 线译码器等。最常用的二进制译码器就是中规模集成电路 74LS138，它是一个 3 线-8 线译码器，其引脚图如图 3-26 所示，其真值表如表 3-16 所示。

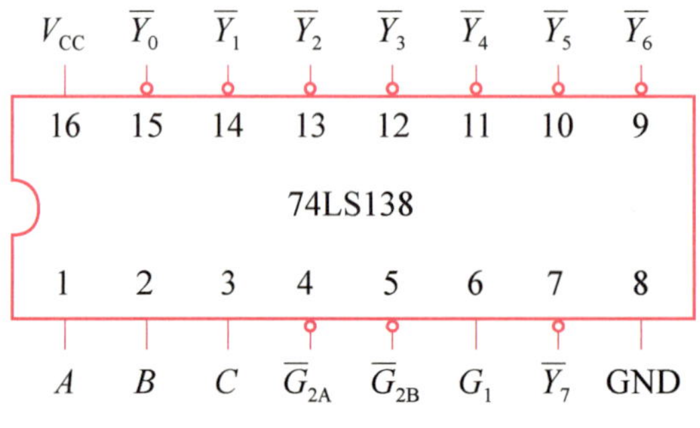

图 3-26　74LS138 引脚图

表 3-16　74LS138 真值表

输入						输出							
控制端			代码输入端										
G_1	$\overline{G}_{2A}$	$\overline{G}_{2B}$	C	B	A	$\overline{Y}_7$	$\overline{Y}_6$	$\overline{Y}_5$	$\overline{Y}_4$	$\overline{Y}_3$	$\overline{Y}_2$	$\overline{Y}_1$	$\overline{Y}_0$
×	1	×	×	×	×	1	1	1	1	1	1	1	1
×	×	1	×	×	×	1	1	1	1	1	1	1	1
0	×	×	×	×	×	1	1	1	1	1	1	1	1
1	0	0	0	0	0	1	1	1	1	1	1	1	0
1	0	0	0	0	1	1	1	1	1	1	1	0	1
1	0	0	0	1	0	1	1	1	1	1	0	1	1
1	0	0	0	1	1	1	1	1	1	0	1	1	1
1	0	0	1	0	0	1	1	1	0	1	1	1	1
1	0	0	1	0	1	1	1	0	1	1	1	1	1
1	0	0	1	1	0	1	0	1	1	1	1	1	1
1	0	0	1	1	1	0	1	1	1	1	1	1	1

由引脚图和真值表可见，该译码器有 3 个输入端，为 3 位二进制代码；有 8 个输出端，为一组低电平有效的输出。当使能端 $G_1=1$，$\overline{G}_{2A}=\overline{G}_{2B}=0$，译码器工作，根据输入 C、B、A 的取值结合，使得某一位输出为低电平。

2）二-十进制译码器。

二-十进制译码器也称为 BCD 译码器，它的功能是将输入的 BCD 码译成对应的 10 个十进制输出信号。如图 3-27 所示为集成电路译码器 74LS42 的引脚排列图。它有 4 个输入端 A_0 ~ A_3 和 10 个输出端 $\overline{Y}_0$ ~ $\overline{Y}_9$，故又称为 4 线-10 线译码器。

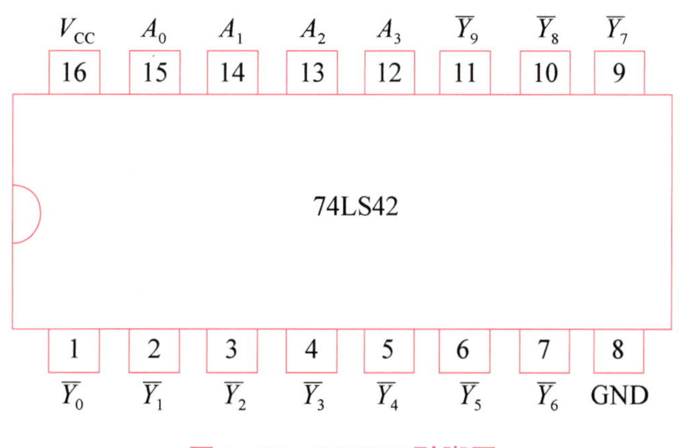

图 3-27　74LS42 引脚图

由于 4 位二进制输入有 16 种组合状态，故 74LS42 芯片可以自动将最后的 6 种状态识别为伪码，即当输入为 1010～1111 时，输出均为 1，译码器拒绝输出。其真值表如表 3-17 所示。

表 3-17 74LS42 真值表

输入				输出									
A_3	A_2	A_1	A_0	$\overline{Y_0}$	$\overline{Y_1}$	$\overline{Y_2}$	$\overline{Y_3}$	$\overline{Y_4}$	$\overline{Y_5}$	$\overline{Y_6}$	$\overline{Y_7}$	$\overline{Y_8}$	$\overline{Y_9}$
0	0	0	0	0	1	1	1	1	1	1	1	1	1
0	0	0	1	1	0	1	1	1	1	1	1	1	1
0	0	1	0	1	1	0	1	1	1	1	1	1	1
0	0	1	1	1	1	1	0	1	1	1	1	1	1
0	1	0	0	1	1	1	1	0	1	1	1	1	1
0	1	0	1	1	1	1	1	1	0	1	1	1	1
0	1	1	0	1	1	1	1	1	1	0	1	1	1
0	1	1	1	1	1	1	1	1	1	1	0	1	1
1	0	0	0	1	1	1	1	1	1	1	1	0	1
1	0	0	1	1	1	1	1	1	1	1	1	1	0
1	0	1	0	1	1	1	1	1	1	1	1	1	1
1	0	1	1	1	1	1	1	1	1	1	1	1	1
1	1	0	0	1	1	1	1	1	1	1	1	1	1
1	1	0	1	1	1	1	1	1	1	1	1	1	1
1	1	1	0	1	1	1	1	1	1	1	1	1	1
1	1	1	1	1	1	1	1	1	1	1	1	1	1

伪码

3) 显示译码器。

在数字系统中，显示译码器的主要作用是用来驱动显示数字和字符的器件。显示译码器一般与计数器、驱动器等配合使用。显示译码器随显示器件的类型而异，常用的半导体数码管、液晶数码管、荧光数码管等都是通过字段构成相关字形和字符。译码显示电路框图如图 3-28 所示。

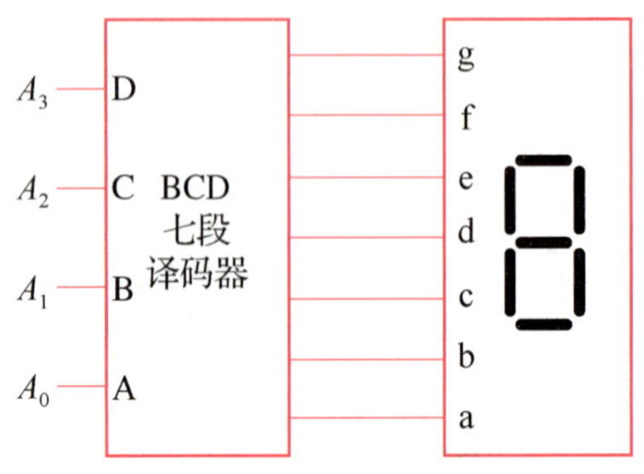

图 3-28 译码显示电路框图

半导体数码显示器如图 3-29 所示。半导体数码显示器实际上是将 7 个发光二极管排列成“日”字形状制成(有的数码管加上一个小数点，所以要由 8 个发光二极管制成)。7 个发光二极管分别用 a、b、c、d、e、f、g 英文小写字母代表，采用不同的组合就能显示相应的十进制数字。发光二极管有共阳极和共阴极两种连接方法，如图 3-30 所示。

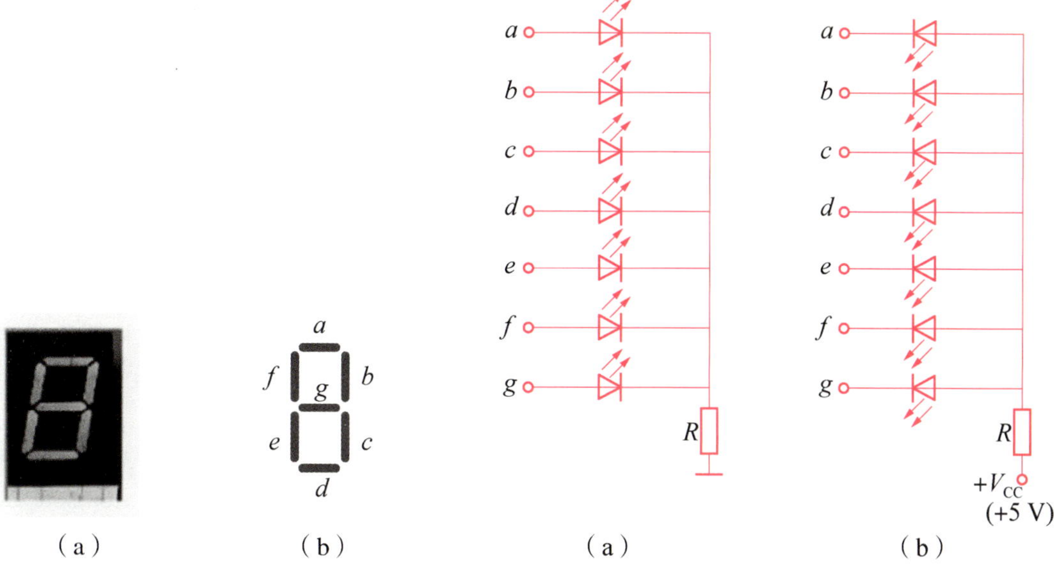

图 3-29　半导体数码显示器

(a)实物图；(b)发光线段分布

图 3-30　发光二极管的两种连接方法

(a)共阴极接线图；(b)共阳极接线图

数码管的应用非常广泛，利用优先编码器和显示译码器组成的按键显示电路如图 3-31 所示。

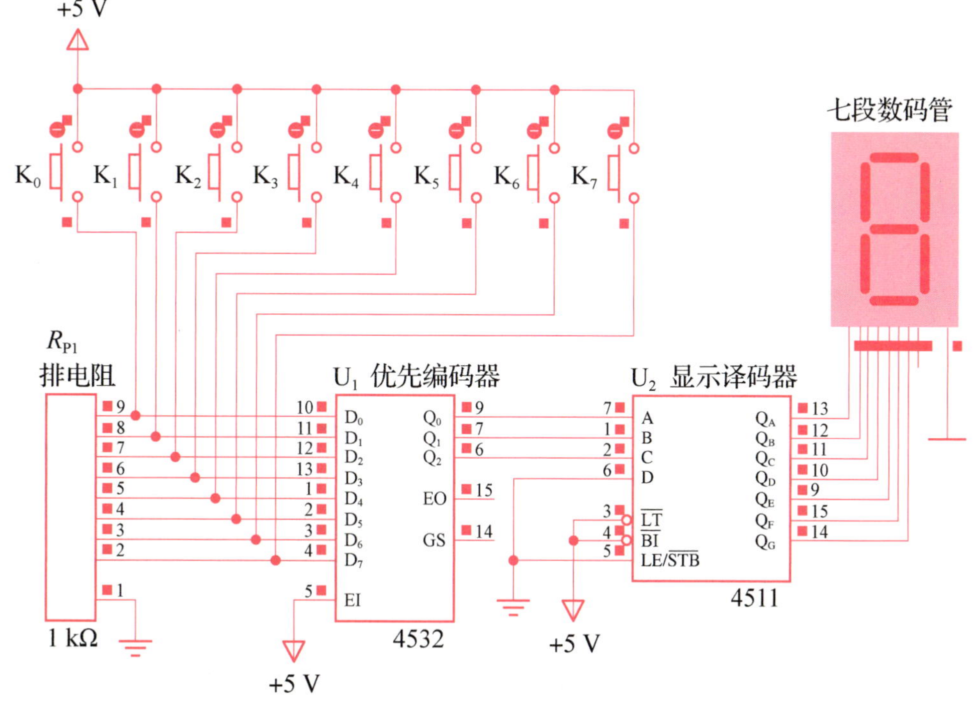

图 3-31　按键显示电路

4) LED 显示屏。

LED 显示屏(LED display)是一种平板显示器，由一个个小的 LED 模块面板组成，用来显示文字、图像、视频等各种信息。

LED 显示屏是一种新型的信息显示媒体，它是利用发光二极管点阵模块或像素单元组成的平面式显示屏幕。图 3-32 所示为 8×8 点阵 LED 显示屏结构，从图上看，8×8 点阵共需要 64 个发光二极管，且每个发光二极管放置在行线和列线的交叉点上，当对应的某一行置高电平，某一列置低电平时，则相应的二极管点亮。

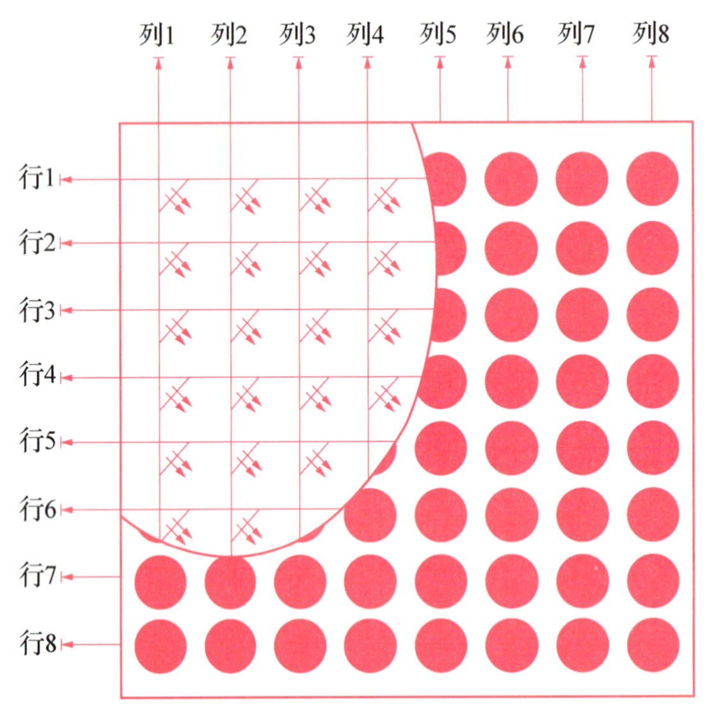

图 3-32　点阵 LED 显示屏结构

例如要显示文字时，就可以按照组成文字的笔画将相应的二极管点亮，从而达到显示文字的目的，如图 3-33 所示。而完整的点阵可由 16×16、32×32 等组成显示模块。

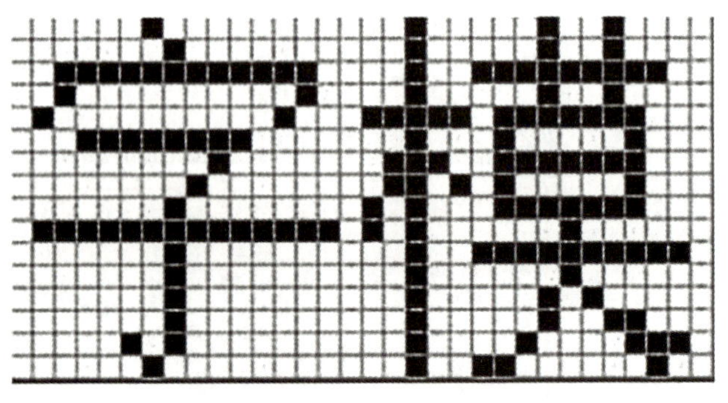

图 3-33　LED 点阵显示文字示意图

单基色 LED 显示屏的每个像素由 1 个单色 LED 发光二极管组成，即每个像素包含 1 个 LED 发光二极管；双基色 LED 显示屏的每个像素由两个两种单色的 LED 发光二极管组成，即每个双基色像素包含两个 LED 发光二极管；而对于三基色全彩 LED 显示屏来说，组成像素点的二极管包括了 3 个或 3 个以上，如由分别发红光、绿光和蓝光的 3 个二极管组成，这样就可以根据三基色的配色原理，达到彩色显示的目的；而有些显示屏为了改善显示效果，可能由 4 个二极管组成：两个红光 LED、1 个绿光 LED 和 1 个

蓝光 LED。

理论知识归纳

1) 基本逻辑门电路有与门、或门、非门三种，由基本逻辑门电路组成的复合逻辑门有与非门、或非门、与或非门等，它们都是构成数字电路的基本电路。

2) 目前应用比较多的集成器件主要有 TTL 和 CMOS 两大系列。应用时注意引脚功能和接线事项。

3) 在数字电路中，二进制、八进制、十六进制之间的转换关系。

4) 逻辑函数常用的表达式有函数表达式、真值表、逻辑电路图和波形图。通过逻辑函数化简可以大大有效简化电路，减少元器件的使用，提升系统可靠性。

5) 组合逻辑电路的特点：输出仅取决于当前的输入信号，而与以前的输入、输出状态无关。

6) 组合逻辑电路的种类非常多，本模块主要介绍了常见的编码器、译码器、显示器的逻辑功能、工作原理和应用方法。结合其组合电路特点简单介绍了功能拓展应用电路。

实训操作

任务导入

在中国“达人秀”节目的比赛现场，邀请三位专家评委作为裁判。只有当三个裁判中至少两位裁判认可同意后才能顺利进入下一级。请根据现场要求，利用学习的组合逻辑电路知识实现这一功能。本电路的要求：

1) 输入直流电压为 3~5 V。

2) 输出用指示灯显示是否通过晋级。

3) 晋级后有相关声音提醒祝贺。

任务准备

根据功能要求(见表 3-18)，列写真值表，见表 3-13。

表 3-18　记录表

序号	裁判 *A*	裁判 *B*	裁判 *C*	表决结果 *Y*
1	0	0	0	无效(红灯亮)
2	0	0	1	无效(红灯亮)
3	0	1	0	无效(红灯亮)

续表

序号	裁判 *A*	裁判 *B*	裁判 *C*	表决结果 *Y*
4	0	1	1	有效(绿灯亮)
5	1	0	0	无效(红灯亮)
6	1	0	1	有效(绿灯亮)
7	1	1	0	有效(绿灯亮)
8	1	1	1	有效(绿灯亮)

根据真值表，列写逻辑表达式如下：

$$
\begin{aligned}
Y &= \overline{A}BC + A\overline{B}C + AB\overline{C} + ABC \\
&= BC + A\overline{B}C + AB\overline{C} \\
&= B(C + A\overline{C}) + A\overline{B}C \\
&= B(A + C) + A\overline{B}C \\
&= BA + BC + A\overline{B}C \\
&= A(B + \overline{B}C) + BC \\
&= A(B + C) + BC \\
&= AB + AC + BC
\end{aligned}
$$

根据化简后的最终结果，采用译码器和与门电路实现其功能。

1. 参考原理图

三人表决器参考原理图如图 3-34 所示。

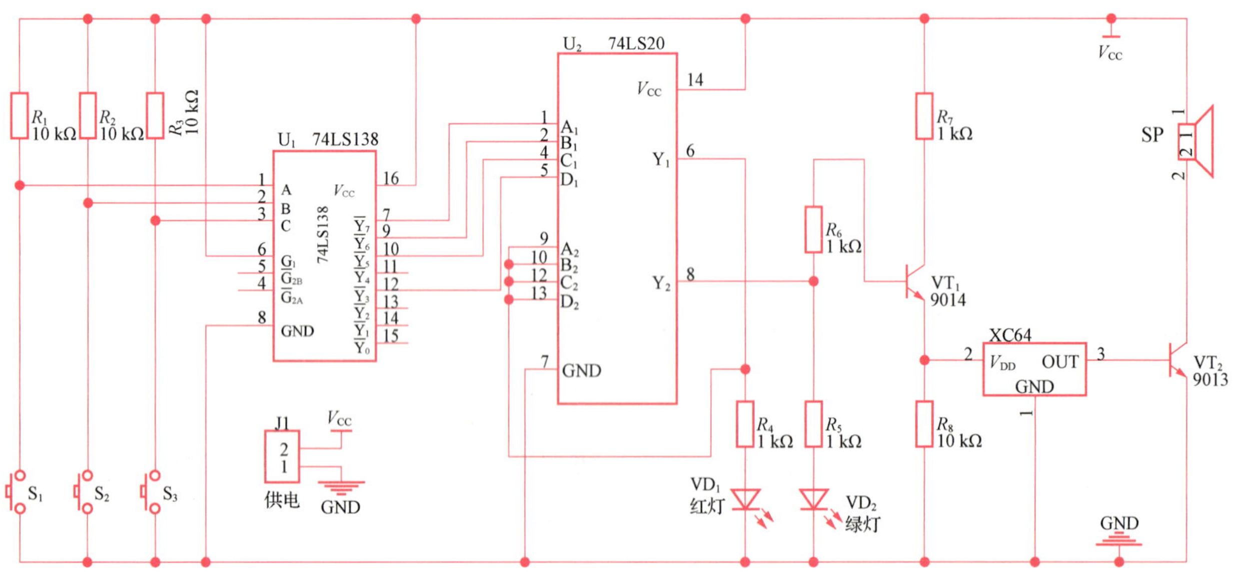

图 3-34　三人表决器参考原理图

2. 参考工作原理

主要由3线-8线译码器(74LS138)电路、双四输入与非门(74LS20)电路和音乐发声电路组成。按键未按下时，3线-8线译码器的输入端 C、B、A 被上拉置高电平。按键按下时，被下拉置低电平。

当没有表决时或者只有一个人表决时，译码器的输入端 C、B、A 得到4种组合，为111、110、101、011，根据译码器真值表，$\overline{Y}_7 \sim \overline{Y}_0$ 输出对应为01111111、10111111、11011111、11110111。与非门的第一组4个输入端接到译码器的 $\overline{Y}_7$、$\overline{Y}_6$、$\overline{Y}_5$、$\overline{Y}_3$，根据与非门真值表，只要输入端有1个是0，输出就是1，则以上的表决情况使得 Y_1 输出为1，即高电平，红灯点亮，因与非门第二组输入端连接 Y_1，所以第二个四输入与非门的输入都为1，Y_2 输出为0，即低电平，绿灯不亮，VT_1 基极为低电平，三极管不导通，音乐IC电路不得电，不发声。

当两个人按下或者3个人按下按键时，译码器的 C、B、A 也得到了4种输入组合，为001、010、100、000，$\overline{Y}_7 \sim \overline{Y}_0$ 输出对应为11111101、11111011、11101111、11111110，与非门的第一组4个输入端接到译码器的 $\overline{Y}_7$、$\overline{Y}_6$、$\overline{Y}_5$、$\overline{Y}_3$，根据与非门真值表，则以上的表决情况使得 Y_1 输出为0，红灯熄灭，Y_2 输出为1，绿灯点亮，VT_1 基极为高电平，三极管导通，音乐IC电路得电发出音乐，提示选手通过晋级。

任务实施

一、焊接前操作步骤

1. 元件清单

元件清单如表3-19所示。

表3-19　元件清单检查表

序号	名称	型号规格	位号	数量	型号规格是否正确	能否可用
1	电阻	1/8 W，10 kΩ	R_1、R_2、R_3、R_8	4		
2	电阻	1/8 W，1 kΩ	R_4、R_5、R_6、R_7	4		
3	发光二极管		VD_1、VD_2	2		
4	译码器	74LS138	U_1	1		
5	双四输入与非门	74LS20	U_2	1		
6	按键		S_1、S_2、S_3	3		
7	三极管	9013	VT_2	1		
8	三极管	9014	VT_1	1		

续表

序号	名称	型号规格	位号	数量	型号规格是否正确	能否可用
9	音乐芯片 IC		XC64	1		
10	蜂鸣器		SP	1		
11	连接线		排线	若干		

2. 电路板检验

电路板主要分为万能板和 PCB 板。对于万能板，主要检验焊孔是否有脱落、是否有铜箔损坏情况。对于 PCB 板，主要检验焊孔、定位孔、过线孔等是否有铜箔脱落、损坏或者绝缘损坏等情况。

3. 元器件整形

电子元器件通常采用立式或者卧式的安装方式，对于不同的电子元器件，其安装方式如表 3-20 所示。

表 3-20　元器件整形安装方式

元器件类型	元器件规格描述	元器件本体抬高于 PCB 板尺寸或其他要求	备注
IC	DIP IC	两排引脚间距等同于 PCB 板对应于两焊盘间距	
按钮	四爪按钮	按钮引脚间距等同于 PCB 板对应的焊盘间距	
大功率元件	散热器上固定大功率元件	要求元件与散热器之间涂有薄薄的一层导热胶，用螺钉+弹垫(+螺母)将元件和散热器进行紧固	
蜂鸣器	蜂鸣器安装应通过引线连接固定	首先固定蜂鸣器的位置，通过引线连接蜂鸣器与 PCB 板，具体距离根据实际情况选择，不宜过长	

4. 电路安装

安装之前请不要急于动手，应先查阅相关的技术资料及说明，然后对照原理图，了解元器件清单，并分清各元器件，了解各元器件的特点、作用、功能，同时核对元器件数量，线路搭建实物图如图 3-35 所示。

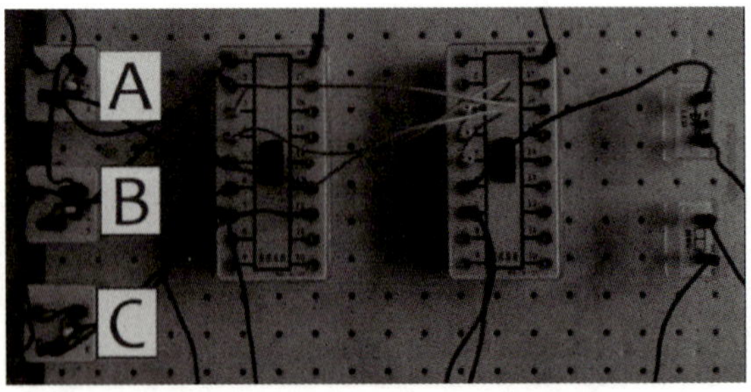

图 3-35　线路搭建实物图

二、焊接操作步骤

1. 焊前准备

把被焊件、焊锡丝和电烙铁准备好(包括元件表面氧化层的处理、元件脚的弯制、上锡等处理)，处于随时可焊的状态。

2. 焊接工艺

在焊接开始时，要保证电烙铁的烙铁头清洁，同时对电烙铁与 PCB 的距离、焊点都有具体的要求，详细标准如表 3-21 所示。

表 3-21　焊接要求详细标准

序号	项目说明	标准要求	现场记录情况	备注
1	电烙铁	烙铁头要保持清洁		
2	焊接要求	电烙铁与水平面成 60°		
		焊接时间：一般元件焊接时间在 3 s 以内，集成类元件单引脚焊接时间在 2 s 以内		
3	焊点要求	无虚焊、漏焊、桥接、溅锡		
		无焊料过多或者过少情况		
		焊接没有毛刺、孔隙		
		不能超出焊盘		
		无铜箔脱落		
		剪脚留头长度小于 1 mm		
4	安全文明	无烫伤、烫坏线路及设备情况		

三、功能调试

1. 通电前自检

1) 仔细检查已完成的装配是否准确，包括组件位置、极性组件的极性、引脚之间有无短路、连接处有无接触不良等。

2) 焊接是否可靠，检查有无虚焊、漏焊及搭锡，无空隙、毛刺等。

3) 连线是否正确，检查有无错线、少线和多线等。

4) 电源端对地是否存在短路，在通电前，断开一根电源线，用万用表检查电源端对地是否存在短路。将焊接情况记录于表 3-22 中。

表 3-22　自检情况记录表

自检项目	自检结果	出现问题的原因和解决办法
按照线路图安装元器件		
焊点的质量		
元器件的整体美观度		
其他问题		

2. 通电试车

检查电路装接无误后，经教师允许，即可进行通电测试。

按要求连接好元件，通电后，注意观察有无异常现象，如冒烟、有无焦煳味、元件发热烫手等。如发现异常现象，立即切断电源，然后查找故障原因并记录于表 3-23 中。

表 3-23　情况记录表

所遇问题	出现的原因	解决方法

任务评价

以小组为单位，选择演示文稿、展板、海报、录像等形式中的一种或几种，向全班展示汇报学习成果。完成综合评价表 3-24。

表 3-24　综合评价表

<table>
<tr><th rowspan="2">评价项目</th><th rowspan="2">评价内容</th><th rowspan="2">评价标准：
A 为 90 分，B 为 75 分，C 为 60 分，D 为 30 分</th><th colspan="3">评价方式</th></tr>
<tr><th>自我评价</th><th>小组评价</th><th>教师评价</th></tr>
<tr><td rowspan="12">职业素养</td><td rowspan="4">安全意识
责任意识</td><td>A 作风严谨、自觉遵章守纪、出色地完成工作任务</td><td></td><td></td><td></td></tr>
<tr><td>B 能够遵守规章制度，较好地完成工作任务</td><td></td><td></td><td></td></tr>
<tr><td>C 遵守规章制度，未完成工作任务，或完成工作任务但忽视规章制度</td><td></td><td></td><td></td></tr>
<tr><td>D 不遵守规章制度，未完成工作任务</td><td></td><td></td><td></td></tr>
<tr><td rowspan="4">学习态度</td><td>A 积极参与教学活动，全勤</td><td></td><td></td><td></td></tr>
<tr><td>B 缺勤达本任务总学时的 10%</td><td></td><td></td><td></td></tr>
<tr><td>C 缺勤达本任务总学时的 20%</td><td></td><td></td><td></td></tr>
<tr><td>D 缺勤达本任务总学时的 30%</td><td></td><td></td><td></td></tr>
<tr><td rowspan="4">团队合作
意识</td><td>A 与同学协作融洽、团队合作意识强</td><td></td><td></td><td></td></tr>
<tr><td>B 与同学沟通、协作能力较强</td><td></td><td></td><td></td></tr>
<tr><td>C 与同学沟通、协作能力一般</td><td></td><td></td><td></td></tr>
<tr><td>D 与同学沟通、协作能力较差</td><td></td><td></td><td></td></tr>
</table>

续表

评价项目	评价内容	评价标准： A 为 90 分，B 为 75 分，C 为 60 分，D 为 30 分	评价方式		
			自我评价	小组评价	教师评价
专业能力	学习活动 1	A 熟练、有条理地完成知识的自主学习，正确回答工作页中的相关问题，工作计划制订合理			
		B 较顺利地完成知识的自主学习，正确回答工作页中的相关问题，工作计划制订合理			
		C 自主学习能力一般，或工作页中内容遗漏、错误较多，或工作计划制订存在较多问题			
		D 未能完成知识的自主学习，或未完成工作页中的相关内容			
	学习活动 2	A 学习活动评价成绩为 90～100 分			
		B 学习活动评价成绩为 75～89 分			
		C 学习活动评价成绩为 60～74 分			
		D 学习活动评价成绩为 0～59 分			
创新能力		学习过程中提出了具有创新性、可行性的建议			
班级			学号		
姓名			综合评价等级		
指导教师			日期		

模块四

声光控灯的安装与调试

学习目标

知识目标

1) 能正确识别、检测电路中晶闸管、单结晶体管、光敏电阻、驻极体和集成电路等核心元件的功能、质量。

2) 掌握 CD4011 内部功能框图和逻辑功能，能分析反相器构成的电压放大器的工作原理。

3) 能独立分析声光控灯的工作原理。

技能目标

1) 能根据任务要求，正确使用工具和仪器仪表。

2) 能识读分析整流电路、低压电源、话筒拾音及放大电路、光敏控制电路、音频驱动电路、延迟电路、可控硅开关电路等。

3) 能根据原理图，独立焊接套件，完成声光控灯的制作和调试。

素养目标

1) 培养学生对知识的理解、迁移和应用能力。

2) 养成严谨的工作态度，形成良好的工作习惯。

3) 培养学生团队协作、创新思维、积极沟通等职业素养能力。

理论知识

一、可控硅的基础知识

1. 晶闸管的基本知识

(1)晶闸管的结构、符号和外形

晶闸管的结构及符号如图 4-1 所示。晶闸管内部是具有三个 PN 结的四层半导体结构，外部有三个电极，分别由最外层的 P 层和 N 层引出阳极 A 和阴极 K，中间的 P 层引出门极(或称控制极)G。常见晶闸管的外形，如图 4-2 所示。

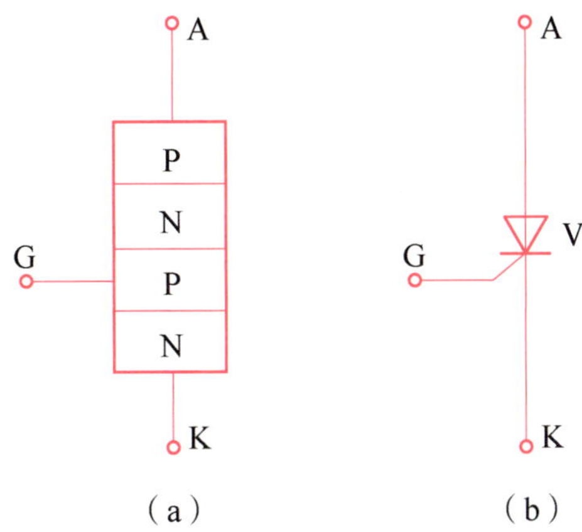

图 4-1　晶闸管的结构及符号

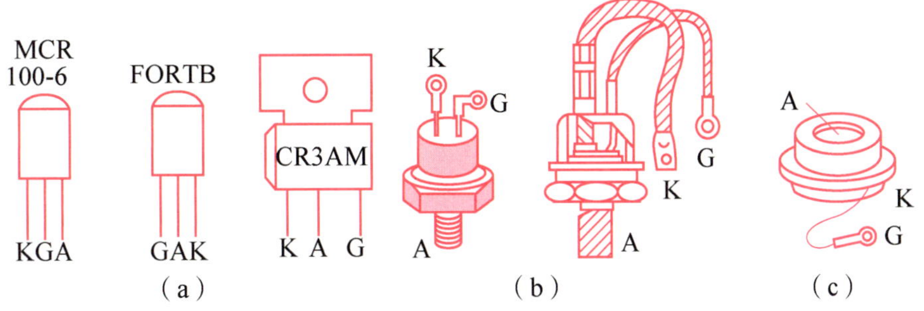

图 4-2　常见晶闸管的外形

(a)塑封式；(b)螺栓式；(c)平板式

2. 晶闸管的工作特性

通过表 4-1 所示的晶闸管导通和关断实验，观察晶闸管导通和关断的规律，可得出晶闸管的工作特性。电路图中晶闸管阳极 A、阴极 K、负载(这里是小灯泡)和电源 U_A 构成的回路称为主电路，U_A 为阳极电源。晶闸管门极 G、阴极 K、开关 S、限流电阻 R_G 和门极电源 U_G 构成的回路称为触发电路。

表 4-1　晶闸管导通和关断实验

<table>
<tr><th rowspan="2">实验电路</th><th colspan="2">实验时晶闸管的条件</th><th rowspan="2">实验现象</th><th rowspan="2">结　论</th></tr>
<tr><th>阳极电压</th><th>门极电压</th></tr>
<tr><td> 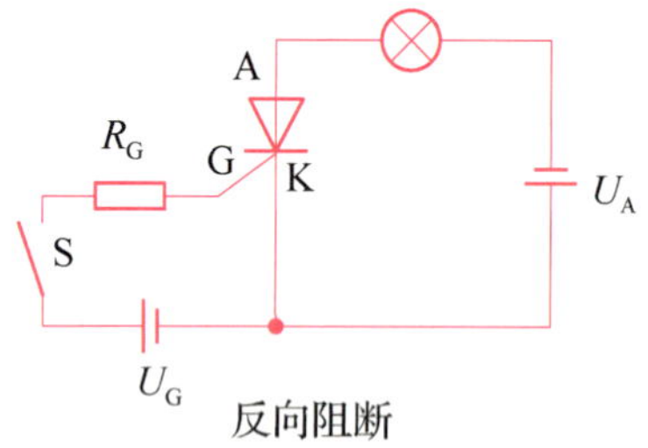反向阻断</td><td>反向</td><td>正向</td><td>不亮</td><td rowspan="2">当晶闸管承受反向阳极电压时，无论门极是否有电压，也无论门极承受正向电压还是反向电压，晶闸管均不导通，这种状态称为反向阻断状态</td></tr>
<tr><td> 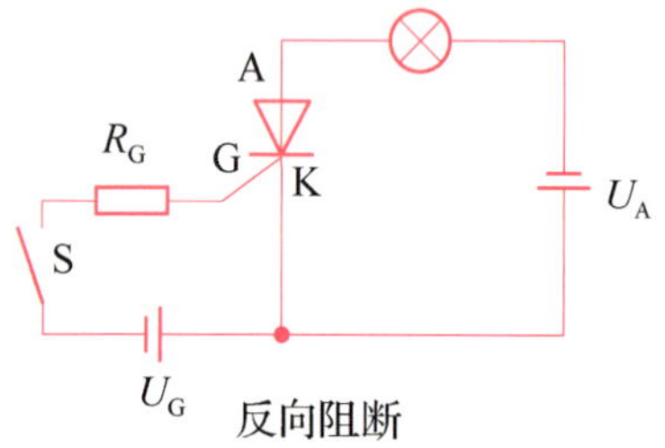反向阻断</td><td>反向</td><td>反向</td><td>不亮</td></tr>
<tr><td> 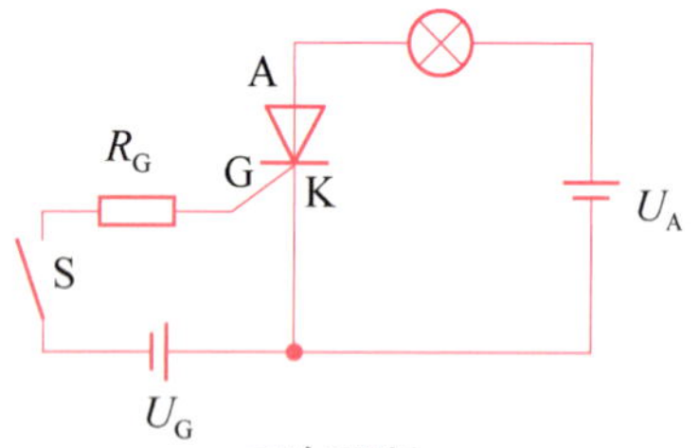正向阻断</td><td rowspan="3">正向</td><td>反向</td><td>不亮</td><td>当晶闸管承受正向阳极电压时，门极加上反向电压或不加电压，晶闸管均不导通，这种状态称为正向阻断状态</td></tr>
<tr><td> 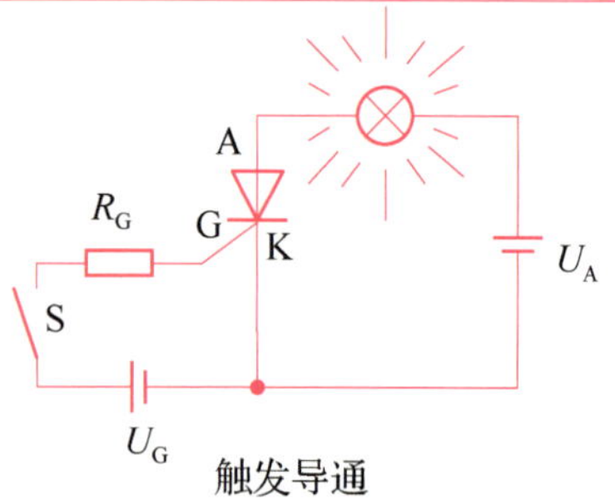触发导通</td><td>正向</td><td>亮</td><td>当晶闸管承受正向阳极电压时，门极加上正向电压，晶闸管导通，这种状态称为正向导通状态。这就是晶闸管的闸流特性，即可控特性</td></tr>
<tr><td> 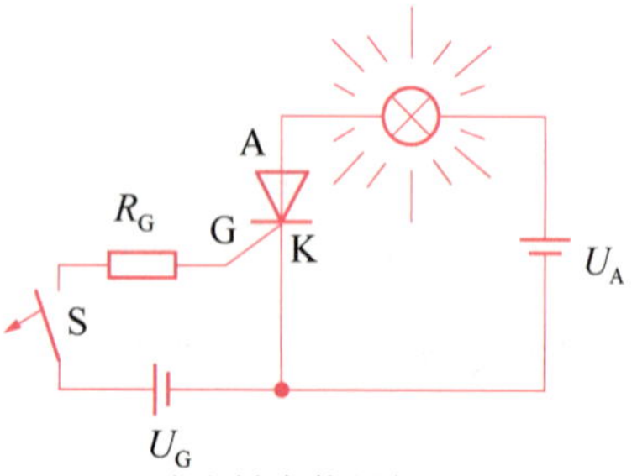除去触发信号仍导通</td><td>断开触发电路</td><td>亮</td><td>晶闸管一旦导通后维持阳极电压不变，将门极电源电路断开，晶闸管仍然处于导通状态，门极对管子不再具有控制作用，门极只起触发作用</td></tr>
</table>

通过上述实验可知，晶闸管导通和关断具有一定的条件，如表 4-2 所示。

表 4-2　晶闸管导通与关断的条件

项　目	说　明
晶闸管导电的特点	①晶闸管具有单向导电特性； ②晶闸管的导通是通过门极控制的
晶闸管导通的条件	①阳极与阴极间加正向电压； ②门极与阴极间加正向电压，这个电压称为触发电压。 （以上两个条件必须同时满足，晶闸管才能导通）
导通后的晶闸管关断的条件	①减小阳极与阴极间的电压，使通过晶闸管的电流小于维持电流 I_H； ②阳极与阴极间的电压减小为零； ③阳极与阴极间加反向电压。 （只要具备其中一个条件就可使导通的晶闸管关断）

通过上述实验可知以下两点：

1）晶闸管一旦触发导通，就能维持导通状态，门极失去控制作用。要使导通的晶闸管关断，必须减小阳极电流到维持电流 I_H 以下。

2）晶闸管具有“可控”的单向导电特性，所以晶闸管又称为单向可控硅。由于门极所需的电压、电流比较小（电流只有几十至几百毫安），而阳极与阴极可承受很大的电压，通过很大的电流（电流可大到几百安培以上），因此晶闸管可实现弱电对强电的控制。

3. 晶闸管的主要参数和型号

（1）晶闸管的主要参数

晶闸管的参数很多，在生产实践中，我们最关心的是晶闸管在阻断状态下能够承受多大正、反向电压，它在导通时通过多大的电流，导通的管子要想关断有什么条件等。在实际使用时，主要考虑表 4-3 中的几个参数。

表 4-3　晶闸管的主要参数

<table>
<tr><th>参　数</th><th>符　号</th><th colspan="2">说　明</th></tr>
<tr><td>断态重复峰值电压</td><td>U_{DRM}</td><td>结温为额定值时，门极断开，允许重复加在晶闸管阴极、阳极间的正向峰值电压。一般这一电压比正向转折电压小 100 V</td><td rowspan="2">通常情况，U_{DRM} 和 U_{RRM} 两者相差不大，统称为峰值电压，俗称额定电压。若两者不等，则取其较小的电压</td></tr>
<tr><td>反向重复峰值电压</td><td>U_{RRM}</td><td>结温为额定值时，门极断开，允许重复加在晶闸管阴极、阳极间的反向峰值电压。一般这一电压比反向击穿电压小 100 V</td></tr>
</table>

续表

参　数	符　号	说　明
通态平均电流	$I_{T(AV)}$	在规定的环境温度和散热条件下，结温为额定值时，允许通过的工频正弦半波电流的平均值
通态平均电压	$U_{T(AV)}$	结温稳定，通过正弦半波额定的平均电流，晶闸管导通时，阳极和阴极间的电压平均值，习惯上称为导通时的管压降，一般为 1 V 左右。它的大小反映了晶闸管的管耗大小，此值越小越好
维持电流	I_H	在规定的环境温度下，门极断路时，维持晶闸管继续导通所必需的最小电流，一般为几十到几百毫安。它是晶闸管由通到断的临界电流，要使晶闸管关断，必须使正向电流小于 I_H

(2) 晶闸管的型号

国产晶闸管的型号命名(JB 1144—75 部颁标准)主要由四个部分组成，各部分的含义如表 4-4 所示。

表 4-4　国产晶闸管的型号命名

第一部分		第二部分		第三部分		第四部分	
字母	含义	字母	含义	数字	含义	数字	含义
K	晶闸管(可控硅)	P	普通反向阻断型	1	1 A	1	100 V
				5	5 A	2	200 V
				10	10 A	3	300 V
				20	20 A	4	400 V
		K	快速反向阻断型	30	30 A	5	500 V
				50	50 A	6	600 V
				100	100 A	7	700 V
				200	200 A	8	800 V
		S	双向型	300	300 A	9	900 V
				400	400 A	10	1 000 V
				500	500 A	12	1 200 V
						14	1 400 V

现举例如下：

KP1-2(1 A、200 V 普通反向阻断型晶闸管)	KS5-4(5 A、400 V 双向晶闸管)
K——晶闸管	K——晶闸管
P——普通反向阻断型	S——双向型
1——通态电流为 1 A	5——通态电流为 5 A
2——重复峰值电压为 200 V	4——重复峰值电压为 400 V

4. 晶闸管的选用

晶闸管的参数很多，在实际安装与维修时主要考虑的是晶闸管的额定电压和额定电流，即 U_{RRM}和 $I_{T(AV)}$，其额定峰值电压和额定电流(通态平均电流)均应高于受控电路的最大工作电压和最大工作电流 1.5~2 倍。

(1)电压等级的选择

晶闸管承受的正、反向电压与电源电压、控制角及电路的形式有关。一般可按下面经验公式估算，即

$$U_{RRM} \geqslant (1.5 \sim 2)U_{RM}$$

式中，U_{RM}是晶闸管在工作中可能承受的反向峰值电压。

(2)电流等级的选择

晶闸管的过载能力差，一般是按电路最大工作电流来选择的，即

$$I_{T(AV)} \geqslant (1.5 \sim 2)I_{t(AV)}$$

式中，$I_{t(AV)}$ 是电路最大工作电流。

5. 晶闸管的检测

对于螺栓式和平板式晶闸管，可以从外形上分辨出引脚对应的电极；而对于塑封式晶闸管，可利用万用表通过测量其正、反向电阻来判断其极性，并检测其好坏。将万用表置于 $R\times$1k 挡或 $R\times$100 挡，晶闸管的简单检测方法如表 4-5 所示。

表 4-5　晶闸管的简单检测方法

检测项目	检测方法	说　明
对小功率晶闸管极性的判断	黑表笔接G极 红表笔接K极	如果测得其中两个电极间阻值较小(正向电阻)，而交换表笔后测得阻值很大(反向电阻)，那么以阻值较小的为准，黑表笔所接的就是门极 G，而红表笔所接的就是阴极 K，剩下的电极便是阳极 A。在检测中，如果测得的正、反向电阻都很大，那么应调换引脚再进行检测，直到找到正、反向电阻一大一小的两个电极为止。

续表

检测项目	检测方法	说　明
对晶闸管好坏的判断	黑 红 测A极与K极间的正、反向电阻 红 黑 测G极与K极间的正、反向电阻 红 黑 测A极与G极间的正、反向电阻	如果测得阳极 A 与门极 G 及阳极 A 与阴极 K 间正、反向电阻均很大，而门极 G 与阴极 K 间正、反向电阻有差别，那么说明晶闸管质量良好。否则，晶闸管不能使用

6. 单向可控硅模块引脚辨别

单向可控硅模块的门极(G)、阴极(K)间只有一个 PN 结，所以它们间的正、反方向电阻值和普通二极管相同，而阳极(A)、阴极(K)间的正、反方向电阻值均应非常大，按照这一工作原理就可以辨别出各引脚的极性。

如图 4-3 所示，将万用电表置于 $R\times100$ 挡，黑电笔任接单向可控硅模块某一引脚，红电笔依次去碰触其他 2 个脚，如测量有一次电阻值为几百欧姆，而另一次电阻值为几千欧姆，则可判断黑电笔所接的为门极(G)。测量中电阻值为几百欧姆的那一次中，红电笔接的就是阴极(K)，而电阻值为几千欧姆的那一次测量，红电笔接的是阳极(A)。倘若两次测到的电阻值都非常大，表明黑电笔接的并不是控制极(G)。

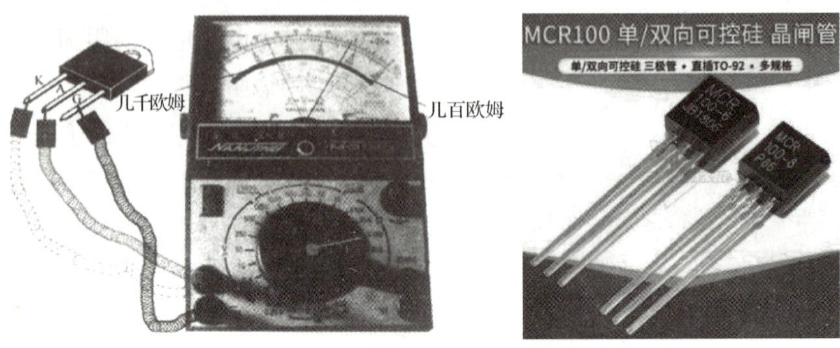

图 4-3　单向可控硅引脚辨别

7. MCR100-6 的判别

测量门极 G 与阴极 K 之间的正、反向电阻值，正常时应有类似二极管的正、反向电阻值（实际测量结果较普通二极管的正、反向电阻值小一些），即正向电阻值较小（小于 2 kΩ），反向电阻值较大（大于 80 kΩ）。若两次测量的电阻值均很大或均很小，则说明该晶闸管 G、K 极之间开路或短路。若正、反电阻值均相等或接近，则说明该晶闸管已失效，其 G、K 极间 PN 结已失去单向导电作用。

测量阳极 A 与门极 G 之间的正、反向电阻，正常时两个阻值均应为几百千欧姆（kΩ）或无穷大，若出现正、反向电阻值不一样（有类似二极管的单向导电），则是 G、A 极之间反向串联的两个 PN 结中的一个已击穿短路。

二、单结晶体管

1. 单结晶体管的结构、符号和外形

（1）结构符号和外形

单结晶体管内部有一个 PN 结，所以称为单结晶体管；单结晶体管有三个电极，分别是发射极和两个基极，所以又叫作双基极二极管。

单结晶体管也称为双基极二极管，它有一个发射极和两个基极，外形和普通三极管相似。单结晶体管的结构是在一块高电阻率的 N 型半导体基片上引出两个欧姆接触的电极——第一基极 B_1 和第二基极 B_2；在两个基极间靠近 B_2 处，用合金法或扩散法渗入 P 型杂质，引出发射极 E。单结晶体管共有上述三个电极，其外形、结构和电气符号如图 4-4 所示。B_2、B_1 间加入正向电压后，发射极 E、基极 B_1 间呈高阻特性。但是当 E 的电位达到 B_2、B_1 间电压的某一比值（例如 59%）时，E、B_1 间立刻变成低电阻，这是单结晶体管最基本的特点。

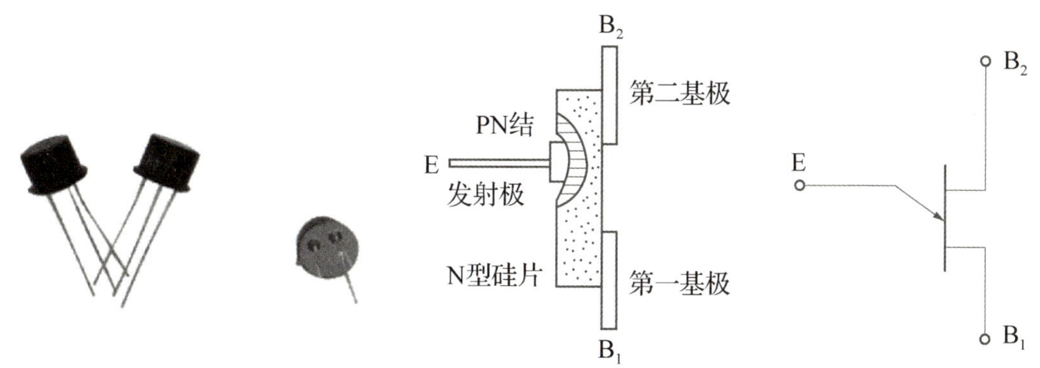

图 4-4　单结晶体管的外形、结构和电气符号

（2）单结晶体管型号

单结晶体管型号命名与二极管、三极管有所不同，其型号命名组成部分及含义如图 4-5 所示。

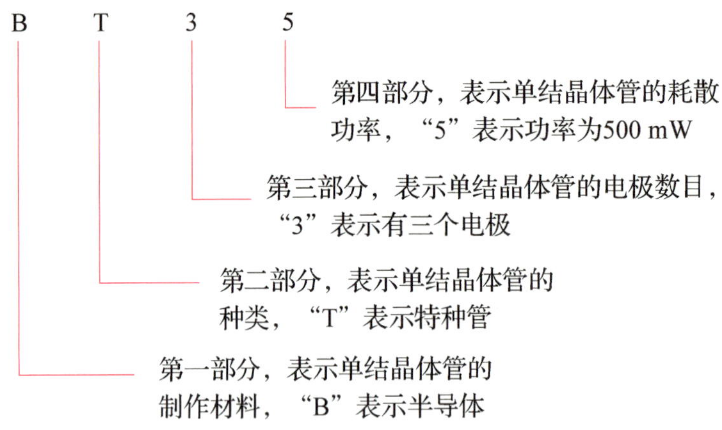

图 4-5　单结晶体管的型号命名组成部分及含义

单结晶体管的型号命名由四个部分组成：第一部分表示单结晶体管的制作材料，用字母“B”表示半导体，即“半”字汉语拼音的第一个字母；第二部分表示单结晶体管的种类，用字母“T”表示特种管，即“特”字汉语拼音的第一个字母；第三部分表示单结晶体管的电极数目，用数字“3”表示有三个电极；第四部分表示单结晶体管的耗散功率，通常只标出第一位有效数字，耗散功率的单位为 mW。国产单结晶体管常见的型号有 BT31、BT32、BT33、BT35 等。

2. 单结晶体管的伏安特性和参数

(1)单结晶体管的伏安特性

如图 4-6(b)所示，将单结晶体管等效成一个二极管和两个电阻 R_{B1}、R_{B2} 组成的等效电路，那么当基极上加电压 U_{BB} 时，R_{B1} 上分得的电压为：

$$U_A = \frac{R_{B1}}{R_{B1}+R_{B2}}U_{BB} = \frac{R_{B1}}{R_{BB}}U_{BB} = \eta U_{BB}$$

式中，$R_{BB}=R_{B1}+R_{B2}$；η 为分压比，是单结晶体管的主要参数，η 一般为 0.5~0.9。

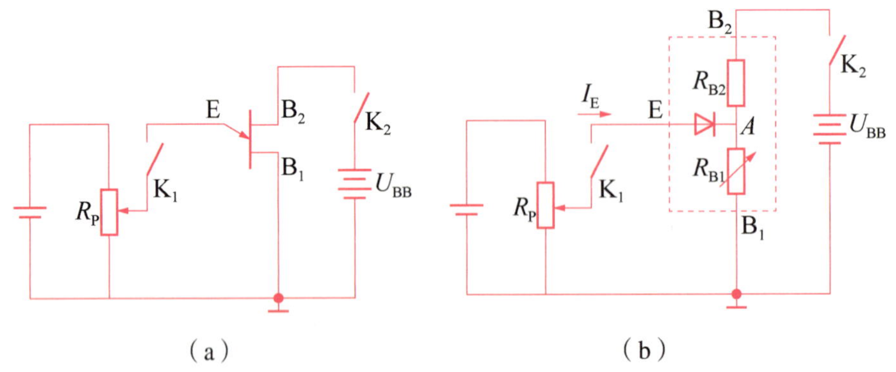

图 4-6　单结晶体管特性试验电路及其等效电路

(a)特性实验电路；(b)等效电路

单结晶体管的伏安特性是指它的发射极特性，即在基极 B_1、B_2 之间加恒定的正向电压 U_{BB}(U_{BB} 的极性为 B_2 极接高电位，B_1 极接低电位)时，发射极电流 I_E 与 E 极、B_1 极之间的电压 U_E 的关系。特性曲线可分为三个区，如图 4-7 所示。

如图4-6(b)所示，调节R_P，使U_E从零逐渐增加。当$U_E < \eta U_{BB}$时，单结晶体管PN结处于反向偏置状态，只有很小的反向漏电流。当发射极电位U_E比ηU_{BB}高出一个二极管的管压降U_D时，单结晶体管开始导通，这个电压称为峰点电压U_P，故$U_P = \eta U_{BB} + U_D$，此时的发射极电流称为峰点电流I_P，I_P是单结晶体管导通所需的最小电流。

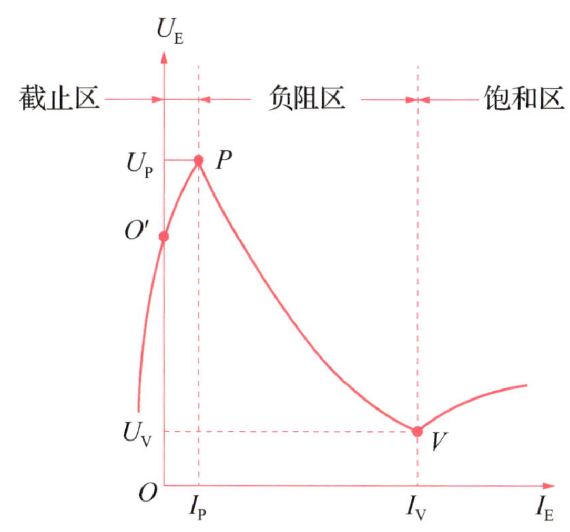

图4-7　单结晶体管的伏安特性曲线

当I_E增大至一定程度时，载流子的浓度使注入空穴遇到阻力，即电压下降到最低点，这一现象称为饱和。欲使I_E继续增大，必须增大电压U_E。由负阻区转换到饱和区的转折点V称为谷点。与谷点对应的电压和电流分别称为谷点电压U_V和谷点电流I_V。谷点电压是维持单结晶体管导通的最小电压，一旦U_E小于U_V，则单结晶体管将由导通转为截止。

综上所述，当发射极电压等于峰点电压U_P时，单结晶体管导通。导通之后，当发射极电压小于谷点电压U_V时，单结晶体管就恢复截止。单结晶体管的峰点电压U_P与外加固定电压及其分压比η有关。不同单结晶体管的谷点电压U_V和谷点电流I_V都不一样。谷点电压在2~5 V。在触发电路中，常选用η稍大一些、U_V低一些和I_V大一些的单结晶体管，以增大输出脉冲幅度和移相范围。

(2)单结晶体管的主要参数

1)基极间电阻R_{BB}。其定义为发射极开路时，基极B_1、B_2之间的电阻，一般为2~10 kΩ，其数值随温度上升而增大，不同型号的管阻值有较大的差异。

2)分压比η。$\eta = R_{B1}/(R_{B1} + R_{B2})$，由管子内部结构决定的常数，一般为0.3~0.85。

3)E、B_1间反向电压U_{EB1R}。在B_2开路时，在额定反向电压下，基极B_1与发射极E之间的反向耐压。

4)反向电流I_{EO}。在B_1开路时，在额定反向电压下，E、B_2间的反向电流。

5)发射极饱和压降U_{EO}。在最大发射极额定电流时，E、B_1间的压降。

6)峰点电流I_P：单结晶体管刚开始导通时，发射极电压为峰点电压时的发射极电流。

3. 单结晶体管触发电路

触发电路种类很多，常见的有单结晶体管触发电路和微机控制触发电路。单结晶体管振荡电路输出的尖脉冲可以用来触发晶闸管，但不能直接用来触发电路，还必须解决触发脉冲与主电路的同步问题。单结晶体管触发电路由同步电路和振荡电路两个部分组成，如图4-8所示。

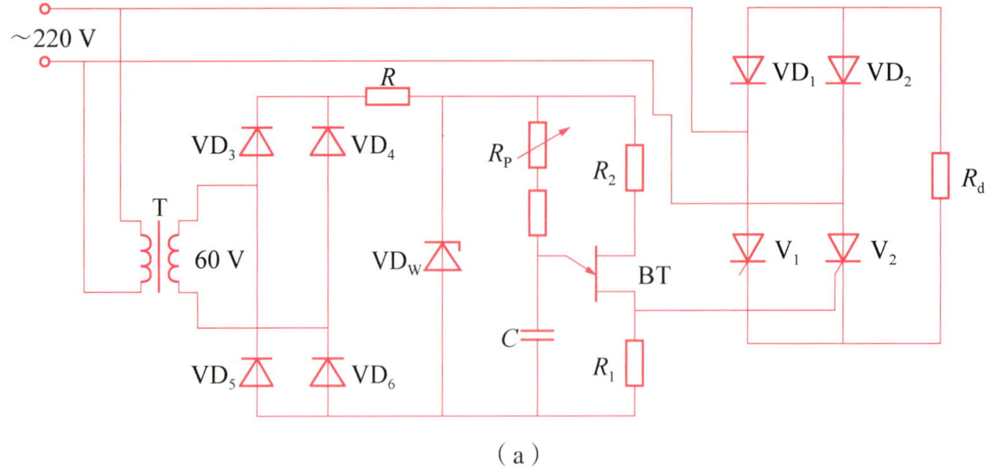

(a)

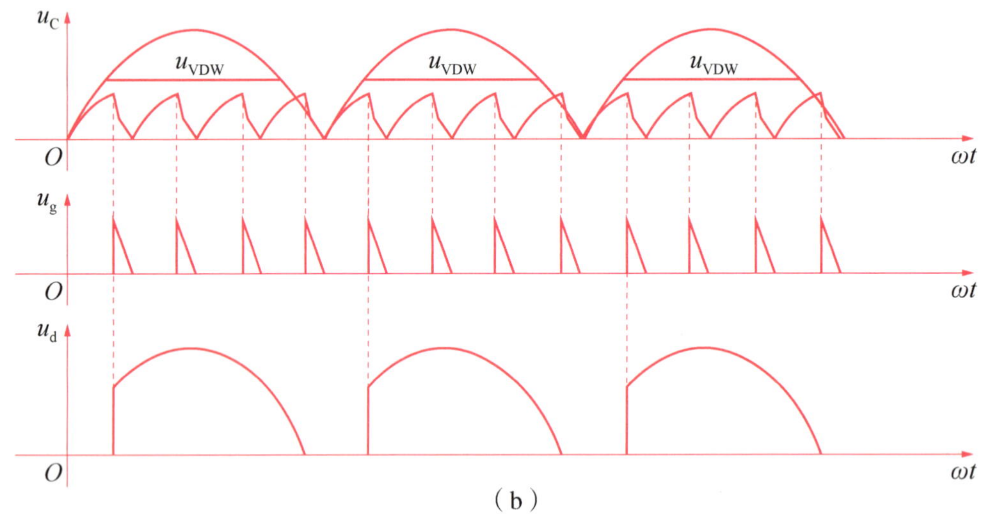

(b)

图 4-8　单结晶体管触发电路及其波形

(a)电路；(b)波形

(1)同步电源

同步电压由变压器 T 获得，而同步变压器与主电路接至同一电源，故同步电压与主电压同相位、同频率。同步电压经桥式整流再经稳压管 VD$_W$ 削波为梯形波 u_{VDW}，它的最大值为 U_W，u_{VDW}既是同步信号，又是触发电路的电源。当 u_{VDW} 过零时，单结晶体管的电压 $U_{BB}=U_{VDW}=0$，$u_A=0$，故电容 C 经单结晶体管的发射极 E、第一基极 B$_1$、电阻 R_1 迅速放电。也就是说，每半周开始，电容 C 都基本上从零开始充电，进而保证每周期触发电路送出一个距离过零时刻一致的脉冲。距离过零时刻一致即控制角 α 在每个周期相同，这样就实现了同步。

(2)单结晶体管的自激振荡电路

如图 4-9(a)所示，设电源未接通时，电容 C 上的电压为零。电源接通后，C 经电阻 R_E 充电，电容两端的电压 u_C 逐渐升高，当 u_C 达到单结晶体管的峰点电压 U_P 时，单结晶体管导通，电容经单结晶体管的发射极、电阻 R_{B1} 向电阻 R_1 放电，在 R_1 上输出一个脉冲电压。当电容放电至 $u_C=U_V$ 并趋向更低时，单结晶体管截止，R_1 上的脉冲电压结束。之后电容从 U_V 值又开始

充电，充电到 U_P 时，单结晶体管又导通，此过程一直重复下去，在 R_1 上就得到一系列的脉冲电压。由于 C 的放电时间常数 $\tau_1=(R_1+R_{B1})C$，远小于充电时间常数 $\tau_2=R_EC$，故脉冲电压为锯齿波。u_C 和 u_{R1} 的波形如图 4-9(b) 所示。改变 R_E 的大小，可改变 C 的充电速度，从而改变电路的自振荡频率。

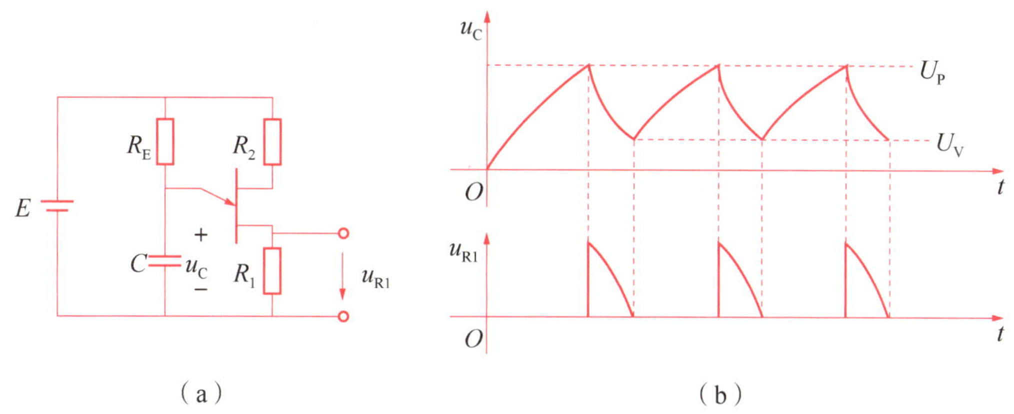

图 4-9　单结晶体管振荡电路及其波形

(a) 电路；(b) 波形

当 R_E 的值太大或太小时，不能使电路振荡。当 R_E 太大时，较小的发射极电流 I_E 能在 R_E 上产生大的压降，使电容两端的电压 u_C 升不到峰点电压 U_P，单结晶体管就不能工作到负阻区。当 R_E 太小时，单结晶体管导通后的 I_E 将一直大于 I_V，单结晶体管不能关断。欲使电路振荡，R_E 的值应满足下列条件：

$$\frac{E-U_P}{I_P}\geqslant R_E\geqslant\frac{E-U_V}{I_V}$$

如忽略电容的放电时间，上述电路的自振荡频率近似为：

$$f=\frac{1}{T}=\frac{1}{R_EC\ln\left(\frac{1}{1-\eta}\right)}$$

电阻 R_2 的作用是温度补偿。无电阻 R_2 时，若温度升高，则二极管的正向电压降 U_D 降低，单结晶体管的峰点电压 U_P 也就随之下降，导致振荡频率 f 不稳定。有电阻 R_2 时，若温度升高，则电阻 R_{BB} 增加，进而使 U_{BB} 增加。这样，虽然二极管的正向压降 U_D 随温度升高而下降，但管子的峰点电压 $U_P=\eta U_{BB}+U_D$ 仍基本维持不变，保证振荡频率 f 基本稳定。通常 R_2 取 200 ~ 600 Ω。电容 C 的大小由脉冲宽度和 R_E 的大小决定，通常取 0.1~1 μF。

(3) 移相控制

当调节电阻 R_P 增大时，单结晶体管充电到峰点电压 U_P 的时间(即充电时间)增大，第一个脉冲出现的时刻后移，即控制角 α 增大，实现了移相。

(4) 脉冲输出

触发脉冲由 R_1 直接取出，这种方法简单、经济，但触发电路与主电路有直接的电联系，不安全。可以采用脉冲变压器输出来改进这一触发电路。

4. 单结晶体管的检测

(1)单结晶体管引脚判别

1)发射极 E 的判断方法是：将万用表置于 $R\times1k$ 挡或 $R\times100$ 挡，假设单结晶体管的任一引脚为发射极 E，黑表笔接假设的发射极 E，红表笔分别接另外两引脚测其阻值。当出现两次小电阻时，黑表笔所接的就是单结晶体管的发射极 E。

2)基极 B_1 和 B_2 的判断方法是：将万用表置于 $R\times1k$ 挡或 $R\times100$ 挡，黑表笔接发射极 E，红表笔分别接另外两引脚测阻值，两次测量中电阻大的一次，红表笔接的就是 B_1 极。此法不一定对所有的单结晶体管都适用，有个别管子的 E 极、B_1 极间的正向电阻较小。即使 B_1 极、B_2 极用倒了，也不会使管子损坏，只影响输出脉冲的幅度。当发现输出脉冲的幅度偏小时，只要将原来假定的 B_1 极、B_2 极对调过来就可以了。

(2)单结晶体管极性的判断

单结晶体管极性的判断方法常有两种，一种是从外观来看，另一种是用万用表来测量。

1)外观判断法。从外观上看，引脚与外壳相通的电极，一般是 B_1 极；与凸耳相靠近的电极一般为 E 极，如图 4-10 所示。

2)万用表判断法。

①发射极 E 的判断：单结晶体管有 E、B_1、B_2 三个电极，其三个引脚的极性可用万用表的 $R\times1k$ 挡来进行判断。测任意两个引脚的正向电阻和反向电阻，直到测得的正反向电阻都基本不变时(一般为 10~30 kΩ，不同型号的管阻值有差异)，这两个引脚就是两个基极，剩下的另一个引脚就是发射极 E。

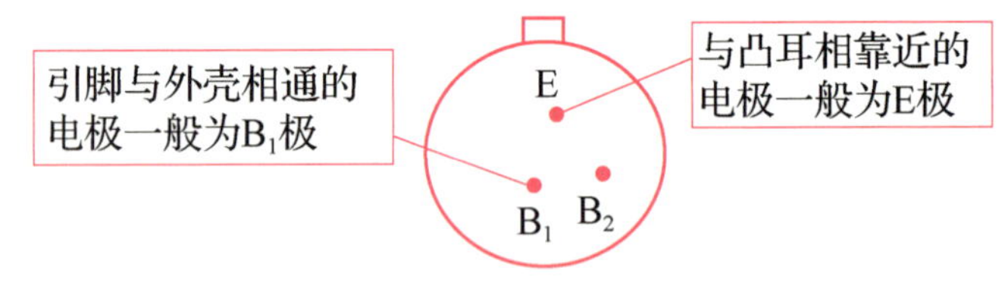

图 4-10　单结晶体管引脚排列图

②B_1、B_2 电极的判断：在判断出发射极 E 的基础上，将万用表量程置于 $R\times1k$ 挡，黑表笔接发射极，红表笔分别接另外两个极，万用表两次均会导通，两次测量中，电阻大的一次，红表笔接的就是单结晶体管的 B_1 极，如图 4-11 所示。

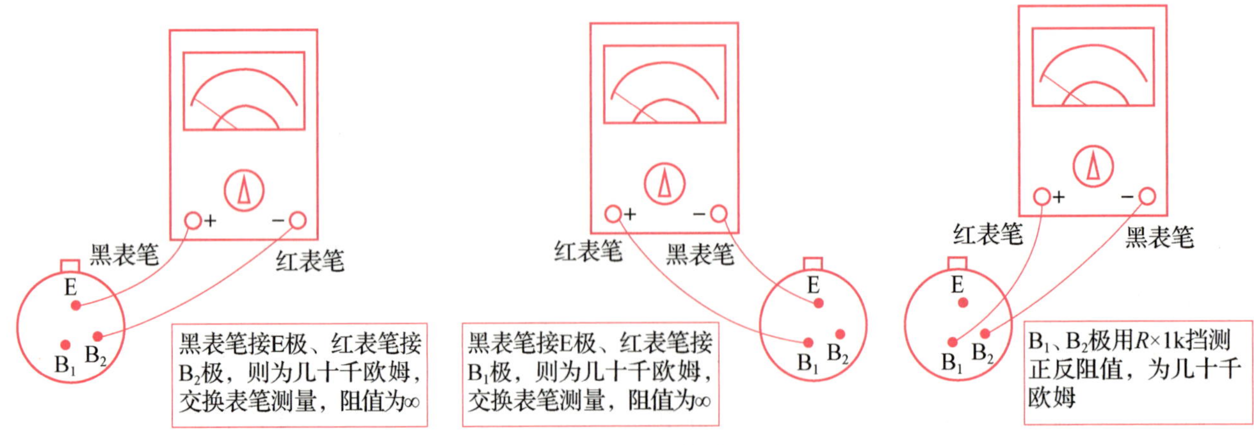

图 4-11　单结晶体管电极判断

(3)单结晶体管质量的检测

检测单结晶体管的质量时，万用表的量程一般选用 $R\times1k$ 挡。两表笔接不同的电极时，其所呈现出来的阻值是不相同的，单结晶体管各引脚间阻值的规律如图 4-12 所示，当阻值的规律不符合图 4-12 所示的结果时，则管子是坏的。

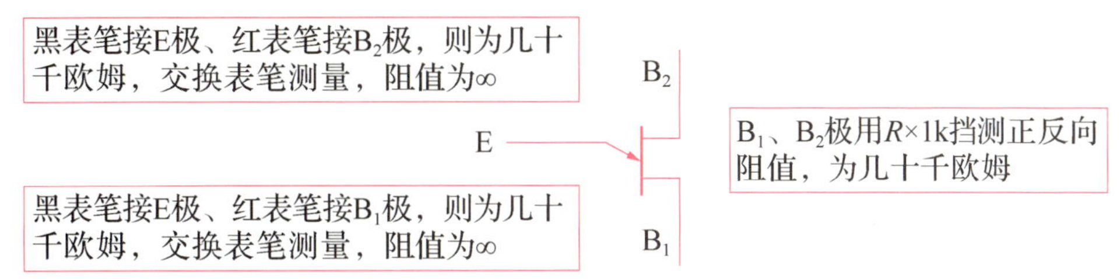

图 4-12　单结晶体管引脚阻值经验估值

三、CD4011 电路的应用

1. 数字集成电路

数字集成电路主要用来处理与存储二进制信号(数字信号)，可归纳为两大类：一种为组合逻辑电路，用于处理数字信号；另一种为时序逻辑电路，具有时序与记忆功能，并需要由时钟信号驱动，主要用于产生或存储数字信号。最常用的数字集成电路主要有 TTL 和 CMOS 两大系列。数字集成电路分类和电压参数见表 4-6 和表 4-7。

表 4-6　数字集成电路分类

系列	子系列	名称	型号	功耗	工作电压
TTL 系列	TTL	普通系列	74/54	10 mW	4. 75~5. 25 V
	LSTTL	低功耗 TTL	74/54LS	2 mW	
CMOS 系列	COMS	互补场效应管型	40/45	1. 25 μW	3~8 V
	HCOMS	高速 CMOS	74HC	2. 5 μW	2~6 V
	ACTMOS	先进的高速 CMOS 电路，“T”表示与 TTL 电平兼容	74ACT	2. 5 μW	4. 5~5. 5 V

表 4-7　数字集成电路电压参数　　V

符号	名称	74 系列	74LS 系列	4000 系列	74HC 系列
U_{OH}	高电平输出电压	≥2. 4	≥2. 7	≥4. 95	≥4. 95
U_{OL}	低电平输出电压	≥0. 4	≤0. 4	≤0. 05	≤0. 05
U_{IH}	高电平输入电压	≥2	≥2	≥3. 5	≥3. 5
U_{IH}	低电平输入电压	≥0. 8	≤0. 8	≤1. 5	≤1

TTL集成电路是用双极型晶体管为基本元件集成在一块硅片上制成的，主要有54(军用)/74(民用)系列，如54/74××(标准型)、54/74LS××(低功耗肖特基)、54/74S××(肖特基)、54/74ALS××(先进低功耗肖特基)、54/74AS××(先进肖特基)、54/74F××(高速)。

CMOS集成电路以单极型晶体管为基本元件制成。主要有4000系列、54/74HC×××系列、54/74HCT×××系列、54/74HCU××四大类。

数字集成电路的类型很多，最常用的是门电路，常用的有与门、非门、与非门、或门、或非门、与或非门、异或门及施密特触发器等。

集成电路的引脚识别：集成电路的封装形式有晶体管式封装、扁平封装和直插式封装。集成电路的引脚排列次序有一定规律，一般是从外壳顶部向下看，从左下角按逆时针方向读数，其中第一脚附近一般有参考标志，如缺口、凹坑、斜面、色点等。引脚排列的一般顺序为：

1)缺口。在集成电路的一端有一半圆形或方形的缺口。

2)凹坑、色点或金属片。在集成电路一角有一凹坑、色点或金属片。

3)斜面、切角。在集成电路一角或散热片上有一斜面切角。

4)无识别标记。在整个集成电路无任何识别标记，一般可将集成电路型号面面对自己，正视型号，从左下向右逆时针依次为1、2、3、…。

2. CD4011引脚图、功能和真值表

(1)CD4011的逻辑功能

CD4011外形图和真值表如图4-13所示。

A	B	Y
0	0	1
0	1	1
1	0	1
1	1	0

图4-13　CD4011外形图和真值表

1)当$A=0$、$B=0$时，将使两个与非门的输出均为1，违反触发器之功用，故禁止使用。

2)当$A=0$、$B=1$时，由于$Y=1$导致NAND-A的输出为“1”，使得NAND-B的两个输入均为“1”，因此NAND-B的输出为“0”。

3)当$A=1$、$B=0$时，由于$Y=1$导致NAND-B的输出为“1”，使得NAND-A的两个输入均为“1”，因此NAND-A的输出为“0”。

4)$A=1$、$B=1$时，因为一个“1”不影响与非门的输出，所以两个与非门的输出均不改变状态。

(2)CD4011 的内部结构电路

CD4011 内部为四组与非门的 CMOS 电路，每个与非门有两个输入端一个输出端，如图 4-14 所示。供电为 14 脚(正)、7 脚(负)，1、2、3 脚是一组与非门，1、2 脚同时为高电平时，3 脚为低电平，1、2 脚为其他状态时，3 脚都是高电平。另外三组在电路中为反相器，也就是 11 脚和 3 脚是相反的，3 脚高则 11 脚低，3 脚低则 11 脚高，1 脚外接光控，2 脚为触发延时。

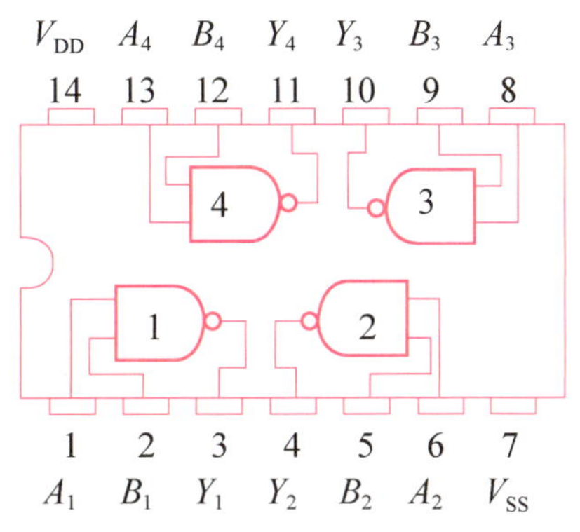

图 4-14　CD4011 引脚图

3. 基于 CD4011 的声光控延时开关原理

声音控制：电路通过驻极体话筒接收声音信号(如脚步声、掌声等)，并将其转换成电信号。这个电信号经过放大和处理后，用于触发与非门(U_{1A})，从而控制开关的动作。

光线控制：为了确保开关在白天不会误操作，电路中还包含了一个光敏电阻，它根据环境光线的强弱来决定开关是否应该处于开启状态。在光线充足的情况下，光敏电阻的阻值较小，使得开关保持关闭状态；而在光线不足的情况下，光敏电阻的阻值增大，允许开关被激活。

延时功能：通过调整电路中的电阻和电容值，可以控制开关的延时时间。具体来说，延时时间由光敏电阻和电容共同决定，通过改变这些元件的值，可以实现不同长度的延时。

软启动和保护：在电灯点亮时，采用软启动技术，即电灯以半波交流电点亮，这样可以大大延长灯泡的使用寿命。同时，灯泡点亮时间由特定的电阻和电容决定，确保了自我关断现象不会发生。

如图 4-15 所示电路中的主要元器件是使用了数字集成电路 CD4011，其内部含有 4 个独立的与非门 U_{1A} ~ U_{1D}(见图 4-21)，使电路结构简单，工作可靠性高。

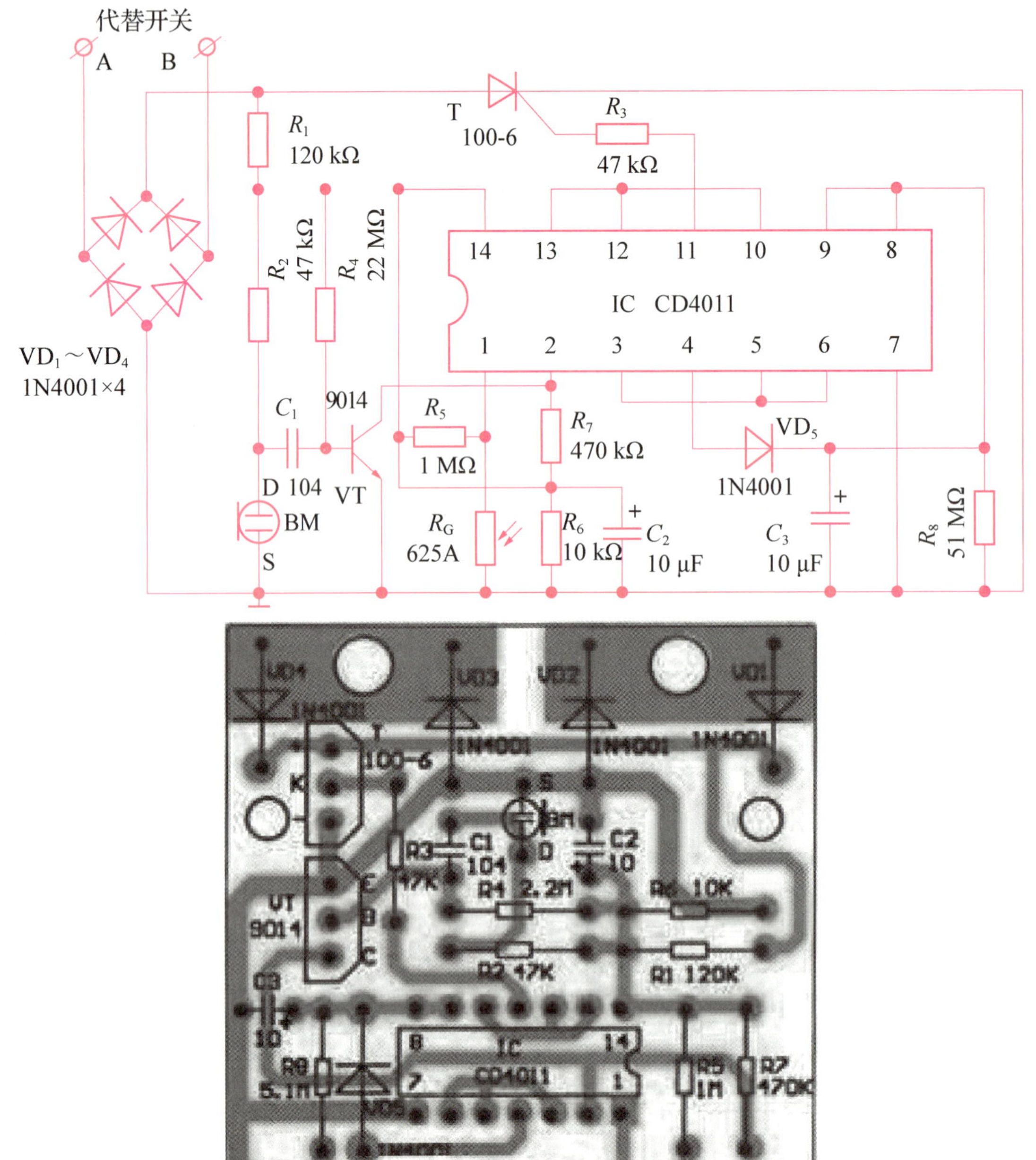

图 4-15 基于 CD4011 的声光控延时开关原理图和 PCB 图

声光控延时开关就是用声音来控制开关的“开启”，若干分钟后延时开关“自动关闭”。因此，整个电路的功能就是将声音信号处理后，变为电子开关的开动作。明确了电路的信号流程方向后，即可依据主要元器件将电路划分为若干个单元，由此可画出图 4-16 所示的方框图。

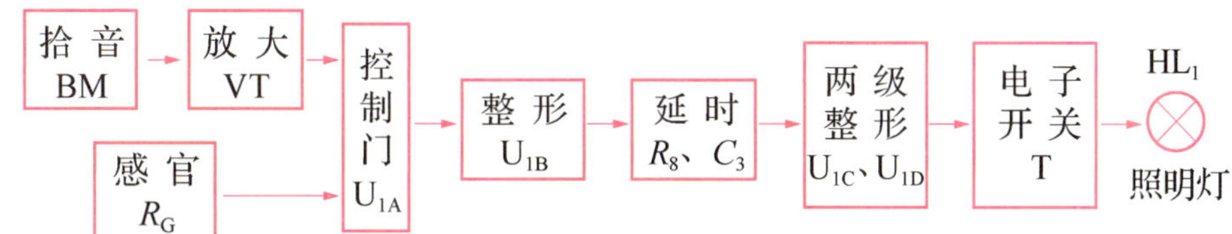

图 4-16　声光控延时开关方框图

声音信号(脚步声、掌声等)由驻极体话筒 BM 接收并转换成电信号，经 C_1 耦合到 VT 的基极进行电压放大，放大的信号送到与非门(U_{1A})的 2 脚，R_4、R_7 是 VT 偏置电阻，C_2 是电源滤波电容。

为了使声光控开关在白天开关断开，即灯不亮，由光敏电阻 R_G 等元件组成光控电路，R_5 和 R_G 组成串联分压电路，夜晚环境无光时，光敏电阻的阻值很大，R_G 两端的电压高，即为高电平，延迟时间 $T=2\pi R_8C_3$，改变 R_8 或 C_3 的值，可改变延迟时间，满足不同目的。U_{1C}和 U_{1D}构成两级整形电路，将方波信号进行整形。当 C_3 充电到一定电平时，信号经与非门 U_{1C}、U_{1D}后输出为高电平，使单向可控硅导通，电子开关闭合；C_3 充满电后只向 R_8 放电，当放电到一定电平时，经与非门 U_{1C}、U_{1D}输出为低电平，使单向可控硅截止，电子开关断开，完成一次完整的电子开关由开到关的过程。

二极管 $VD_1 \sim VD_4$ 将交流 220 V 进行桥式整流，变成脉动直流电，又经 R_1 降压，C_2 滤波后即为电路的直流电源，为 BM、VT、IC 等供电。

4. 集成电路的类型和封装

(1)类型

集成电路按功能可分为模拟集成电路和数字集成电路。模拟集成电路主要有运算放大器、功率放大器、集成稳压电路、自动控制集成电路和信号处理集成电路等；数字集成电路按结构不同可分为双极型电路和单极型电路。其中，双极型电路有 DTL、TTL、ECL、HTL 等；单极型电路有 JFET、NMOS、PMOS、CMOS 四种。

(2)封装

1)集成电路的封装形式有晶体管式封装、扁平封装和直插式封装。

2)集成电路的引脚排列次序有一定的规律，一般是从外壳顶部向下看，从左下脚按逆时针方向读数，其中第一脚附近一般有参考标志，如凹槽、色点等。

集成电路的类型和封装如图 4-17 所示。

双列直插式封装（DIP）

晶体管外形封装（TO）

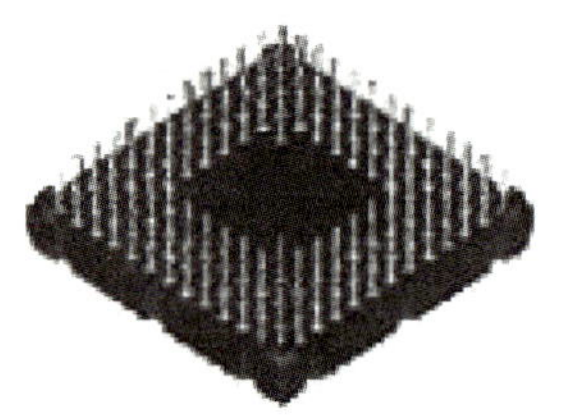
插针网格阵列封装（PGA）

插入式封装

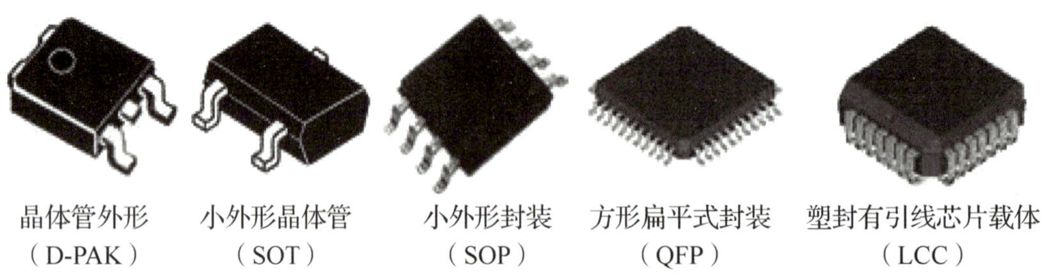

晶体管外形（D-PAK）　小外形晶体管（SOT）　小外形封装（SOP）　方形扁平式封装（QFP）　塑封有引线芯片载体（LCC）

表面贴装式封装

图 4-17　集成电路的类型和封装

5. 集成电路的检测

(1) 目测法

通过眼睛观察集成电路外表是否与正常的不一样，从而判断集成电路是否损坏，其主要检修功底就是要看哪些外表是损坏的，正常的集成电路外表是字迹清晰、物质无损坏、表面光滑、引脚无锈等，损坏的集成电路外表是表面开裂、有裂纹或划痕，表面有小孔，缺角、缺块等。

(2) 感觉法

通过人体的感觉体验集成电路是否正常。感觉主要有触觉、听觉和嗅觉。感觉法包括集成电路表面温度是否过热，散热片是否过热，是否松动，是否发出异常的声音，是否产生异常的味道。触觉主要是靠手去摸从而感知温度，靠手去拨动集成电路感知牢固度。感知温度是根据电流的热效应判断集成电路发热是否不正常，即是否过热。集成电路正常温度在-30~85 ℃，而且，一般远离热源安装。影响集成电路温度的因素有工作环境温度、工作时间、芯片面积、集成电路结构、存储温度以及散热片材料、面积等，过热往往是从温升的速度、温度的持久和温度的峰值方面考虑。

(3) 集成电路的基本检测方法

在线检测：测量集成电路各引脚的直流电压，并与标准值比较，以判断集成电路的好坏，在线检测法的实质是电压检测法，如图 4-18 所示。

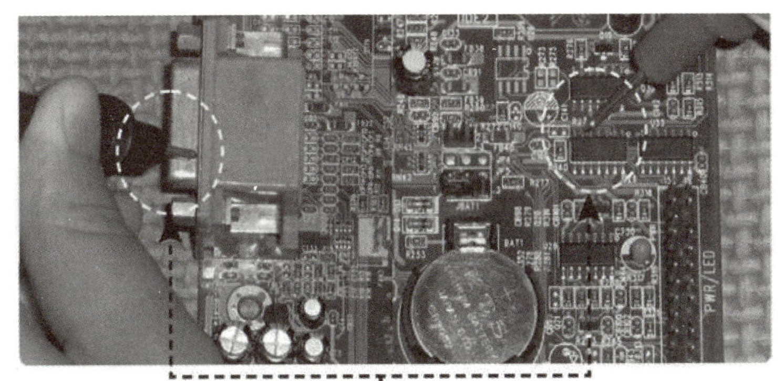

电压检测法是指通过万用表的直流电压挡，来测量电路中相关引脚的工作电压，根据检测结果和标准电压值做比较来判断集成电路是否正常的检测方法。测量时集成电路应正常通电，但不能有输入信号。如果测量结果和标准电压值有很大差距，则说明电路工作不正常，需要进一步测量外围元器件是否正常，若外围元器件正常，则就是集成电路有问题。

图 4-18　在线检测法

脱机检测：测量集成电路各引脚间的直流电阻，并与标准值进行比较，以判断集成电路的好坏。脱机检测法实质是电阻检测法，如图 4-19 所示。

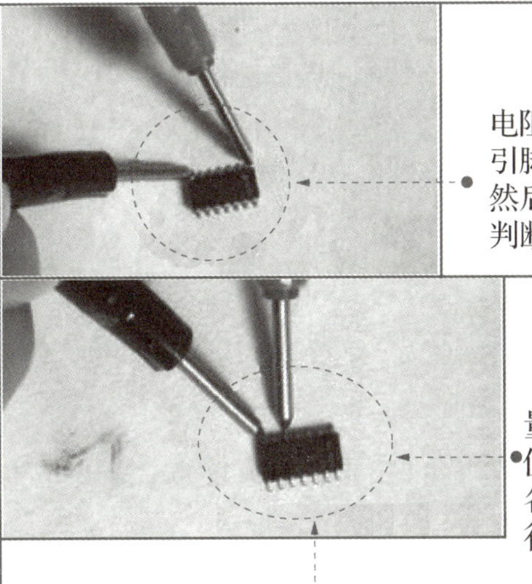

电阻检测法是一种通过检测集成电路各个引脚与接地引脚之间的正、反向电阻值，然后和完好的集成电路芯片进行比较，以判断集成电路是否正常的方法。

（1）用数字万用表的二极管挡，分别测量集成电路各引脚对地的正、反向电阻值，并测出已知正常的数字集成电路的各引脚对地间的正、反向电阻，与之进行比较。

（2）如果测量的电阻值与正向的各电阻值基本保持一致，则该数字集成电路正常；否则，说明数字集成电路已损坏。

图 4-19　电阻检测法

如果测得的数据与集成电路资料手册上的数据相符，则可判定集成电路是好的。

（4）在线检测的技巧

在线检测集成电路各引脚的直流电压，为防止表笔在集成电路各引脚间滑动造成短路，可将万用表的黑表笔与直流电压的“地”端固定连接，方法是在“地”端焊接一段带有绝缘层的铜导线，将铜导线的裸露部分缠绕在黑表笔上，放在电路板的外边，防止与板上的其他地方连接。这样用一只手握住红表笔，找准欲测量集成电路的引脚，另一只手可扶住电路板，保证测量时表笔不会滑动。

(5)集成电路的替换检测

当集成电路整机线路出现故障时，检测者往往用替换法来进行集成电路的检测，如图 4-20 所示。用同型号的集成块进行替换试验，是见效最快的一种检测方法。但是要注意，若因负载短路的原因，使大电流流过集成电路造成的损坏，在没有排除故障短路的情况下，用相同型号的集成块进行替换试验，其结果是造成集成块的又一次损坏。因此，替换试验的前提是必须保证负载不短路。

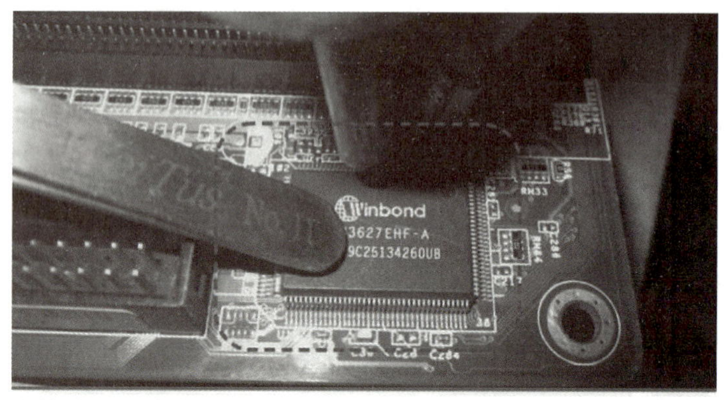

替换检测法是将原型号好的集成电路安装替换原先的集成电路，然后进行测试。若电路故障消失，说明原集成电路有问题；若电路故障依旧，则说明故障不在此集成电路上。

图 4-20　替换检测法

四、传感器的应用分析

1. 声光控灯电路分析

如图 4-21 所示，话筒放大器和 R_2、BM 组成话筒拾音电路，话筒上端得到音频信号，通过 C_1 耦合到 VT 组成的放大电路，VT、R_3、R_5 组成的放大电路作为话筒放大电路。音频驱动电路是由 U_{1A}、U_{1B}组成的，由于只考虑声音的有无，不需考虑声音的失真，所以 U_{1A}与 U_{1B}采用直接耦合方式连接。光敏控制电路中，光敏电阻 R_G 与 R_4 构成串联分压电路，用光敏电阻接地(R_G 有光照时为 5 kΩ，无光照时为 752 kΩ)。在白天时光敏电阻的阻值小，因而在与非门 U_{1A}的一个输入端为低电平；而音频信号被送到 U_{1A}的另一个输入端。由与非门的特性可知，音频信号将被屏蔽而无法往后输送，因此白天时灯就不亮。在晚上，R_G 达到 752 kΩ 以上，因而在与非门 U_{1A}的一个输入端为高电平，音频信号不受影响，灯受声音控制。

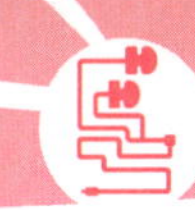

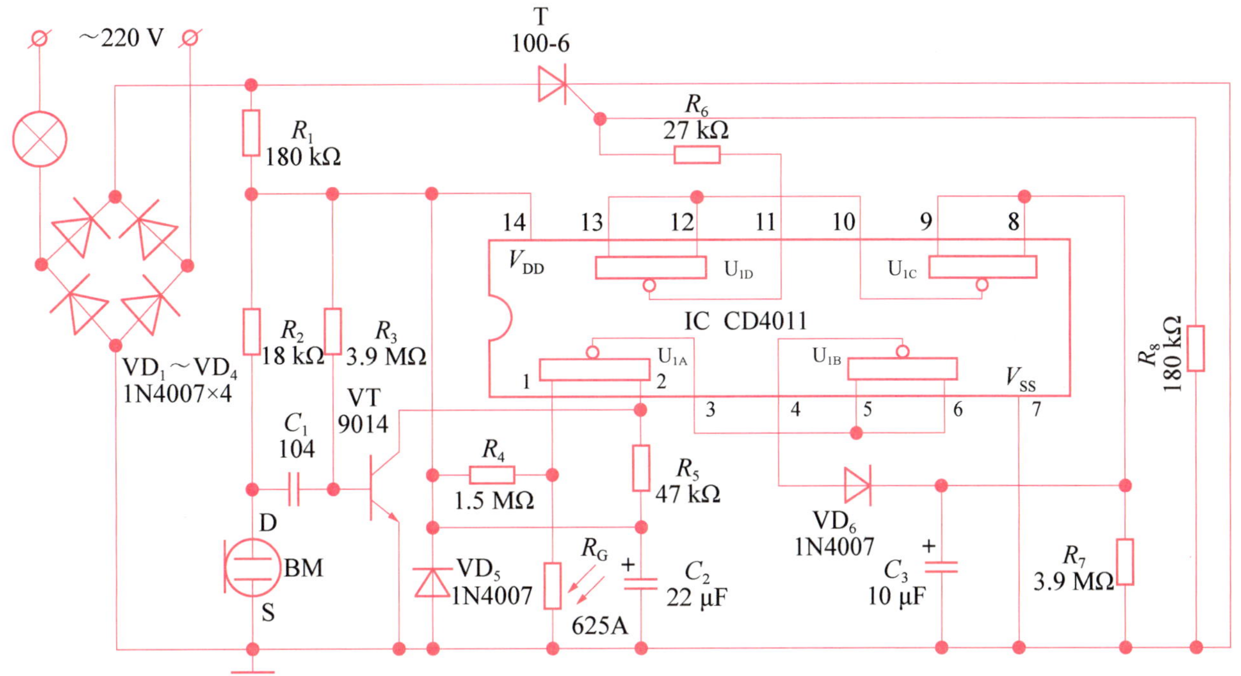

图 4-21　声光控制灯的原理图

2. 光电传感器基础知识

(1) 工作原理

光电传感器是采用光电元件作为检测元件的传感器。它是各种光电检测系统中实现光电转换的关键元件，它是把光信号(红外、可见及紫外光辐射)转变成电信号的器件，即是将被测量的变化转换成光量的变化，再通过光电元件把光量的变化转换成电信号的一种测量装置。光电传感器由光源、光学通路、光电元件构成。

光电传感器可分为两类，即模拟式光电传感器和脉冲式光电传感器。模拟式光电传感器按被测量方法分类，又可分为透射式、漫反射式、遮光式三大类。光电传感器应用原理如图 4-22 所示。

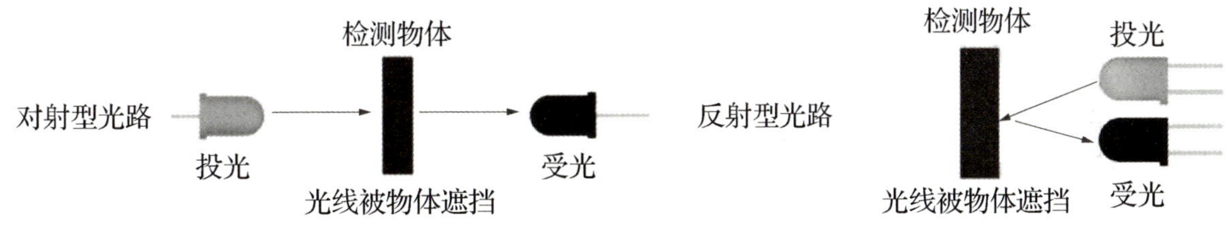

图 4-22　光电传感器应用原理

(2) 光电效应

光电转换器的转换原理是基于物质的光电效应。半导体光电效应是半导体中束缚电子在吸收光子后所产生的电学效应，即光生电。它是各类光敏器件工作的基本原理，如图 4-23 所示。

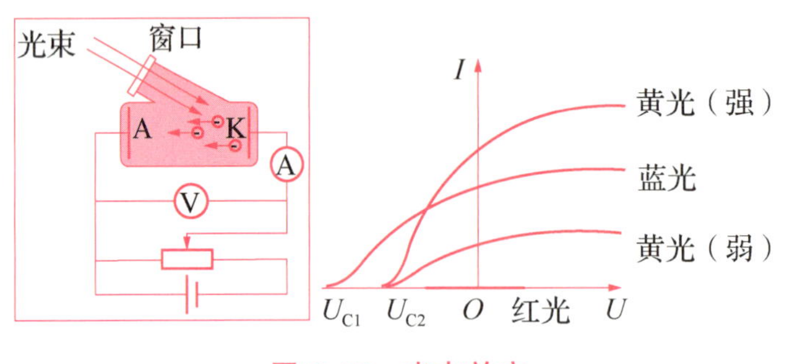

图 4-23　光电效应

(3)特点及应用

光电传感器具有精度高、反应快、非接触等优点，而且可测参数多、结构简单、形式灵活多样，因此在工业自动化装置和机器人中获得广泛应用。

光电传感器可用于检测直接引起光量变化的非电量，如光强、光照度、辐射测温、气体成分分析等；也可用来检测能转换成光量变化的其他非电量，如零件直径、表面粗糙度、应变、位移、振动、速度、加速度，以及物体的形状、工作状态的识别等。光电器件主要有光电管、光电倍增管、光敏电阻、光敏三极管、太阳能电池、红外线传感器、紫外线传感器、光纤式光电传感器、色彩传感器、CCD 和 CMOS 图像传感器等。

3. 光敏电阻

(1)基本概念

它是利用半导体的内光电效应制成的光敏元件。所谓内光电效应是指半导体材料在光线辐射作用下改变其导电率的一种光电效应。某些物质吸收了光子的能量产生本征吸收或杂质吸收，从而改变了物质电导率的现象称为物质的光电导效应。相对而言，外光电效应是指金属表面受光照后发射电子的一种现象，各种发光管都具有这种现象。

(2)工作原理

光敏电阻是由半导体光电效应制成的一种典型的光电导器件，是用硫化隔或硒化隔等半导体材料在两端加上电极制成的特殊电阻器，其工作原理是基于内光电效应的。所谓光电导效应，是表示材料(或器件)受到光辐射后，材料(或器件)的电导率会发生变化。当光敏电阻的两端加上适当的偏置电压 U_{BB}后，便有电流 I_P 流过，如图 4-24 所示。光照越强，阻值就越低，随着光照强度的升高，电阻值迅速降低，亮电阻值可小至 1 kΩ 以下。光敏电阻对光线十分敏感，在无光照时，呈高阻状态，暗电阻一般可达 1.5 MΩ。光敏电阻的典型结构和图形符号如图 4-25 所示。

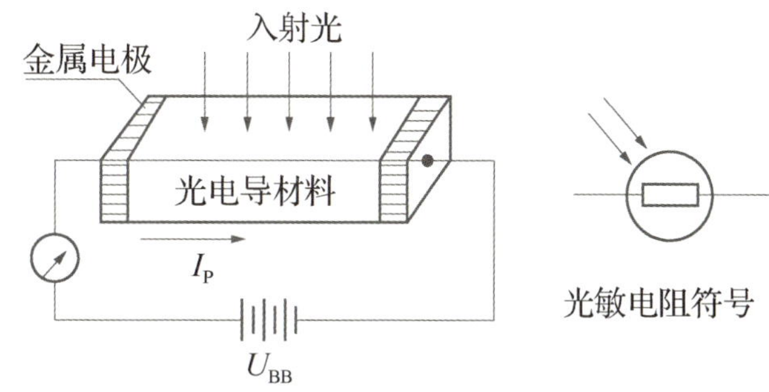

光敏电阻原理及符号

图 4-24　光敏电阻的外形和工作原理

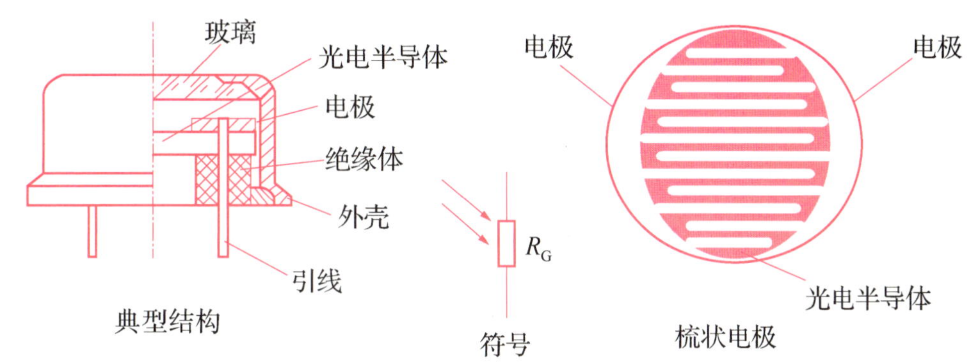

图 4-25　光敏电阻的典型结构和图形符号

(3) 光敏电阻的基本结构

在微弱辐射作用下光电导灵敏度与光敏电阻两电极间距离 L 的平方成反比；在强辐射作用下，光电导灵敏度与光敏电阻两电极间距离 L 的二分之三次方成反比。它由一块涂在绝缘基底上的光电导材料薄膜和两个引线，封装在带有窗口的金属或塑料外壳内而制成。电极和光电导体之间呈欧姆接触。为提高光电导灵敏度，要尽可能地缩短两电极间的距离 L。根据这一设计原则可以设计出三种基本结构，如图 4-26 所示。

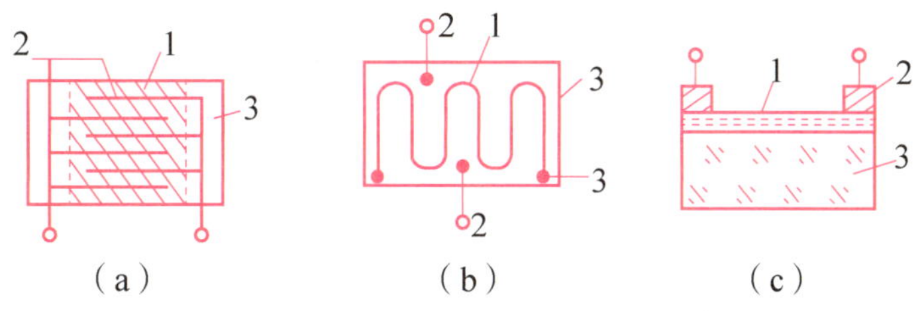

图 4-26　光敏电阻的三种基本结构

(a) 梳状结构；(b) 蛇形结构；(c) 刻线式结构

1—光电导材料；2—电极；3—衬底材料

(4) 光敏电阻的特点及应用

光敏电阻是电子器件中用得较广的一种，由于它的体积小、灵敏度高、性能稳定、价格低，因此在自动控制、家用电器中得到广泛应用。例如在电视机中作亮度自动调节、照相机中作自动曝光、音乐石英钟中控制晚间不奏鸣报点，另外在路灯航标灯自动控制电路、卷带自停装置及防盗报警装置中起了重要作用。光敏电阻的主要参数特性见表4-8。

表4-8 光敏电阻的主要参数特性

序号	名称	参数特性
1	光电流、亮电阻	光敏电阻器在一定的外加电压下，当有光照射时，流过的电流称为光电流；外加电压与光电流之比称为亮电阻，常用“100LX”表示
2	暗电流、暗电阻	光敏电阻在一定的外加电压下，当没有光照射的时候，流过的电流称为暗电流。外加电压与暗电流之比称为暗电阻，常用“0LX”表示(用照度计测量光的强弱，其单位为勒克斯 lx)
3	灵敏度	灵敏度是指光敏电阻不受光照射时的电阻值(暗电阻)与受光照射时的电阻值(亮电阻)的相对变化值。光敏电阻的暗电阻和亮电阻之间的比值大约为 1 500∶1，暗电阻的阻值越大其特性越好。暗电阻越大，亮电阻越小，它们的相对变化值越大，即亮电流越大，暗电流越小，光敏电阻的灵敏度就越高
4	伏安特性曲线	在一定照度下，加在光敏电阻两端的电压与电流之间的关系称为伏安特性。在给定偏压下，光照度越大，光电流也越大。在一定的光照度下，所加的电压越大，光电流越大，而且无饱和现象。但是电压不能无限地增大，因为任何光敏电阻都受额定功率、最高工作电压和额定电流的限制。超过最高工作电压和最大额定电流，可能导致光敏电阻永久性损坏
5	额定功率	额定功率是指光敏电阻用于某种电路中所允许消耗的功率，当温度升高时，其消耗的功率就降低

(5)光敏电阻识别与检测

当外界光照强度变化时，光敏电阻的阻值会随之发生变化，如果被测光敏电阻的表面没有标称阻值，应使用较大的量程测量，以防止损坏万用表。光照强度越强，光敏电阻的阻值越小。绝大多数光敏电阻的亮电阻为千欧级，暗电阻为兆欧级。在进行检测时，应分别测量光敏电阻的亮电阻和暗电阻，如图4-27所示。

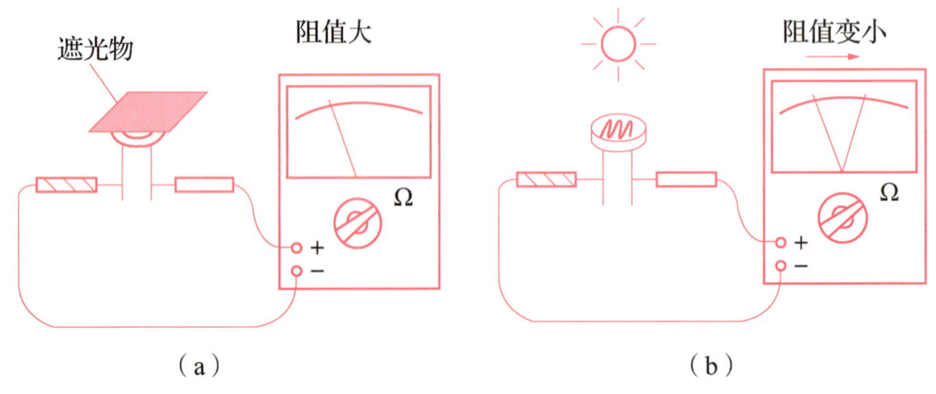

图4-27 光敏电阻检测

(a)测暗电阻；(b)测亮电阻

将模拟万用表设置在 $R\times1\text{k}$ 挡，因为光敏电阻无极性，将两表笔放在光敏电阻的引线上测量。

1) 测暗电阻(避光检测法)：用遮光物把光敏电阻的受光窗口遮住，将万用表置于适当的电阻挡位，将两表笔分别与被测光敏电阻的两端引线相连，若表针指示比较大或者接近无穷大阻值，说明性能良好可用；如果阻值很小或接近零，则不能使用。

2) 测亮电阻(透光检测法)：移去遮光物，或将光敏电阻的受光窗口接受光照，若万用表的指针有较大的摆动，阻值明显减小，则为正常。阻值越小说明性能越好，如果阻值很大或接近无穷大，说明被测元件内部已经开路损坏。

3) 灵敏度检测(间断受光检测法)：将光敏电阻的透光窗口对准入射光源，用遮挡物在光敏电阻的受光窗口上晃动，使光敏电阻间断受光，此时若万用表指针随着晃动左右摆动，说明光敏元件正常。反之则损坏。如果摆动阻值变化不明显，则该光敏电阻灵敏度太差，也不能继续使用。

4. 驻极体

驻极体又称永电体，是一种极化后能长久保持极化强度的电介质。它的制备材料较为丰富，有石蜡、硬质橡胶、碳氢化合物、固体酸等许多有机材料和钛酸钡、钛酸钙等一些无机材料。驻极体可用来制造高压电源、换能器、传声器、静电计等。

驻极体话筒又名咪芯(头)、麦克风、话筒、传声器，它是将声音信号转换为电信号的能量转换器件，是和喇叭正好相反的一个器件(电→声)。声音设备有两个终端，咪头是输入，喇叭是输出。驻极体话筒外形及引脚如图 4-28 所示。

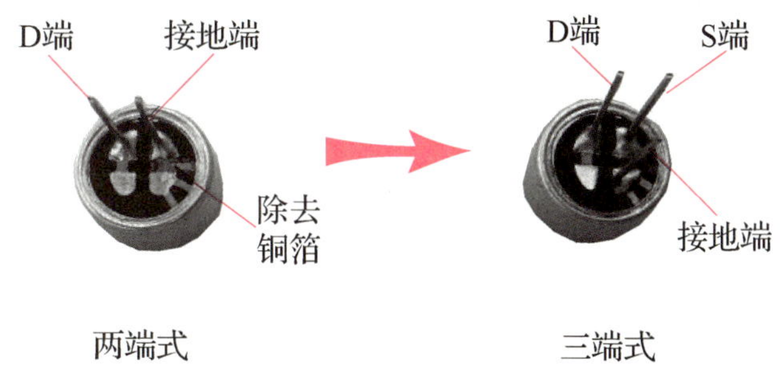

图 4-28　驻极体话筒外形及引脚

(1) 驻极体的工作原理

驻极体话筒由声电转换和阻抗变换两部分组成，原理图如图 4-29 所示。声电转换的关键元件是驻极体振动膜，它是一片极薄的塑料膜片，在其中一面蒸发上一层纯金薄膜，然后再经过高压电场驻极后，两面分别驻有异性电荷。膜片的蒸金面向外，与金属外壳相连通。膜片的另一面与金属极板之间用薄的绝缘衬圈隔离开。这样，蒸金膜与金属极板之间就形成一个电容，当驻极体膜片遇到声波振动时，引起电容两端的电场发生变化，从而产生了随声波变化而变化的交变电压。驻极体膜片与金属极板之间的电容量比较小，一般为几十 pF。因而它的输出阻抗值很高，为几十兆欧以上。这样高的阻抗是不能直接与音频放大器相匹配的。所以在话筒内接入一只结型场效应晶体管来进行阻抗变换。场效应晶体管的特点是输入阻抗极高、噪声系数低。普通场效应晶体管有源极(S)、栅极(G)和漏极(D)三个极。这里使用的是在内部源极和栅极间再复合一只二极管的专用场效应管。接二极管的目的是在场效应晶体管受强信号冲击时起保护作用。场效应晶体管的栅极接金属极板。这样，驻极体话筒的输出线便有三根，即源极 S(一般用蓝色塑线)、漏极 D(一般用红色塑料线)和连接金属外壳的编织屏蔽线。

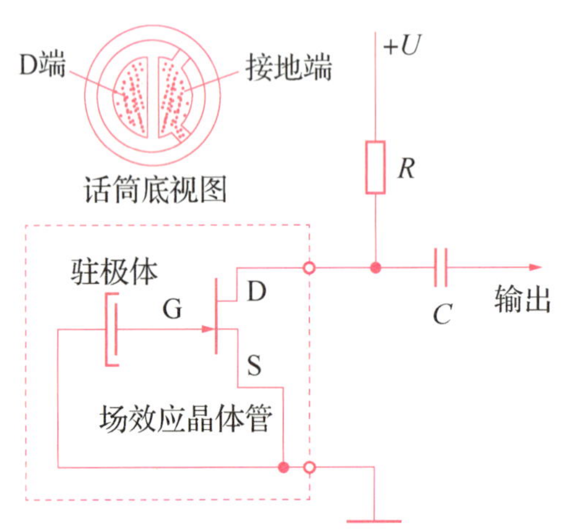

图 4-29　驻极体话筒原理图

(2)驻极体话筒的特点

驻极体话筒具有体积小、结构简单、电声性能好、价格低的特点，广泛用于盒式录音机、无线话筒及声控等电路中，属于最常用的电容话筒。由于输入和输出阻抗很高，所以要在这种话筒外壳内设置一个场效应晶体管作为阻抗转换器，为此驻极体电容式话筒在工作时需要直流工作电压。

(3)驻极体话筒的正确使用方法(电路接法)

对应的话筒引出端分为两端式和三端式两种，图 4-30 中 R 是场效应晶体管的负载电阻，它的取值直接关系到话筒的直流偏置，对话筒的灵敏度等工作参数有较大的影响。

二端输出方式是将场效应晶体管接成漏极输出电路，类似晶体三极管的共发射极放大电路。只需两根引出线，漏极 D 与电源正极之间接一漏极电阻 R，信号由漏极输出有一定的电压增益，因而话筒的灵敏度比较高，但动态范围比较小。

三端输出方式是将场效应晶体管接成源极输出方式，类似晶体三极管的射极输出电路，需要用三根引线。漏极 D 接电源正极，源极 S 与地之间接一电阻 R 来提供源极电压，信号由源极经电容 C 输出。源极输出的输出阻抗小于 2 kΩ，电路比较稳定，动态范围大，但输出信号比漏极输出小。三端输出式话筒目前市场上比较少见。

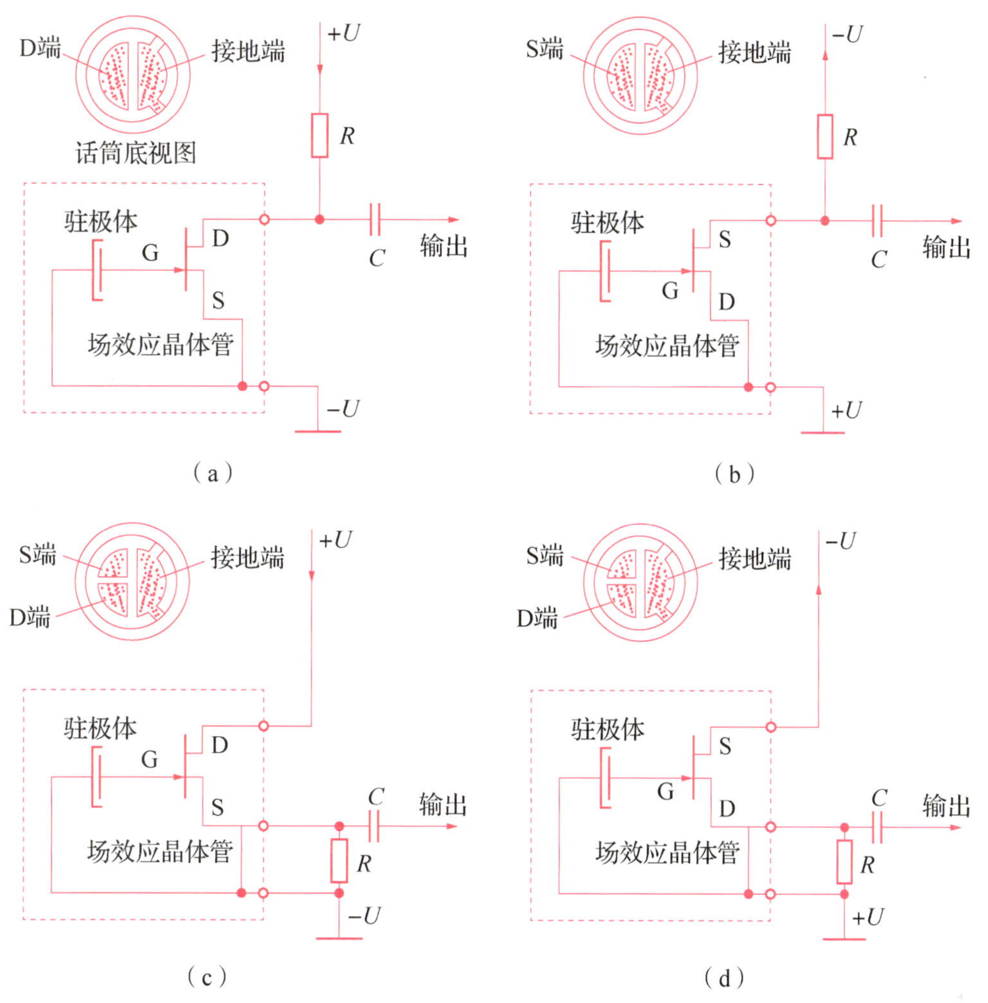

图 4-30 驻极体话筒电路接法

(a)负极接地，D 极输出；(b)正极接地，S 极输出；(c)负极接地，S 极输出；(d)正极接地，D 极输出

(4)驻极体话筒极性的判别

驻极体话筒 D、S 端判别及检测如表 4-9 所示。

表 4-9 驻极体话筒 D、S 端判别及检测

项目	操作(用万用表的 $R\times100$ 挡)	说 明
判断话筒的 S、D 极性	驻极体话筒 漏极D 源极S 红表笔 黑表笔 前1次位置 − + 指针式万用表 (拨至 $R\times100$ 挡)	①分别测话筒的两电极与外壳之间的电阻值，如电阻值为零，则该电极为 S 极。 ②分别测话筒的两电极与外壳之间的电阻，如电阻值为几千欧，则该电极为 D 极。

续表

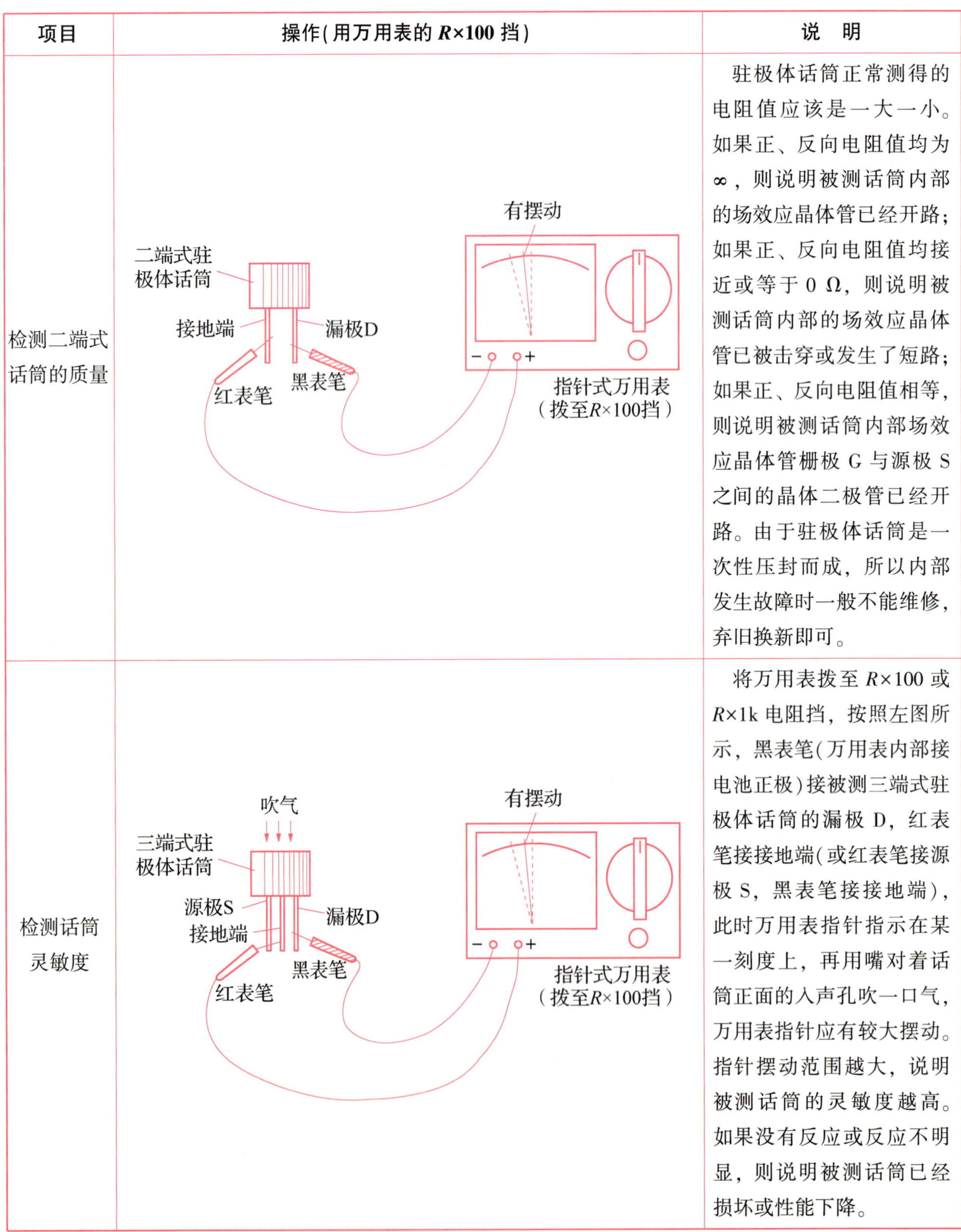

项目	操作(用万用表的 R×100 挡)	说　明
检测二端式话筒的质量		驻极体话筒正常测得的电阻值应该是一大一小。如果正、反向电阻值均为∞，则说明被测话筒内部的场效应晶体管已经开路；如果正、反向电阻值均接近或等于 0 Ω，则说明被测话筒内部的场效应晶体管已被击穿或发生了短路；如果正、反向电阻值相等，则说明被测话筒内部场效应晶体管栅极 G 与源极 S 之间的晶体二极管已经开路。由于驻极体话筒是一次性压封而成，所以内部发生故障时一般不能维修，弃旧换新即可。
检测话筒灵敏度		将万用表拨至 R×100 或 R×1k 电阻挡，按照左图所示，黑表笔(万用表内部接电池正极)接被测三端式驻极体话筒的漏极 D，红表笔接接地端(或红表笔接源极 S，黑表笔接接地端)，此时万用表指针指示在某一刻度上，再用嘴对着话筒正面的入声孔吹一口气，万用表指针应有较大摆动。指针摆动范围越大，说明被测话筒的灵敏度越高。如果没有反应或反应不明显，则说明被测话筒已经损坏或性能下降。

5. 元件选择

驻极体选用的是一般收录机用的小话筒，它的测量方法是：在 R×100 挡将红表笔接外壳的 S、黑表笔接 D，这时用口对着驻极体吹气，若万用表的表针有摆动，说明该驻极体完好，摆动越大灵敏度越高。

光敏电阻选用的是 625A 型，有光照射时电阻为 20 kΩ 以下，无光照射时电阻值大于 100 MΩ，说明该元件是完好的。总之，元件的选择可灵活掌握，参数可在一定范围内选用。驻极体话筒的参数特性如表 4-10 所示。

表 4-10　驻极体话筒的参数特性

序号	名称	参数特性	说明
1	工作电压 U_{DS}	1.5~12 V，常用的有 1.5 V、3 V、4.5 V 三种	施加在话筒两端的最小直流工作电压
2	工作电流 I_{DS}	0.1~1 mA	静态时所通过的直流电流，它实际上就是内部场效应晶体管的静态电流
3	最大工作电压（U_{MDS}）	超过该极限电压时，场效应晶体管就会被击穿损坏	驻极体话筒内部场效应晶体管漏、源极两端所能承受的最大直流电压
4	输出阻抗	一般小于 3 kΩ	一定的频率（1 kHz）下输出端所具有的交流阻抗
5	灵敏度	国产的分为 4 挡，红点（灵敏度最高）、黄点、蓝点、白点（灵敏度最低）	在一定的外部声压作用下所能产生音频信号电压的大小。一般驻极体话筒的灵敏度多在 0.5~10 mV/Pa 或-66~-40 dB 范围内
6	频率响应	一般较为平坦，其普通产品频率响应较好（即灵敏度比较均衡）的范围在 100 Hz~10 kHz，质量较好的话筒为 40 Hz~15 kHz，优质话筒可达 20 Hz~20 kHz	指话筒的灵敏度随声音频率变化而变化的特性，常用曲线来表示
7	指向性	话筒的指向性分单向性、双向性和全向性三种。常用的机装型驻极体话筒绝大多数是全向性话筒	指话筒的灵敏度随声波入射方向变化而变化的特性
8	等效噪声级	小于 35 dB	指在没有外界声音时话筒所输出的噪声信号电压

理论知识归纳

1）晶闸管是一种电力半导体器件，一种可控的电子开关。它主要应用在可控整流、交流调压、逆变控制等方面。

2）单结晶体管是一种具有负阻特性的半导体器件，利用单结晶体管和 *RC* 电路组成的自激振荡电路可为晶闸管提供触发信号。

3）集成电路目前应用非常广泛，在实际应用中能够检测、判断集成块的好坏和质量是学习集成电路的必备知识。

4）传感器种类较多，驻极体是一种将声音信号转变成电信号的传感器，通过三极管可以实现声音的放大。光敏元件是将光照信号转换成电信号的传感器，通过光照强度来控制电流的大小。

实训操作

任务导入

当今社会提倡节能降耗，声光控灯产品在生活中普遍应用，市场上主要有模拟电路和数字芯片制作的两种形式。本实训任务采用数字芯片制作，可直接取代普通开关而不必更改原有照明线路。白天或光线较强的场合下，即使有较大的声响也会控制灯泡不亮，晚上或光线较暗时遇到声响（如说话声、脚步声等）后灯自动点亮，然后经延时（时间可以设定）后自动熄灭。该装置适用于楼梯、走廊等只需短时照明的地方。现接到某电子企业委托订单合同，要求在 5 天内完成套件安装和调试工作。性能指标为：工作电压：160～250 V 交流电；光控灵敏度：>1～4 lx 时关闭；静态电流：<2 mA（年耗电< 0.3 度）；环境温度：−25～55 ℃；控制功率：≤60 W；延时时间：60 s±18 s；声控灵敏度：65～70 dB；控制负载：阻性，产品合格率 98%以上。该产品免费保修期为 6 个月。参考效果图如图 4-31 所示。

图 4-31　声光双控延时参考效果图

声光双控延时开关是用声音与光来控制开关的“开启”，若干时间后延时开关“自动关闭”。因此，整个电路的功能就是将声音信号处理后，变为电子开关的开动作。依据电路的信号流程方向，将电路划分为若干个单元，如图 4-32 所示，主要由整流电路、低压电源、R_1 和 BM 组成的话筒拾音及放大电路、光敏控制电路、音频驱动电路、延时电路、可控硅开关电路等几部分组成。

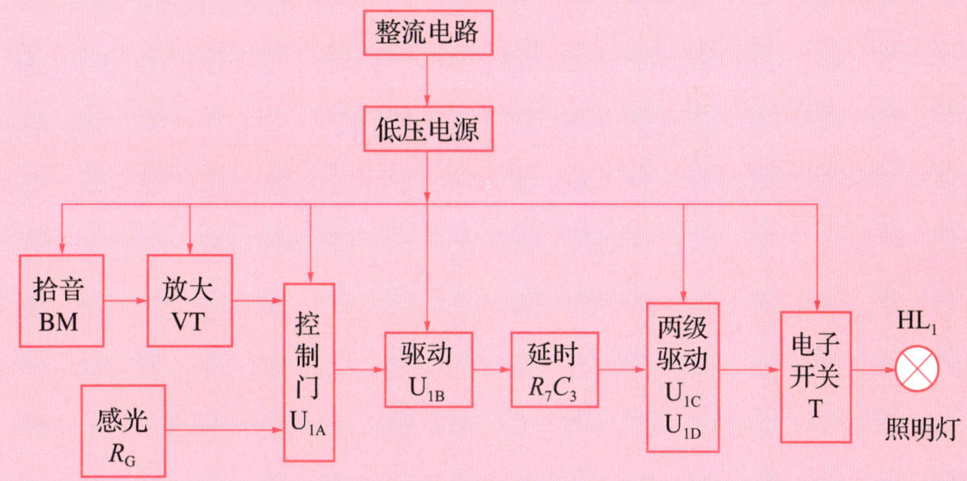

图 4-32　声光双控延时电路框图

根据本书知识体系，整流电路、低压电源、延时电路、放大电路等知识已经学习，本实训任务主要通过对 R_1 和 BM 组成的话筒拾音路、光敏控制电路、音频驱动电路、可控硅开关电路等相关知识的学习，能完成该实训任务的安装与调试。

任务准备

一、工具准备

实施本实训任务教学所使用的实训设备及工具见之前任务，本次任务新增示波器。

二、参考原理图及原理分析

1. 参考原理图

本实训任务参考原理图如图 4-21 所示，该电路可分为几大部分，它们分别是电源变换电路、触发驱动电路、延时关断电路、光敏控制电路和音频放大电路。

1) 整流电路采用的是一个桥式整流电路，在输入端串接 25 W 灯泡，220 V 的交流电经过桥式整流为 198 V 的直流电。VD_1、VD_2、VD_3、VD_4 构成桥式整流电路，要求耐压达到 220 V 的峰值 1.414×220 V(311 V)，采用的是 1N4007 二极管。

2）低压电源采用电阻侵夺电路加滤波电容，由 R_1、R_2、BM 的 R 及 C_2 等元件组成。198 V 直流电压经过 R_1、R_2、BM 的 R 分压及 C_2 滤波后得约 12 V 直流电压。

3）可控硅开关直接接在整流电路的输出端，作为负载，阳、阴极是并联在电路的输出端的。G 受控制电路的控制，当 G 端得到一个高电平时，可控硅导通，灯亮；当高电平消失时，可控硅断开，灯熄灭。工作电流、电压由灯泡的功率决定。由于是 25 W 的灯泡，所以采用 BT169 或 T100-6 可控硅，若灯泡为 60 W，则需查可控硅手册。

4）话筒放大器和 R_2、BM 组成话筒拾音电路，话筒上端得到音频信号，通过 C_1 耦合到 VT 组成的放大电路，VT、R_3、R_5 组成的放大电路作为话筒放大电路。

5）音频驱动电路是由 U_{1A}、U_{1B}组成的，由于只考虑声音的有无，不需要考虑声音的失真，所以 U_{1A}与 U_{1B}采用直接耦合方式连接。

6）光敏控制电路中，光敏电阻 R_G 与 R_4 构成串联分压电路，用光敏电阻接地（R_G 有光照时为 5 kΩ，无光照时为 752 kΩ）。在白天时光敏电阻的阻值小，因而在与非门 U_{1A}的一个输入端为低电平；而音频信号被送到 U_{1A}的另一个输入端。由与非门的特性可知，音频信号将被屏蔽而无法往后输送，因此白天时灯就不亮。在晚上，R_G 达到 752 kΩ 以上，因而与非门 U_{1A} 的一个输入端为高电平，音频信号不受影响，灯受声音控制。

7）延时电路由 R_7、C_3 组成，隔离二极管 VD_6 取得的音频信号在正半周时，C_3 充电后得到的直流电压，就是控制电压，要放电时必须经过 R_7 放电。放电完的时间就是延迟时间，主要由 C_3、R_7 的参数控制，$\tau=R_7 \cdot C_3$（3~5 倍 τ 时间后 C_3 放电结束）。如果要延长放电时间，可增大 C_3；反之则减小 C_3。同时，当声音停止后，U_{1B}输出为低电平时 VD_6 是反向截止的，这时将后级电路与前级电路进行隔离，以保证延迟电路的正常工作。

8）可控硅开关电路由 U_{1C}、U_{1D}、R_6、T 组成，是一个开关电路。在夜晚，当没有声音时，三极管 9014 工作在饱和状态，集电极为低电平，U_{1B}输出也为低电平，C_2 将无法充为高电平，U_{1D}将输出为低电平，无触发信号供给晶闸管，T 将断开，灯不亮。当有声音输入时，三极管由饱和状态进入放大状态，集电极由低电平转成高电平，使 U_{1B}输出一个高电平，C_2 上就会得到高电平，经 U_{1C}、U_{1D}反相器推动，在 U_{1D}的输出端为高电平，从而触发可控硅 T 导通，灯亮；C_2 直流电压放电完后，U_{1D}由高电平变为低电平，可控硅断开，灯熄灭。

2. 工作原理

4 个二极管组成桥式整流电路将市电变成脉冲直流，经电阻 R_1、R_2 及 BM 的 R 分压及 R_1 限流，再经 C_2 电容滤波后即可输出约 12 V 直流电压。为集成块 CD4011、BM 及三极管 VT 提供电源。整个电路工作的前提是集成块的 1、2 脚输入高电平，经过三级反相，集成块输出端输出高电平，然后触发晶闸管导通使灯泡发亮。

在白天时，光敏电阻很小，使集成块 CD4011 的 1 脚输入低电平，电路封锁了声音通道，使得声音脉冲不能通过，经过三反相后集成块 CD4011 的输出端输出低电平，无触发信号，晶

闸管不导通，所以灯泡不亮。在黑夜时，光敏电阻因无光线照射呈高阻态，使 CD4011 的 1 脚变为高电平，为声音通道开通创造了条件。当没有声音时，三极管 9014 工作在饱和状态，集电极输出低电平，无触发信号供给晶闸管；当有声音输入时，三极管由饱和状态进入放大状态，集电极由低电平转成高电平，使集成块 CD4011 输出一个高电平，触发晶闸管工作电路导通，灯泡发亮。

电路中应用了一个 1N4007 二极管来阻断 U_{1B} 和 U_{1C}，使 C_3 充满电后只能通过 R_7 放电，C_3、R_7 组成亮灯延时电路，时间常数 $\tau = R_7 \cdot C_3$。这个延迟时间主要是靠电容的放电使 U_{1D} 输出端维持高电平，让可控硅持续在工作状态，当电容放电至 U_{1C} 低门限电平时，U_{1C} 反转输出高电平，U_{1D} 继而输出低电平，使可控硅无触发信号而关断，灯自动熄灭。调整与话筒串联的电阻阻值或三极管的放大倍数，均可以调节声控灵敏度，其工作原理在于减小了基极的工作电压。

在整个电路中，还可用 R_4 串联一个电位器来改变 R_G 的分压值，以控制光敏电阻对光的敏感度。

任务实施

根据原理图选用散件进行安装与调试。在安装、调试过程中应遵循如图 4-33 所示操作步骤。

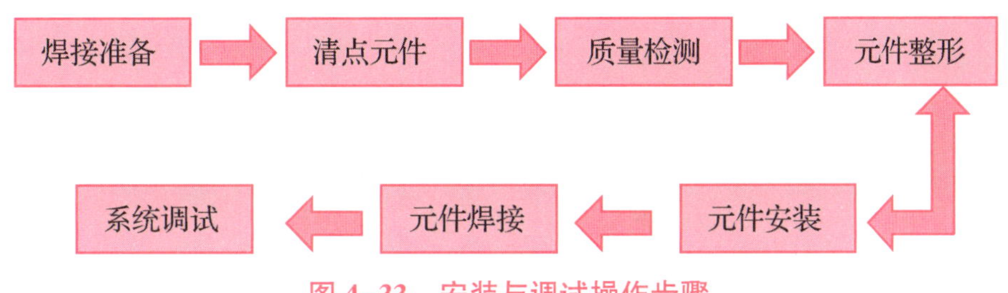

图 4-33　安装与调试操作步骤

一、焊接前操作步骤

1. 元件清单

准备好全套元件后，按表 4-11 所列的元器件清单清点元器件，并用万用表测量一下各元件的质量。焊接时注意先焊接无极性的阻容元件，电阻采用卧装，电容采用直立装，紧贴电路板；焊接有极性的元件时，如焊接电解电容、话筒、整流二极管、三极管、单向可控硅等元件时千万不要装反，否则电路不能正常工作甚至烧毁元器件。

表 4-11　元器件清单

序号	名称	型号规格	位号	数量	型号规格是否正确	实测数值
1	集成电路	CD4011	IC	1		
2	单向可控硅	T100-6 或 BT169	T	1		
3	三极管	9014	VT	1		
4	驻极体话筒	54+2d 二端式	BM	1		
5	光敏电阻	RG625A	R_G	1		
6	整流二极管	1N4007	$VD_1 \sim VD_4$	4		
7	整流及隔离二极管	1N4007	VD_5、VD_6	2		
8	电阻器	180 kΩ	R_1、R_8	2		
9	电阻器	18 kΩ	R_2	1		
10	电阻器	3.9 MΩ	R_3、R_7	2		
11	电阻器	1.5 MΩ	R_4	1		
12	电阻器	47 kΩ	R_5	1		
13	电阻器	27 kΩ	R_6	1		
14	瓷片电容	104	C_1	1		
15	电解电容	22 μF/16 V	C_2	1		
16	电解电容	10 μF/16 V	C_3	1		
17	万能电路板或 PCB 板			1		

2. 电路板检验

印制电路板应平整，无碎裂及毛刺；印制电路板的导电部分不应有断裂；焊盘与加工孔中心应重合，外形尺寸、导线宽度、孔径位置及尺寸应符合设计要求；金属化孔壁镀层无裂痕、黑斑现象。

3. 元器件整形

电子元器件通常采用立式或者卧式的安装方式，对于不同的电子元器件，其整形方式略有差别，驻极体元件应注意引脚距离与焊盘距离，对于 CD4011 引脚的整形，其引脚间距应与 PCB 印制电路板上的引脚孔间距相同。

4. 安装电路注意事项

1) 根据电路要求，选择电阻，不可将电阻装错位置。

2) 根据电路要求，安装二极管，注意不可将二极管极性装反。

3) 光敏器件安装，光敏电阻注意感光面朝上。

4) 驻极体话筒安装注意极性，与外壳相连的引脚为接地。

5) 集成电路的安装，注意安装时先安插座，不要安装反，焊接时间不可过长。

6) 三极管 9014 和可控硅 T100-6 外形封装一样，注意区别，并注意三极不可装反。

7) 集成芯片 CD4011 的插座缺口和集成芯片 CD4011 的缺口应相对应，对照安装图进行安装，不要装反，等其他元器件安装好后，在通电之前插上集成芯片。

8) 安装光敏电阻和话筒时，引脚或导线的预留长度应长些，其目的是要考虑到使光敏电阻能感受到外界光线的变化，话筒要靠近外壳以便接收外界声音信号。

9) 由于声光控开关电源供电为 220 V 交流电，所以通电前应认真检查各元器件是否接错或存在短路故障，通电后应注意安全。

二、焊接操作步骤

1. 焊前准备

把被焊件、焊锡丝和烙铁准备好(包括元件表面氧化层的处理、元件脚的弯制、上锡等处理)，处于随时可焊的状态。

2. 焊接步骤

1) 焊接原则：先小后大、先低后高、先分立元件后集成元件。

2) 焊接步骤：

①先电阻、二极管、电容等分立元件。

②焊接驻极体时需要先使用连接线或者多余引脚将驻极体引脚引出，再进行安装和焊接。

3. 焊接工艺

在焊接开始时，要保证电烙铁的烙铁头清洁，而且电烙铁与 PCB 的距离、焊点都有具体的要求，具体要求前面已经讲述。

三、功能调试

1. 直观检查电路

电路安装完毕后，应仔细检查核对元器件有无错装、漏装，检查焊点有无假焊、虚焊、搭焊、连焊等，检查整流二极管、电解电容器的极性有无装反，电源线有无破损，引线接头有无短接等情况。如有问题应及时排除故障。检查完毕后，由同组同学再交换检查一遍，确认无误后才可进行电阻法测试。

2. 检测电源安全性

用万用表的电阻挡对电源插头、变压器次级、整流器输出端、可控硅等重点部位进行检查，着重检查有无明显短路现象。如有明显短路情况必须深入仔细排查，直到排除故障后方可通电检查。

3. 通电测试

调试前，先将焊好的电路板对照印制电路图认真核对一遍，不要有错焊、漏焊、短路、元件相碰等现象发生。通电后，人体不允许接触电路板的任何一部分，防止触电，务必注意安全。如用万用表检测时，只将万用表两表笔接触电路板相应处即可。

通电后，将被控灯泡与开关串接后接入 220 V 市电，将万用表黑表笔接于公共地端，通电后灯会点亮，延迟一段时间后熄灭，此时测量 C_1 两端电压，正常应在 6~7 V，测得 C_2 两端的直流电压应有约 12 V，这表明电源部分工作正常，方可进行其他部分的调试。若电压不正常，应断电仔细查看整流电路中的二极管是否装反；在以上电压正常的情况下，测量 VT 基极电压，正常时为 0.6 V 左右，当有声音发出时，对地电压变为负电压，此时灯被点亮，随着时间的延长，VT 的基极电压不断升高，当电压达到 VT 的饱和电压时，灯熄灭，正常后装上光敏电阻，同时验证光控功能。

调试声控放大部分：接上 C_1、R_2，通电后先用手轻轻敲击驻极体话筒，灯泡应发光，然后延时自灭。接着击掌，灯泡应亮 1 次，延时自灭。改变 R_2 和 R_6 两电阻，可调节电路灵敏度。

调节光控部分：接上 R_G，使其受光面受到光照，接通电源，测量 U_1 的输出电压应接近零，这时不管如何击掌或敲击驻极体话筒，灯不发光为正常。然后挡住光线，使光敏电阻不受光照，击掌一下，灯泡即亮，延时后自灭，表示光控部分正常。适当选择 R_4，可改变光控灵敏度，可根据所处环境而定。

延时的长短由 R_7、C_3 决定，可以改变 R_7、C_3 的值改变延迟时间。

4. 故障现象及原因

1) 现象：灯常亮。

原因：可控硅击穿或装错；CD4011 击穿；或电源接错。

2) 现象：灯闪烁。

原因：C_3 开路。

3) 现象：灯不亮。

原因：可控硅开路或损坏；CD4011 损坏；VD_6 开路；R_7 开路；R_G 击穿；VT 击穿；或 R_1 开路。

在不明确情况下，可以不通交流电，加入 15~20 V 直流电压到 VD_4 阳极，检查各个三极管工作电压。①V_E=+12 V（VT 的 e 极电位），稳压电路正常工作。②检查电子开关是否正常，

用万用表电压挡测可控硅(T100-6)阴阳极电压，当短接 VT 的 e、c 极时，可控硅(T100-6)阳极电压下降为零，说明电子开关电路正常。③检测 BM 话筒两端电压为 2~3 V，说明 BM 话筒连接正确。再检查 R_G 光敏电阻两端电压值，光照时电压较低，不受光时电压较高。

操作时请注意：

①检查好元器件，确保无损坏，避免调试检查困难。

②检查可控硅的引脚是否接对。

③确保光敏电阻、驻极体话筒的灵敏度(光敏电阻可用光敏二极管代替)。

④给电路通电前检查所有元件是否装对，特别要注意检查的是 180 kΩ 的分压电阻。

⑤给电路通电时先别插集成 IC，先检查集成 IC 的供电是否正常；如要焊接 CD4011 时，应将电烙铁的插头拔掉，利用余热焊接，以防静电将 CD4011 损坏。焊装完毕并确认无误后即可通电调试。由于是直接接 220 V 交流电压，所以调试的时候务必要注意安全。

任务评价

以小组为单位，选择演示文稿、展板、海报、录像等形式中的一种或几种，向全班展示汇报学习成果。完成综合评价表 4-12。

表 4-12　综合评价表

评价项目	评价内容	评价标准：A 为 90 分，B 为 75 分，C 为 60 分，D 为 30 分	评价方式		
			自我评价	小组评价	教师评价
职业素养	安全意识责任意识	A 作风严谨、自觉遵章守纪、出色地完成工作任务			
		B 能够遵守规章制度，较好地完成工作任务			
		C 遵守规章制度，未完成工作任务，或完成工作任务但忽视规章制度			
		D 不遵守规章制度，未完成工作任务			
	学习态度	A 积极参与教学活动，全勤			
		B 缺勤达本任务总学时的 10%			
		C 缺勤达本任务总学时的 20%			
		D 缺勤达本任务总学时的 30%			
	团队合作意识	A 与同学协作融洽、团队合作意识强			
		B 与同学沟通、协作能力较强			
		C 与同学沟通、协作能力一般			
		D 与同学沟通、协作能力较差			

续表

<table>
<tr><td rowspan="2">评价项目</td><td rowspan="2">评价内容</td><td rowspan="2">评价标准：
A 为 90 分，B 为 75 分，C 为 60 分，D 为 30 分</td><td colspan="3">评价方式</td></tr>
<tr><td>自我评价</td><td>小组评价</td><td>教师评价</td></tr>
<tr><td rowspan="8">专业能力</td><td rowspan="4">学习活动 1</td><td>A 熟练、有条理地完成知识的自主学习，正确回答工作页中的相关问题，工作计划制订合理</td><td></td><td></td><td></td></tr>
<tr><td>B 较顺利地完成知识的自主学习，正确回答工作页中的相关问题，工作计划制订合理</td><td></td><td></td><td></td></tr>
<tr><td>C 自主学习能力一般，或工作页中内容遗漏、错误较多，或工作计划制订存在较多问题</td><td></td><td></td><td></td></tr>
<tr><td>D 未能完成知识的自主学习，或未完成工作页中的相关内容</td><td></td><td></td><td></td></tr>
<tr><td rowspan="4">学习活动 2</td><td>A 学习活动评价成绩为 90~100 分</td><td></td><td></td><td></td></tr>
<tr><td>B 学习活动评价成绩为 75~89 分</td><td></td><td></td><td></td></tr>
<tr><td>C 学习活动评价成绩为 60~74 分</td><td></td><td></td><td></td></tr>
<tr><td>D 学习活动评价成绩为 0~59 分</td><td></td><td></td><td></td></tr>
<tr><td colspan="2">创新能力</td><td>学习过程中提出了具有创新性、可行性的建议</td><td colspan="3"></td></tr>
<tr><td colspan="2">班级</td><td></td><td>学号</td><td colspan="2"></td></tr>
<tr><td colspan="2">姓名</td><td></td><td>综合评价等级</td><td colspan="2"></td></tr>
<tr><td colspan="2">指导教师</td><td></td><td>日期</td><td colspan="2"></td></tr>
</table>

模块五

篮球计时器的安装与调试

学习目标

知识目标

1）掌握触发器、寄存器等元件的特点和功能。

2）能够分析篮球计时器的工作原理。

技能目标

1）能正确使用仪表对电子元器件进行识别检测。

2）能够完成篮球计时器的搭建、调试和数据分析。

3）能够正确选用工具，完成系统的安装、焊接、调试。

素养目标

1）培养学生严谨、细致的工作态度。

2）培养学生团队协作、创新创业等能力。

3）培养学生语言组织、沟通等职业素养能力。

理论知识

一、触发器

触发器是组成时序逻辑电路的基本单元电路，它是一种有记忆功能的逻辑部件。触发器的基本特点是：

1）具有两个互补输出端 Q 和 $\overline{Q}$。

2）具有“0”态和“1”态两个稳定状态。

3）在外部信号作用下可实现状态转换，即翻转。

4）外部信号消失时具有记忆功能，这就使得触发器能够记忆二进制信息。

按照稳定工作状态分，触发器可分为双稳态触发器、单稳态触发器、无稳态触发器（多谐振荡器）等；按照逻辑功能划分，可分为 RS 触发器、D 触发器、T 触发器、JK 触发器等几类；按照电路结构划分，可分为基本 RS 触发器、同步触发器（时钟控制的触发器）、主从型触发器、维持-阻塞型触发器和边沿触发器等几种类型。触发器的电路结构不同，其触发翻转方式和工作特点也不相同。具有某种逻辑功能的触发器可以用不同的电路结构实现。按触发方式划分，可分为电平触发和边沿触发。电平触发有高电平触发和低电平触发两种，而边沿触发有上升沿触发和下降沿触发两种。

1. 基本 RS 触发器

（1）电路结构和逻辑符号

电路结构和逻辑符号如图 5-1 所示。

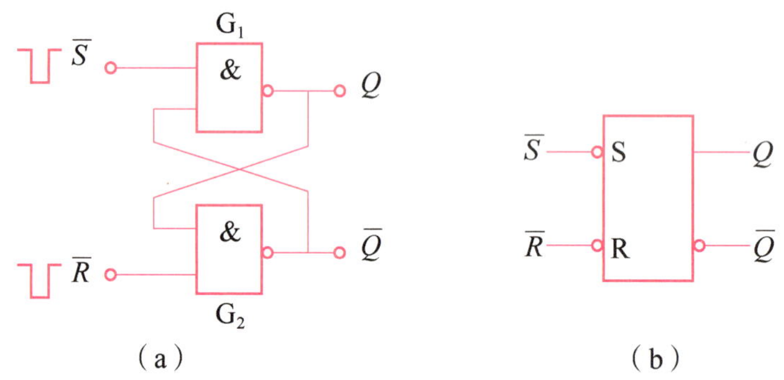

图 5-1　基本 RS 触发器电路结构与逻辑符号

（a）逻辑图；（b）逻辑符号

$\overline{R}$、$\overline{S}$ 是两个输入端，字母上面的非号表示低电平有效；

Q、$\overline{Q}$ 是一对互补输出端；

$Q=1(\overline{Q}=0)$，触发器处于 1 状态；反之，若 $Q=0(\overline{Q}=1)$，触发器为 0 状态。

（2）逻辑功能

基本 RS 触发器的真值表如表 5-1 所示。

表 5-1　基本 RS 触发器的真值表

输入信号		输出状态	功能说明	备注
$\overline{S}$	$\overline{R}$	Q^{n+1}		
0	0	不定	禁止	$Q=\overline{Q}=1$，与规定相背，会引起逻辑混乱
0	1	1	置 1	$\overline{R}$ 端称为触发器的置 0 端或复位端
1	0	0	置 0	$\overline{S}$ 端称为触发器的置 1 端或置位端
1	1	Q^n	保持	体现记忆功能

2. 同步 RS 触发器

(1)电路结构和逻辑符号

同步 RS 触发器是在基本 RS 触发器的基础上，增加了两个与非门 G_3、G_4，一个时钟脉冲端 CP。其逻辑电路与逻辑符号如图 5-2 所示。

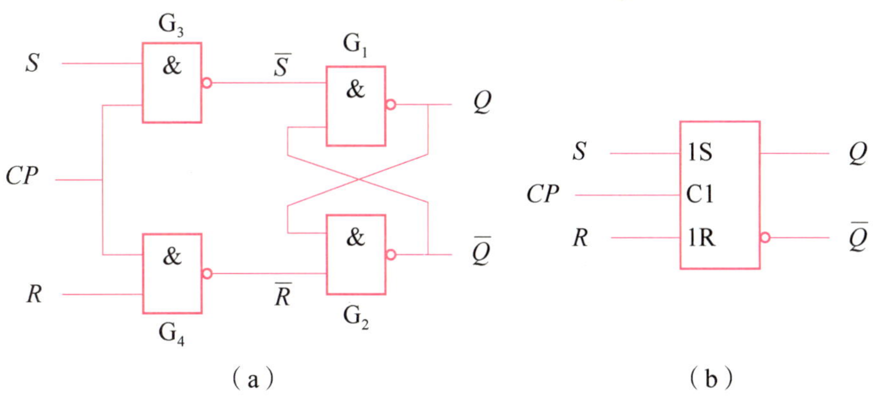

图 5-2　同步 RS 触发器逻辑电路与逻辑符号

(a)逻辑电路；(b)逻辑符号

(2)逻辑功能

同步 RS 触发器的真值表如表 5-2 所示。

表 5-2　同步 RS 触发器的真值表

CP	S	R	Q^{n+1}	功能说明
0	×	×	Q^n	保持
1	0	0	Q^n	保持
1	0	1	0	置 0
1	1	0	1	置 1
1	1	1	不定	禁止

在 $CP=0$ 期间，G_3、G_4 与非门被 CP 端的低电平关闭，使基本 RS 触发器的 $\overline{S}=\overline{R}=1$，触发器保持原来状态不变；

在 $CP=1$ 期间，G_3、G_4 控制门开门，触发器输出状态由输入端 R、S 信号决定，R、S 输入高电平有效。触发器具有置 0、置 1、保持的逻辑功能。

同步 RS 触发器在 $CP=0$ 时，触发器输出状态不受 R、S 的直接控制，从而提高了触发器的抗干扰能力。

总结：同步 RS 触发器在 $CP=0$ 时，触发器输出状态不受 R、S 的直接控制，从而提高了触发器的抗干扰能力。但在 $CP=1$ 期间，同步 RS 触发器还是存在状态不确定的现象，因而其应用也受到较大限制。为了克服上述缺点，后面将会介绍功能更加完善的 JK 触发器和 D 触发器。

3. JK 触发器

(1)电路结构与逻辑符号

电路结构与逻辑符号如图 5-3 所示。

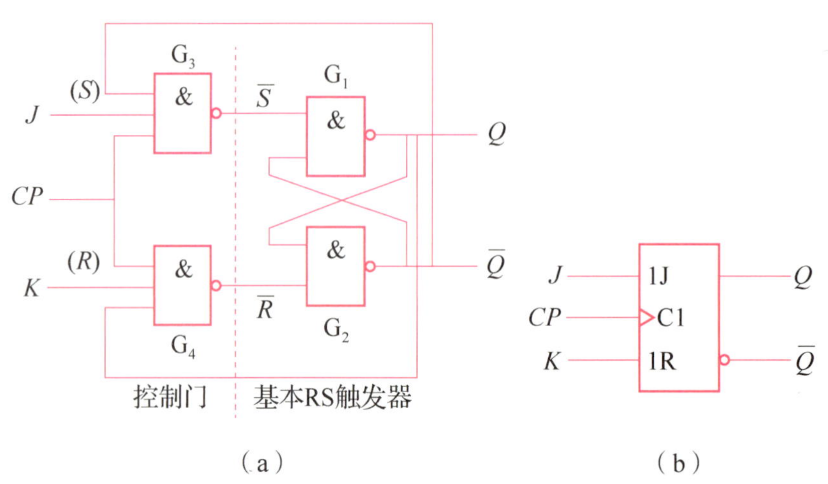

图 5-3 JK 触发器电路结构与逻辑符号

(a)电路结构；(b)逻辑符号

JK 触发器是在同步 RS 触发器的基础上引入两条反馈线，解决 $R=S=1$ 时，触发器输出不定状态的现象；将 S、R 改成 J、K 输入端。

(2)逻辑功能

JK 触发器不仅可以避免不确定状态，而且增加了触发器的逻辑功能，JK 触发器的真值表如表 5-3 所示。

表 5-3 JK 触发器的真值表

CP	J	K	Q^{n+1}	功能说明
0	×	×	Q^n	保持
1	0	0	Q^n	保持
1	0	1	0	置 0
1	1	0	1	置 1
1	1	1	$\overline{Q}^n$	翻转

$J=K=0$ 时，$Q^{n+1}=Q^n$(保持)；$J=K=1$ 时，$Q^{n+1}=\overline{Q}^n$(翻转)；$J\neq K$ 时，$Q^{n+1}=J$。

JK 触发器不仅可以避免不确定状态，而且增加了触发器的逻辑功能——翻转(又称为计数功能)：当 $J=1$、$K=1$ 时，触发器的输出总是原状态的反，即 $Q^{n+1}=\overline{Q}^n$。

总结：触发器在 $CP=1$(高电平)期间才接收输入信号，这种受时钟脉冲电平控制的触发方

式，称为电平触发。电平触发的缺点是：在 $CP=1$ 期间不允许输入信号有变化，否则触发器输出状态也将随之变化，使输出状态在一个时钟脉冲作用期间出现多次翻转，这种现象称为空翻。上面介绍的 JK 触发器较好地解决了输出状态不确定的情况，同时触发器增加了翻转功能，但在 CP 高电平期间，输出信号会随输入信号变化，无法保证一个 CP 脉冲周期内触发器动作一次。为了克服电平触发的不足，多数 JK 触发器采用边沿触发方式来克服触发器的“空翻”。

4. 集成边沿 JK 触发器

（1）边沿触发方式

边沿触发：利用与非门之间的传输延迟时间来实现边沿控制，使触发器在 CP 脉冲的上升沿（或下降沿）瞬间，根据输入信号的状态产生触发器新的输出状态。而在 $CP=1$（或 $CP=0$）的期间输入信号对触发器的状态均无影响。

（2）逻辑符号与工作波形

集成边沿 JK 触发器逻辑符号与工作波形如图 5-4 所示。

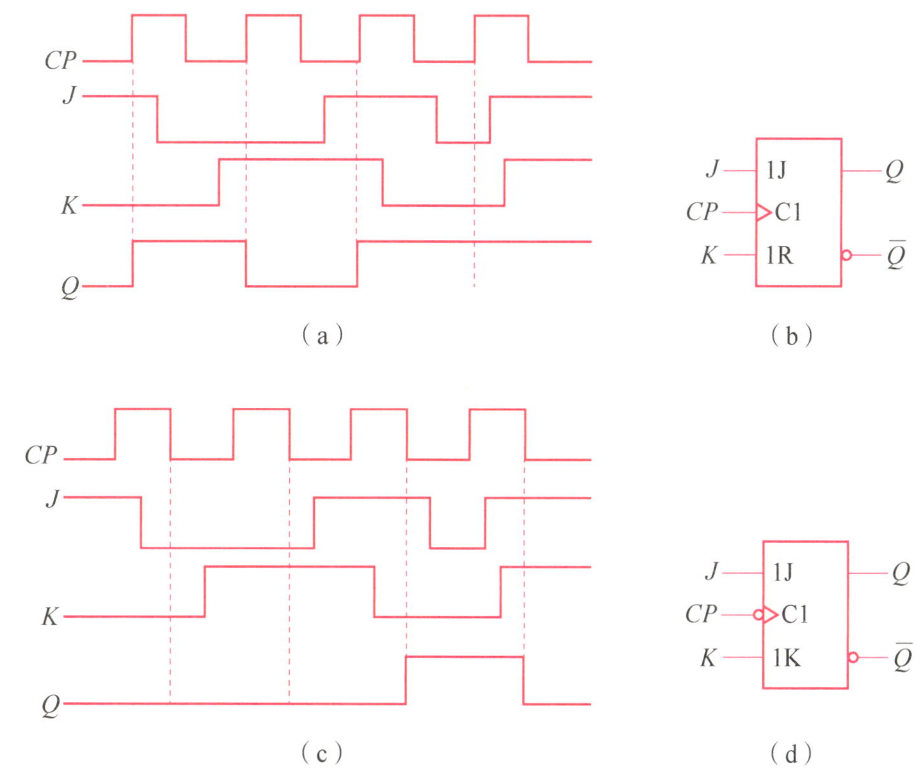

图 5-4　集成边沿 JK 触发器逻辑符号与工作波形

（a）上升沿 JK 触发器工作波形；（b）上升沿 JK 触发器的逻辑符号；

（c）下降沿 JK 触发器工作波形；（d）下降沿 JK 触发器的逻辑符号

总结：集成 JK 触发器具有保持、置 0、置 1 和翻转的功能，不仅功能齐全，而且输入端 J、K 不受约束，使用方便。此外，触发器状态翻转只发生在 CP 下降沿的瞬间，在 CP 其他时间，输入信号的任何变化，不会影响触发器的状态，解决了因电平触发带来的触发器“空翻”现象，提高了触发器的工作可靠性和抗干扰能力。同时，由于边沿触发的时间极短，有利于提高触发器的工作速度。

5. D 触发器

(1) 电路结构和逻辑符号

D 触发器电路结构和逻辑符号如图 5-5 所示，在同步 RS 触发器的基础上，把与非门 G_3 的输出 $\overline{S}$ 接到与非门 G_4 的 R 输入端，使 $R=\overline{S}$，从而避免了 $\overline{S}=\overline{R}=0$ 的情况。并将 S 改为 D 输入，即成为 D 触发器。

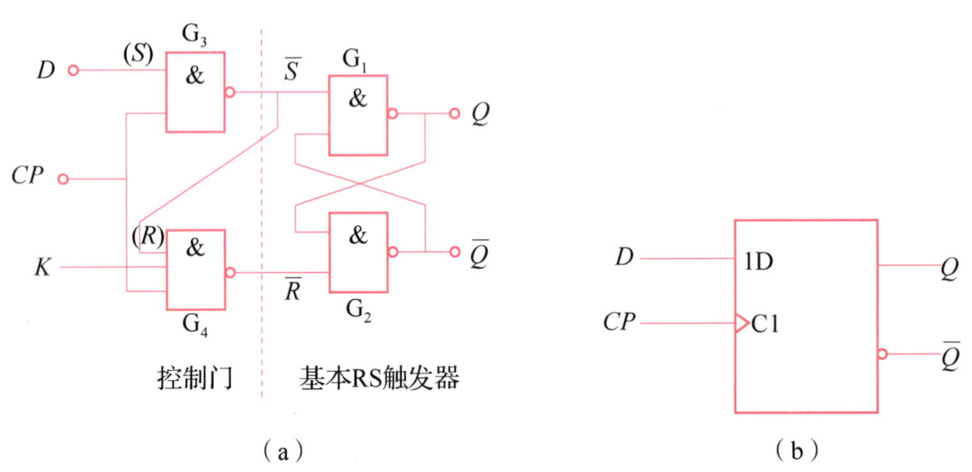

图 5-5　D 触发器电路结构和逻辑符号

(a) 逻辑电路；(b) 逻辑符号

(2) 逻辑功能

D 触发器只有一个输入端，消除了输出的不定状态。D 触发器具有置 0、置 1 的逻辑功能，其真值表如表 5-4 所示。

表 5-4　D 触发器的真值表

CP	D	Q^{n+1}	功能说明
0	×	Q^n	保持
1	0	0	置 0
1	1	1	置 1

D 触发器的逻辑功能可归纳为：$CP=0$ 时，$Q^{n+1}=Q^n$（保持）；$CP=1$ 时，$Q^{n+1}=D$，触发器的输出随 D 的变化而变化。如图 5-6 所示 D 触发器的工作波形说明了这一特点。

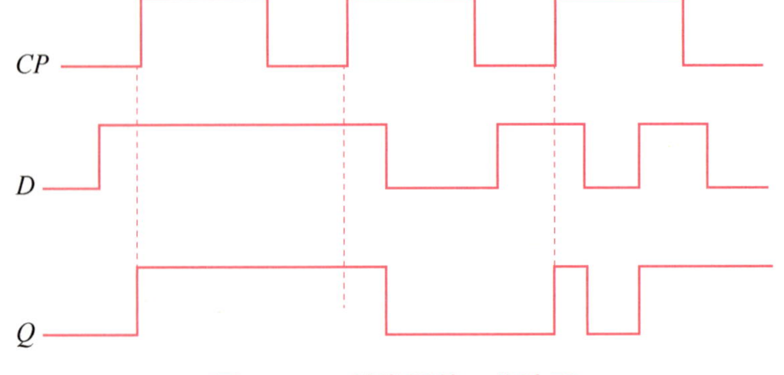

图 5-6　D 触发器的工作波形

从图中不难看出，在第 3 个

CP 脉冲作用期间，由于 D 的变化使触发器的状态变化了多次，存在着空翻现象，使 CP 脉冲失去了同步的意义。因此在实际应用中，常使用边沿 D 触发器。

6. 集成边沿 D 触发器

边沿 D 触发器常采用集成电路。集成边沿 D 触发器的规格品种很多，可查阅数字集成电路手册。

(1) 74LS74 引脚排列和逻辑符号

74LS74 实物、引脚排列和逻辑符号如图 5-7 所示。

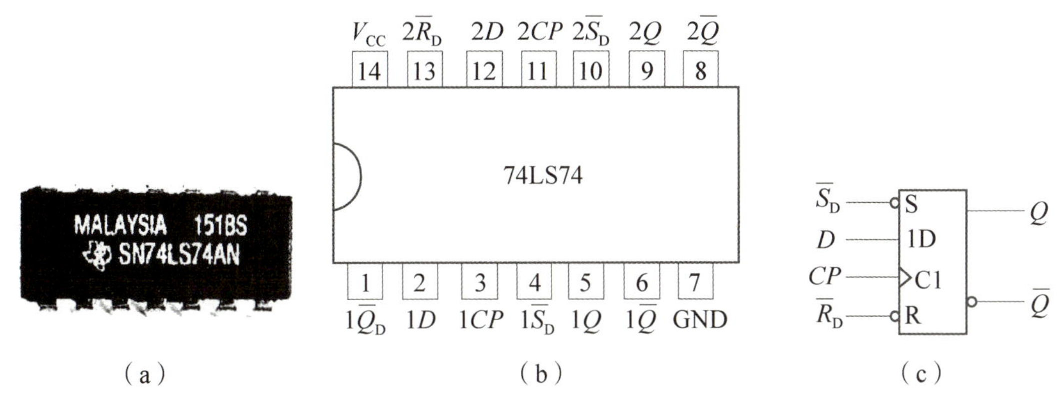

图 5-7　集成边沿 D 触发器实物、引脚排列和逻辑符号

(a) 实物图；(b) 引脚排列图；(c) 逻辑符号

74LS74 为双上升沿 D 触发器，CP 为时钟输入端；D 为数据输入端；Q、$\overline{Q}$ 为互补输出端；$\overline{R}_D$ 为直接复位端，低电平有效；$\overline{S}_D$ 为直接置位端，低电平有效；$\overline{R}_D$ 和 $\overline{S}_D$ 用来设置初始状态。

(2) 逻辑功能

D 触发器的逻辑功能见表 5-5 所示。

表 5-5　D 触发器的逻辑功能表

输入				输出	逻辑功能
$\overline{R}_D$	$\overline{S}_D$	CP	D	Q^{n+1}	
0	1	×	×	0	设置初态
1	0	×	×	1	
1	1	↑	0	0	置 0
1	1	↑	1	1	置 1

$\overline{R}_D$、$\overline{S}_D$ 常用作设置触发器的初态。集成 D 触发器的逻辑功能与前面介绍的 D 触发器基本一样，不同的是它只在 CP 上升沿时工作。

7. 触发器的触发方式及使用中应注意的问题

所谓触发器的触发方式是指触发器在控制脉冲的什么阶段(上升沿、下降沿和高或低电平期间）接收输入信号改变状态。

主从触发器是在门控脉冲的一个电平期间主触发器接收信号，另一个电平期间从触发器改变状态，故为主从触发方式。这种触发器存在的问题是主触发器接收信号期间，如果输入信号发生改变，将使触发器状态的确定复杂化，故在使用主从触发器时，尽可能别让输入信号发生改变。

边沿触发器是在门控脉冲的上升沿或下降沿接收输入信号改变状态，故为边沿触发方式。这种触发器的触发沿到来之前，输入信号要稳定地建立起来，触发沿到来之后仍需保持一定时间，也就是要注意这种触发器的建立时间和保持时间。

另外，要注意同一功能的触发器触发方式不同，即使输入相同，输出也不相同。

二、时序逻辑电路

1. 寄存器

寄存器由多个触发器和门电路组成，用于存储一组二进制信号，是数字系统中常用的器件。寄存器分为数码寄存器和移位寄存器。

（1）数码寄存器

数码寄存器具有接收、存储和清除原来数据的功能。

1）电路组成。数码寄存器电路组成如图 5-8 所示。

$\overline{CR}$为寄存器的清零端；D_0 ~ D_3 为寄存器的数据输入端；Q_0 ~ Q_3 是数据输出端。

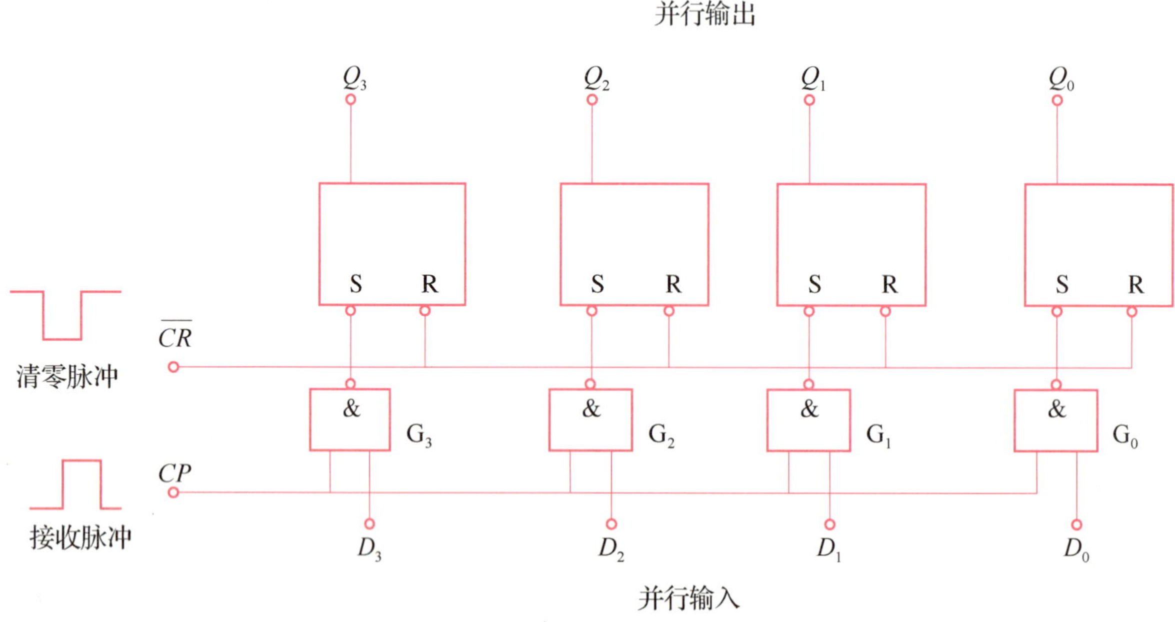

图 5-8　数码寄存器电路组成

2）工作过程。

第一步：寄存前先清零；

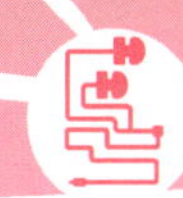

第二步：接收脉冲控制数据进行寄存，例如，$D_3D_2D_1D_0=1101$。

总结：数码寄存器的优点是存储时间短，速度快，可用作高速缓冲存储器。其缺点是一旦停电后，所存储的数码便全部丢失，因此数码寄存器通常用于暂存工作过程中的数据和信息，不能作为永久的存储器使用。

(2)移位寄存器

移位寄存器不仅能寄存数码，还具有移位功能。

1)单向移位寄存器。

①电路组成。单向移位寄存器电路如图 5-9 所示。各触发器 J、K 端均与相邻低位触发器的 Q、$\overline{Q}$ 端连接，FF_0 的 K 端串接一个非门后再与 J 端相连，作为接收外来数据的输入端。

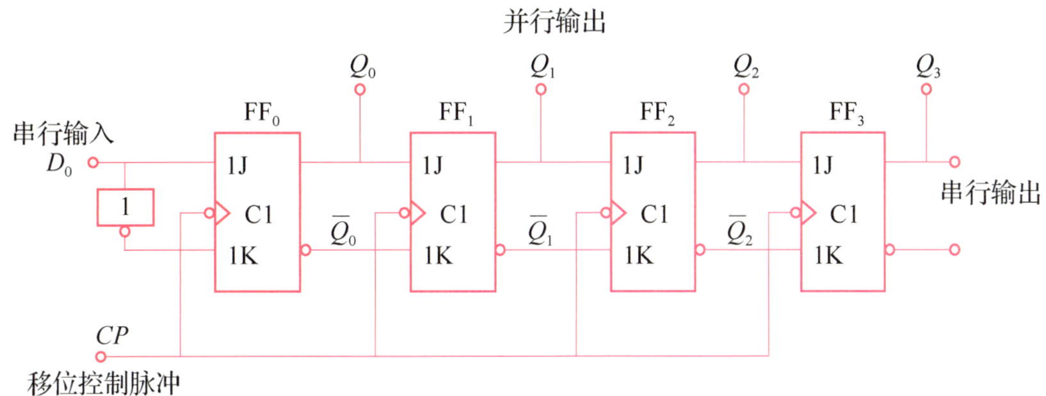

图 5-9　单向移位寄存器电路

②工作过程。单向移位寄存器右移示意图如图 5-10 所示。

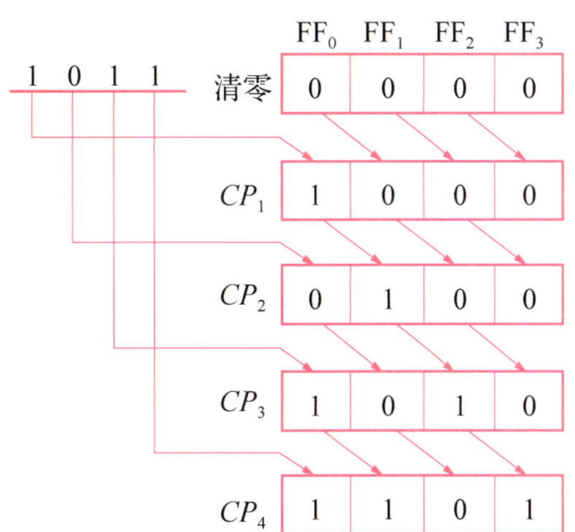

图 5-10　单向移位寄存器右移示意图

2)集成双向移位寄存器 74LS194。双向移位寄存器中的数码既可左移，也可右移。

①74LS194 实物、引脚排列及逻辑功能示意图如图 5-11 所示。

$D_0 \sim D_3$：并行数据输入端；

D_{SR}：右移串行数据输入端；

D_{SL}：左移串行数据输入端；

Q_0 ~ Q_3：寄存器并行数据输出端；

M_0、M_1：双向移位寄存器的控制端。

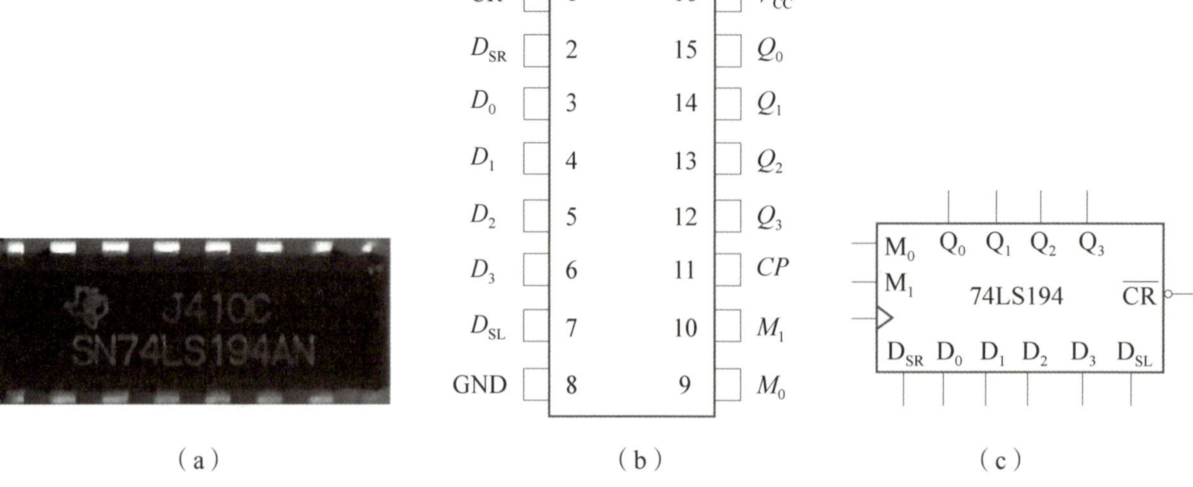

（a）　（b）　（c）

图 5-11　74LS194 实物、引脚排列及逻辑功能示意图

（a）实物图；（b）引脚排列图；（c）逻辑功能示意图

②74LS194 逻辑功能。74LS194 逻辑功能如表 5-6 所示。

表 5-6　74LS194 的逻辑功能表

控制输入				输出功能
$\overline{CR}$	M_1	M_0	CP	$Q_3Q_2Q_1Q_0$
0	×	×	×	清零
1	0	0	×	状态不变
1	0	1	↑	右移，串入并出
1	1	0	↑	左移，串入并出
1	1	1	↑	同步置数，并入并出

异步清零功能：当 $\overline{CR}=0$ 时，直接清零，寄存器各位 Q_3 ~ Q_0 均为 0，不能进行置数和移位。只有当 $\overline{CR}=1$ 时，寄存器允许工作。

右移功能：当 $M_1=0$、$M_0=1$ 时，在移位控制信号 CP 上升沿作用时，寄存器中数码依次右移一位，且将 D_{SR} 送到 Q_0。

左移功能：当 $M_1=1$、$M_0=0$ 时，在 CP 上升沿作用时，寄存器中数码依次左移一位，且将 D_{SL} 送到 Q_3。

并行置数功能：当 $M_1=M_0=1$ 时，在 CP 上升沿作用时，将数据输入端数码并行送到寄存器中，使 $Q_3Q_2Q_1Q_0 = D_3D_2D_1D_0$。

保持功能：当 $M_1 = M_0 = 0$ 时，无论有无 CP 作用，寄存器中内容不变。

2. 计数器

(1)计数器的分类

计数器是能累计输入脉冲个数的最常见的时序电路，它常用于计数、分频、定时，还用于数字仪表、程序控制、计算机等领域。其种类很多，具体划分如下：

1)按计数的进位制不同，可分为二进制、十进制和 N 进制计数器等。

2)按计数器中数值的增、减情况，可分为加法计数器、减法计数器、可逆计数器。

3)按计数器中各触发器状态转换时刻的不同，可分为同步计数器和异步计数器。

(2)二进制计数器

在计数脉冲作用下，各触发器状态的转换按二进制数的编码规律进行计数的数字电路称为二进制计数器。

1)异步二进制加法计数器。核心器件是 JK 触发器，将 JK 触发器接成计数状态 $Q^{n+1} = \overline{Q}^n$；计数脉冲加到最低位触发器 FF_0 的 CP 端，其他触发器的 CP 依次受低位触发器 Q 端的控制。由 JK 触发器构成的异步二进制加法计数器如图 5-12 所示。

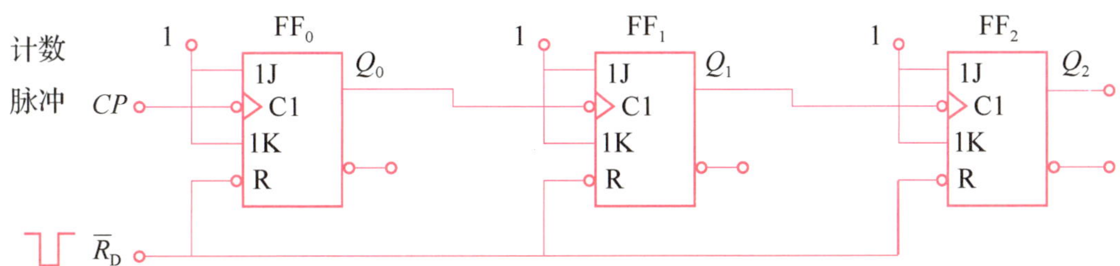

图 5-12　由 JK 触发器构成的异步二进制加法计数器

2)同步二进制加法计数器。各级触发器的 CP 端连在一起，受同一个时钟脉冲控制，各触发器状态翻转与时钟同步，故称为同步计数器。由 JK 触发器构成的同步二进制加法计数器如图 5-13 所示。

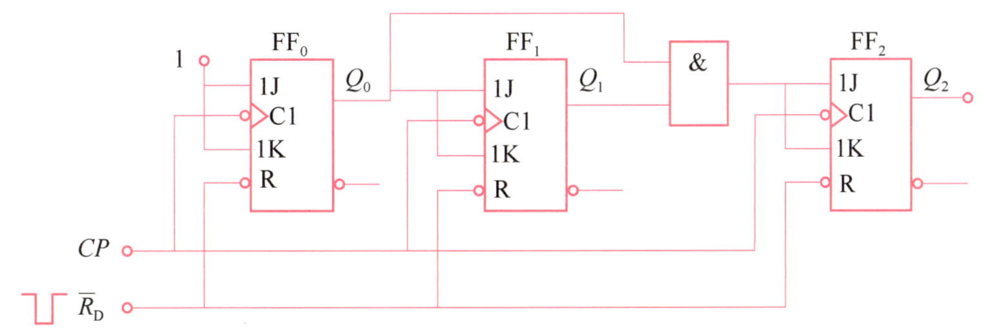

图 5-13　由 JK 触发器构成的同步二进制加法计数器

总结：比较同步 3 位二进制加法计数器和异步 3 位二进制加法计数器的工作波形(见图 5-14)，它们的逻辑状态完全相同，不同的是：异步计数器各触发器的状态更新是逐级进行的，工作速度较低，工作频率不能太高；而同步计数器各触发器的状态更新是同时的，减少了触发器之间的传输延迟时间，提高了计数器的工作速度。

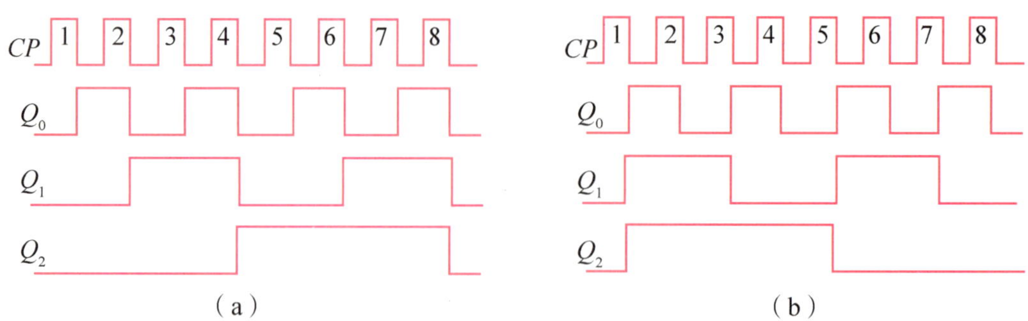

图 5-14　3 位二进制加法计数器工作波形

(a)异步；(b)同步

从异步 3 位二进制加法计数器和同步 3 位二进制加法计数器的工作波形图可以看出，Q_0、Q_1、Q_2 的周期分别是计数脉冲(CP)周期的 2 倍、4 倍、8 倍，即 Q_0、Q_1、Q_2 分别对 CP 脉冲进行了二分频、四分频、八分频。3 位二进制加法计数器，共有 $2^3=8$(000～111)种状态，每输入 8 个计数脉冲循环一次，故又称为模 8 计数器或八进制计数器。

(3)十进制计数器

十进制计数器是在计数脉冲作用下各触发器状态的转换按十进制数的编码规律进行计数的数字电路。

1)BCD 码。用二进制数码表示十进制数的方法称为二-十进制编码，即 BCD 码。

2)异步十进制加法计数器。异步十进制加法计数器电路如图 5-15 所示。该加法计数器由 4 位二进制计数器和一个用于计数器清零的门电路组成；与二进制加法数器的主要差异是跳过了二进制数码 1010～1111 这 6 个状态。

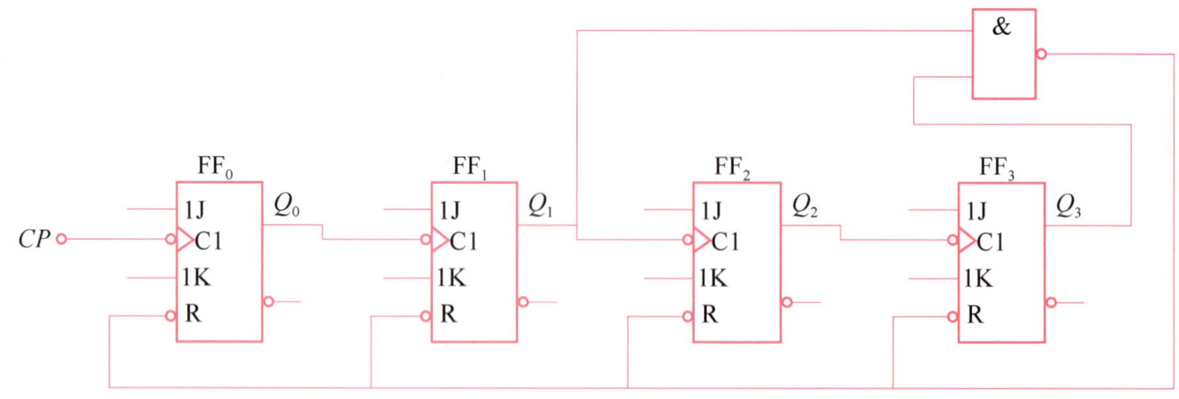

图 5-15　异步十进制加法计数器电路

3)工作过程。计数器输入 0～9 个计数脉冲时，工作过程与 4 位二进制异步计数器完全相同，第 9 个计数脉冲后 $Q_3Q_2Q_1Q_0=1001$。

当第十个计数脉冲到来后，计数器状态为 $Q_3Q_2Q_1Q_0=1010$，此时 $Q_3=Q_1=1$，与非门输入

全 1，输出为 0，使各触发器复位，即 $Q_3Q_2Q_1Q_0=0000$，同时使与非门输出又变为 1，计数器重新开始工作。从而实现 8421BCD 码十进制加法计数的功能。

(4)集成计数器 74LS161

1)逻辑符号。集成计数器 74LS161 引脚排列图及逻辑符号如图 5-16 所示。

$\overline{LD}$ 为同步置数控制端，$\overline{CR}$ 为异步置零控制端，CT_T、CT_P 为计数控制端。

$D_0 \sim D_3$ 为置数输入端，CP 为计数脉冲输入端。

$Q_0 \sim Q_3$ 为 4 位数码输出端，CO 为进位输出端。

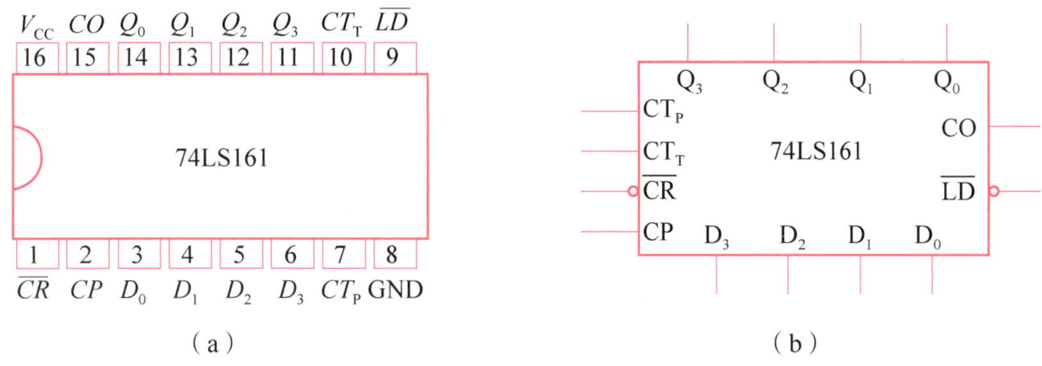

图 5-16　集成计数器 74LS161 引脚排列图及逻辑符号

(a)引脚排列图；(b)逻辑符号

2)逻辑功能。集成计数器 74LS161 功能表见表 5-7。

表 5-7　集成计数器 74LS161 功能表

输入									输出				功能
$\overline{CR}$	$\overline{LD}$	CT_P	CT_T	CP	D_3	D_2	D_1	D_0	Q_3	Q_2	Q_1	Q_0	
0	×	×	×	×	×	×	×	×	0	0	0	0	异步清零
1	0	×	×	↑	d_3	d_2	d_1	d_0	d_3	d_2	d_1	d_0	同步置数
1	1	0	×	×	×	×	×	×	保持				锁存数据
1	1	×	0	×	×	×	×	×					
1	1	1	1	↑	×	×	×	×	每来一次 CP，加 1 计数				4 位二进制加法计数

①异步清零。

②同步预置数功能。

③保持功能。

④计数功能。

总结：74LS161 在异步清零、同步置数、计数和保持几个功能中，异步清零的优先级最高，其次是置数，第三是保持，计数的级别最低。若计数过程中出现清零或置数信号，计数器将中断计数过程，迫使计数器清零或置数。74LS161 工作时从被预置的状态开始计数，直至计满到 1111 后再从 0000 开始，若要计数器从 0000 开始计数，可先清零或先预置 0000 后计数。

3) 74LS161 的应用举例。

①清零法构成十进制计数器。

74LS161 各功能端的状态：$\overline{LD}=1$（不需要置数），$CT_P=CT_T=1$（允许计数），$\overline{CR}=\overline{Q_1\cdot Q_3}$，当$\overline{CR}=1$时计数器为计数状态，当$\overline{CR}=0$时，计数器则清零。

②置数法构成十进制计数器。

74LS161 各功能端的状态：$\overline{CR}=1$（不需清零），$CT_P=CT_T=1$（允许计数），数据端 $D_3D_2D_1D_0$ 均为 0，$\overline{LD}=\overline{Q_0\cdot Q_3}$。

74LS161 清零法和置数法构成的十进制计数器电路如图 5-17 所示。

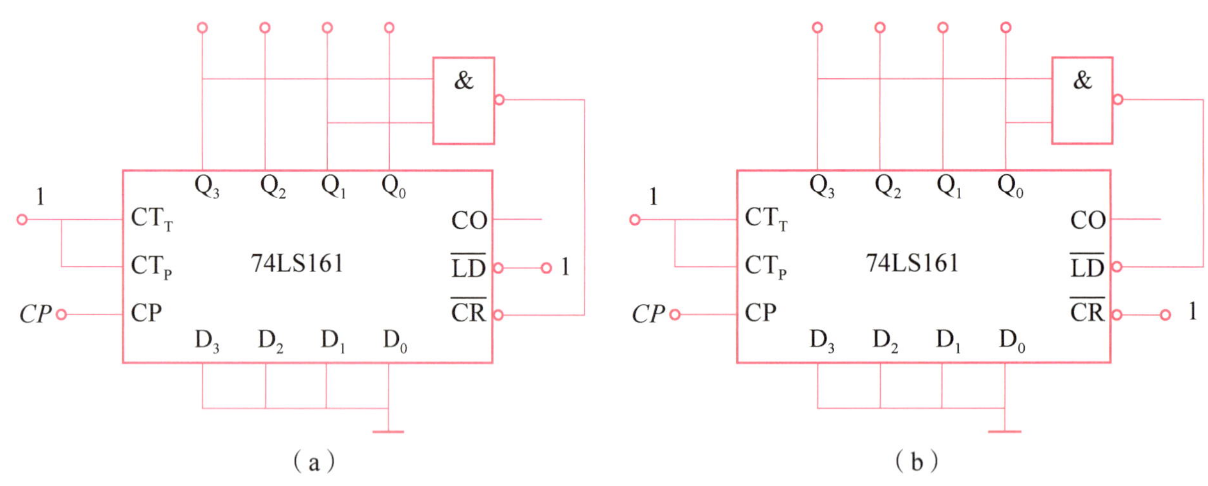

图 5-17　74LS161 清零法和置数法构成的十进制计数器电路

(a) 清零法构成十进制计数器；(b) 置数法构成十进制计数器

三、模/数和数/模转换器

1. 模/数转换和数/模转换的概念

典型数字控制系统框图如图 5-18 所示。

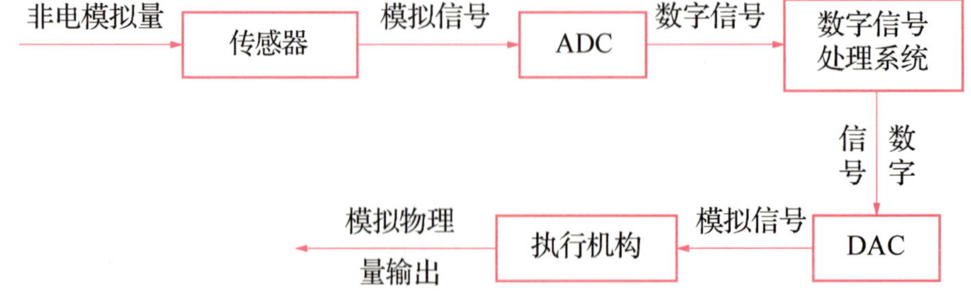

图 5-18　典型数字控制系统框图

将模拟信号转换成数字信号的电路称作模/数(A/D)转换器，简记 ADC。将数字信号转换成模拟信号的电路称作数/模(D/A)转换器，简记 DAC。

2. 数/模转换器(DAC)

(1) DAC 的组成框图

DAC 的主要作用是将数字信号转换成模拟信号(电压或电流)。DAC 的组成框图如图 5-19 所示。

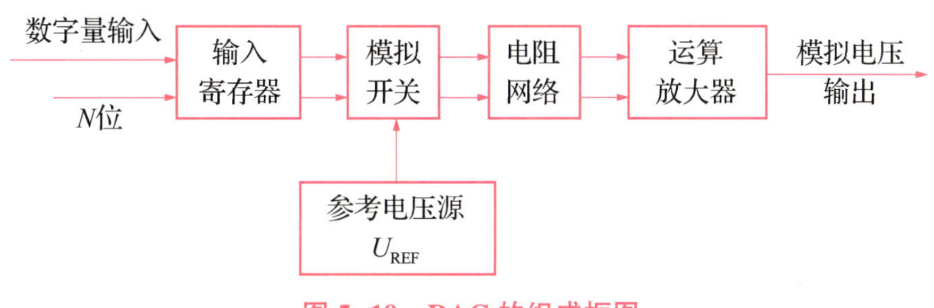

图 5-19　DAC 的组成框图

(2) 数/模转换器的性能指标

1) 分辨率。分辨率是指数/模转换器能分辨的最小输出模拟增量，取决于输入数字量的二进制位数。一个 n 位的 DAC 所能分辨的最小电压增量定义为满量程值的 2^{-n} 倍。例如：满量程为 10 V 的 8 位 DAC 分辨率为 10 V×2^{-8} = 39 mV；一个同样量程的 16 位 DAC 的分辨率高达 10 V×2^{-16} = 153 μV。

2) 转换精度。转换精度和分辨率是两个不同的概念。转换精度是指满量程时 DAC 的实际模拟输出值和理论值的接近程度。

例如：满量程时理论输出值为 10 V，实际输出值是在 9.99 ~ 10.01 V，其转换精度为 10 mV。通常，DAC 的转换精度为分辨率之半，即为 LSB/2。LSB 是分辨率，是指最低一位数字量变化引起的变化量。

3) 相对误差。即绝对误差与满量程值之比，用%表示。例如：转换精度为±10 mV，若满量程输出值为 10 V，则相对误差 10 mV/10 V = 0.1%。

4) 偏移量误差。偏移量误差是指输入数字量为零时，输出模拟量对零的偏移值。这种误差通常可以通过 DAC 的外接 U_{REF} 和电位计加以调整。

5) 线性度。线性度是指 DAC 的实际转换特性曲线和理想直线之间的最大偏差。通常，线性度不应超出 $\frac{1}{2}$LSB。

(3) 集成 DAC 及其应用

常用的集成 DAC 有 AD7520、DAC0832、DAC0808、DAC1230、MC1408、AD7524 等，这里仅对 DAC0832 做简要介绍。

DAC0832 是 8 位的数/模转换集成芯片，与微处理器完全兼容。这个 DA 芯片以其价格低廉、接口简单、转换控制容易等优点，在单片机应用系统中得到广泛应用。数/模转换器由 8 位输入锁存器、8 位 DAC 寄存器、8 位数/模转换电路及转换控制电路构成。DAC0832 的引脚及功能图如图 5-20 所示。

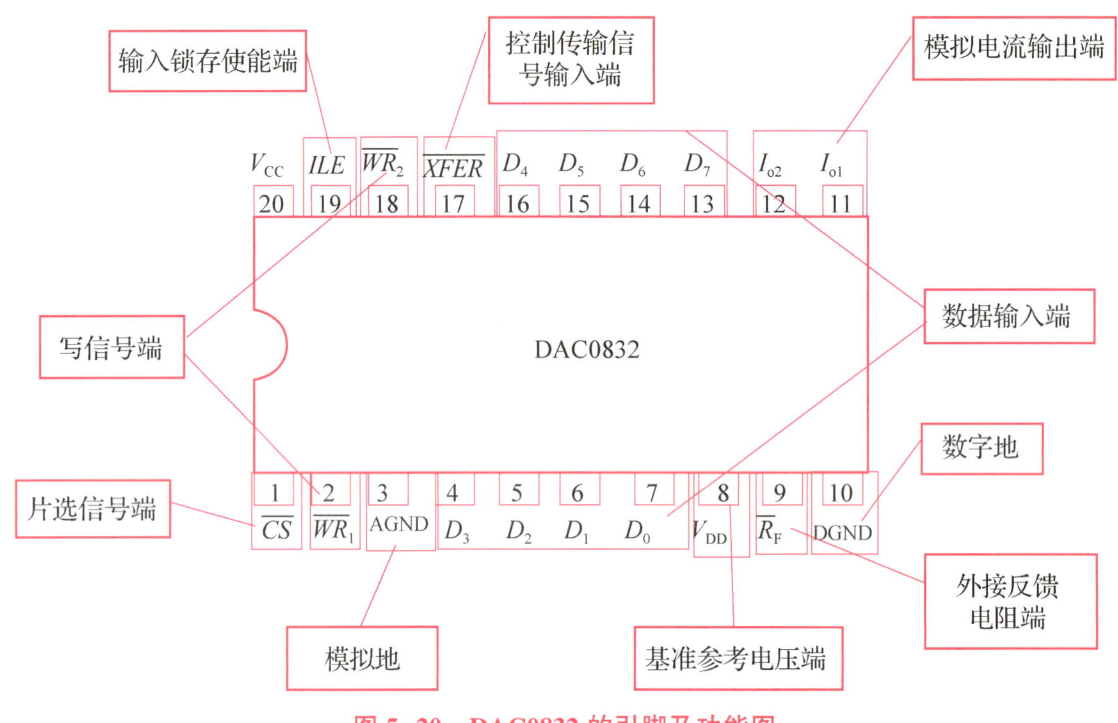

图 5-20　DAC0832 的引脚及功能图

(4) DAC0832 的工作方式

1) 直通式：ILE 接高电平，$\overline{CS}$、$\overline{WR_1}$、$\overline{WR_2}$、$\overline{XFER}$接低电平，即使两个内部寄存器都处于直通状态。模拟输出始终跟随输入变化。不能直接与数据总线连接，需外加并行接口(如 74LS373、8255 等)。因此，很少用。

2) 单缓冲式：将两个寄存器中的一个接成直通方式。CPU 只需一次写入即开始转换，控制比较简单。

3) 双缓冲式：转换要有两个步骤，即

将数据写入输入寄存器，$\overline{CS}=0$、$\overline{WR_1}=0$、$ILE=1$；

将输入寄存器的内容写入 DAC 寄存器，$\overline{WR_2}=0$、$\overline{XFER}=0$。

优点：数据接收与数/模转换可异步进行，可实现多个 DAC 同步转换输出——分时写入、同步转换。

3. 模/数转换器(ADC)

(1) ADC 的组成框图

ADC 的主要作用是将时间连续、幅值也连续的模拟信号转换为时间离散、幅值也离散的数字信号。ADC 转换的过程框图如图 5-21 所示。

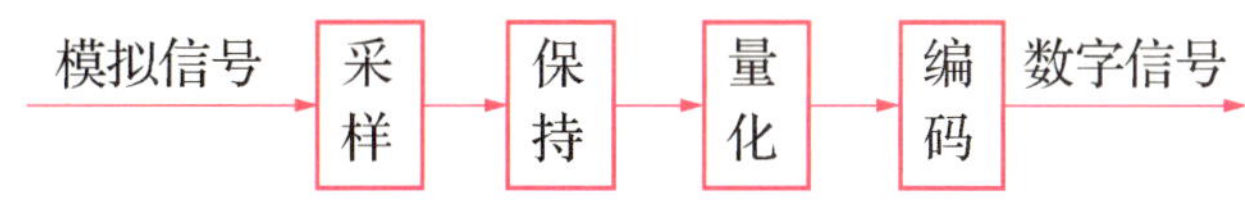

图 5-21　ADC 转换的过程框图

完成以上四个步骤的电路分为采样-保持电路和量化-编码电路两部分，如图 5-22 所示。

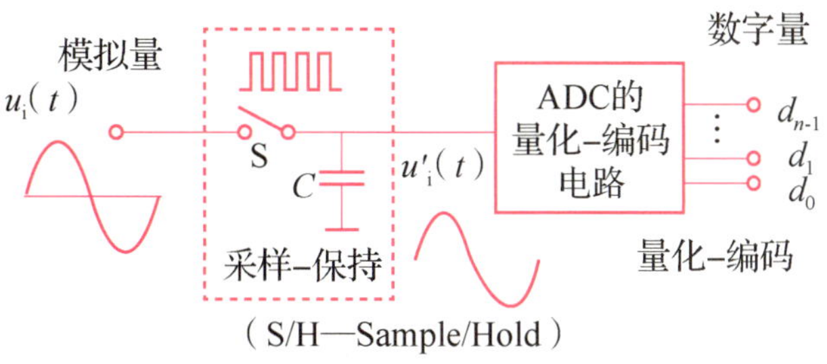

图 5-22　采样-保持电路和量化-编码电路

1) 采样-保持电路。采样-保持电路波形图如图 5-23 所示。

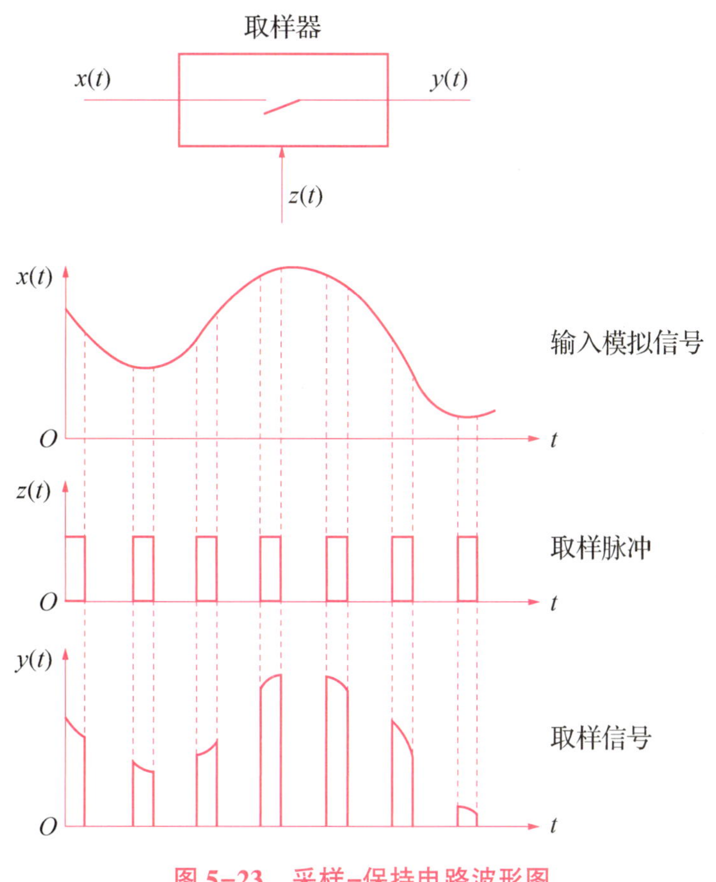

图 5-23　采样-保持电路波形图

采样：将一个时间上连续变化的模拟量转换成时间上离散的模拟量的过程称为采样。

作用：通过采样，一个时间上连续变化的模拟信号就转换成随时间断续变化的脉冲信号。

保持：保持采样信号在下一个采样脉冲到来之前不变。

采样定理：设取样脉冲 $s(t)$ 的频率为 f_s，输入模拟信号 $x(t)$ 的最高频率分量的频率为 f_{max}，那么必须满足 $f_s \geqslant 2f_{max}$，通常取 $f_s = (2.5 \sim 3)f_{max}$。

只有满足了采样定理，输出信号 $y(t)$ 才可以正确地反映输入信号，从而能不失真地恢复原模拟信号。

由于模/数转换需要一定的时间，在每次采样以后，需要把采样电压保持一段时间。采样-保持电路及输出波形如图 5-24 所示。

2)量化-编码电路。关于这部分的内容知识，请读者自行查阅相关资料。

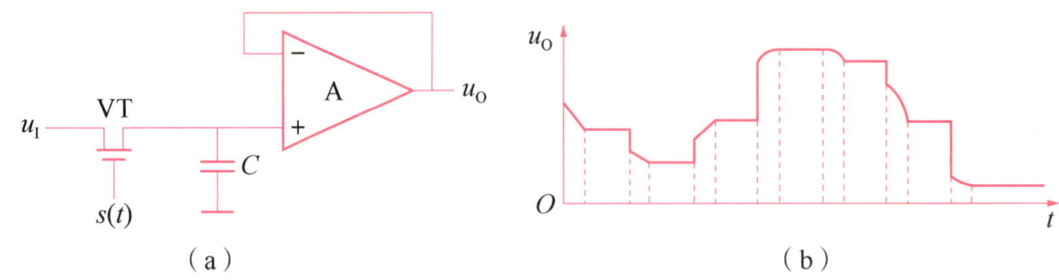

图 5-24　采样-保持电路及输出波形

(2) ADC 的主要技术参数

1)分辨率。分辨率是指 ADC 输出数字量的最低位变化一个数码时，对应输入模拟量的变化量。

通常以 ADC 输出数字量的位数表示分辨率的高低，因为位数越多，量化单位就越小，对输入信号的分辨能力也就越高。

例如，输入模拟电压满量程为 10 V，若用 8 位 ADC 转换时，其分辨率为 $10\ \text{V}/2^8=39\ \text{mV}$，10 位的 ADC 其分辨率是 9.76 mV，而 12 位的 ADC 其分辨率为 2.44 mV。

2)转换误差。转换误差表示 ADC 实际输出的数字量与理论上的输出数字量之间的差别。通常以输出误差的最大值形式给出。

转换误差也叫相对精度或相对误差。转换误差常用最低有效位的倍数表示。

例如某 ADC 的相对精度为 $\pm\frac{1}{2}$LSB，这说明理论上应输出的数字量与实际输出的数字量之间的误差不大于最低位为 1 的一半。

3)转换速度。完成一次 A/D 转换所需要的时间叫作转换时间，转换时间越短，则转换速度越快。

双积分 ADC 的转换时间在几十毫秒至几百毫秒；

逐次比较型 ADC 的转换时间大都在 10~50 μs；

并行比较型 ADC 的转换时间可达 10 ns。

(3)集成 ADC 及其应用举例

集成 ADC 规格品种繁多，常见的有 ADC0804、ADC0809、MC14433 等。这里仅对 ADC0809 做简要介绍。

ADC0809 的引脚及功能如图 5-25 所示。ADC0809 是 CMOS 工艺 8 通道、8 位逐次逼近型模/数转换器。其内部有一个 8 通道多路开关，它可以根据地址码锁存译码后的信号，只选通

8 路模拟输入信号中的一个进行模/数转换，仅在单片机初学应用设计中较为常见。ADC0809 与 ADC0808 可以相互代换。

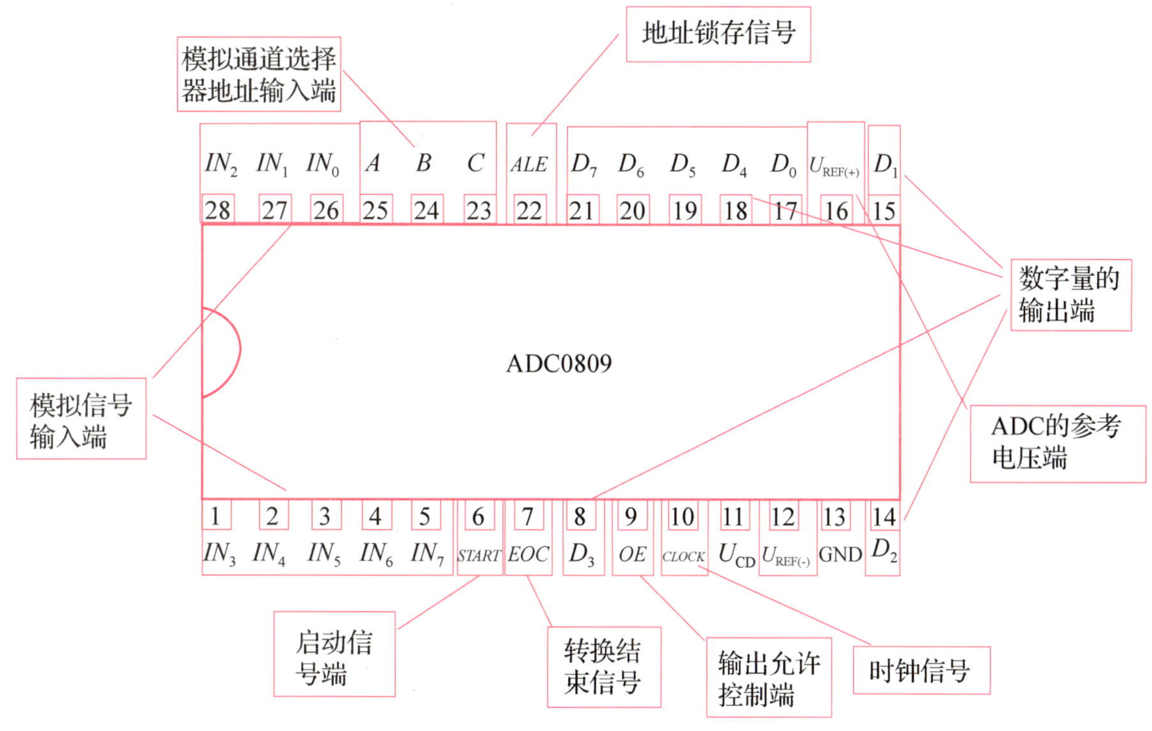

图 5-25　ADC0809 的引脚及功能

ADC0809 的工作过程：

首先输入 3 位地址，并使 $ALE=1$，将地址存入地址锁存器中。此地址经译码选通 8 路模拟输入之一到比较器。*START* 上升沿将逐次逼近寄存器复位。下降沿启动 A/D 转换，之后 *EOC* 输出信号变低，指示转换正在进行。直到 A/D 转换完成，*EOC* 变为高电平，指示 A/D 转换结束，结果数据已存入锁存器，这个信号可用作中断申请。当 *OE* 输入高电平时，输出三态门打开，转换结果的数字量输出到数据总线上。转换数据经 A/D 转换后得到的数据应及时传送给单片机进行处理。数据传送的关键问题是如何确认 A/D 转换的完成，因为只有确认完成后，才能进行传送，为此可采用以下三种方式。

1）定时传送方式。对于 ADC 来说，转换时间作为一项技术指标是已知的和固定的。例如 ADC0809 的转换时间为 128 μs，相当于 6 MHz 的 MCS-51 单片机共 64 个机器周期。可据此设计一个延时子程序，A/D 转换启动后即调用此子程序，延迟时间一到，转换肯定已经完成了，接着就可进行数据传送。

2）查询方式。A/D 转换芯片有表明转换完成的状态信号，例如 ADC0809 的 *EOC* 端。因此可以用查询方式，测试 *EOC* 的状态，即可确认转换是否完成，并接着进行数据传送。

3）中断方式。把表明转换完成的状态信号（*EOC*）作为中断请求信号，以中断方式进行数据传送。

不管使用上述哪种方式，只要一旦确定转换完成，即可通过指令进行数据传送。首先送出口地址并以信号有效时，*OE* 信号即有效，把转换数据送上数据总线，供单片机接收。

理论知识归纳

1) 根据逻辑功能的不同，触发器可分为 RS 触发器、JK 触发器、D 触发器，目前应用最广泛的是 JK 触发器。

2) 时序逻辑电路具有任意时刻电路的输出状态不仅取决于该时刻的输入状态，还与前一时刻的状态有关的特点。

3) 寄存器是计算机电路的重要部件。可以采用并行输入、并行输出的方式接收、存储和输出数码。

4) 计数器是能够累计输入脉冲数量的数字电路。它除用作计数外，还可以用于定时、分频。二进制计数器是构成各种计数器的基础。

实训操作

任务导入

随着校企合作的不断推进，现受中联国际电子有限公司委托，需加工 40 套篮球计时器，并与企业签订产品委托加工合同。根据厂家要求，我们必须在 3 天之内完成所有套件的安装、调试工作，性能指标如下：篮球计时器采用的是 24 秒制并且要有递减计时及报警功能，产品的出厂合格率达到 98%以上，并保证该产品保修期为 6 个月。

任务准备

一、参考原理图

篮球计时器参考原理图如图 5-26 所示。篮球计时器主要功能包括：进攻方 24 秒倒计时和计时结束警报提示。

进攻方 24 秒倒计时：当比赛准备开始时，屏幕上显示 24 秒字样，当比赛开始后，倒计时从 24 逐秒倒数到 00。这一模块主要利用双向计数器 74LS192 来实现。

警报提示：当计数器计时到零时，从而触发发光二极管和蜂鸣器，产生亮光和警报声，达到光电报警的目的。这部分电路主要通过移位寄存器和一些门电路来实现。

此计时器采用模块化结构，主要由三个模块组成，即计时模块、控制模块以及译码显示模块。此电路是以时钟产生、触发、倒计时计数、译码显示、报警为主要功能，在此结构的基础上，构造主体电路和辅助电路两个部分。

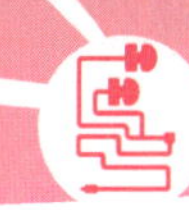

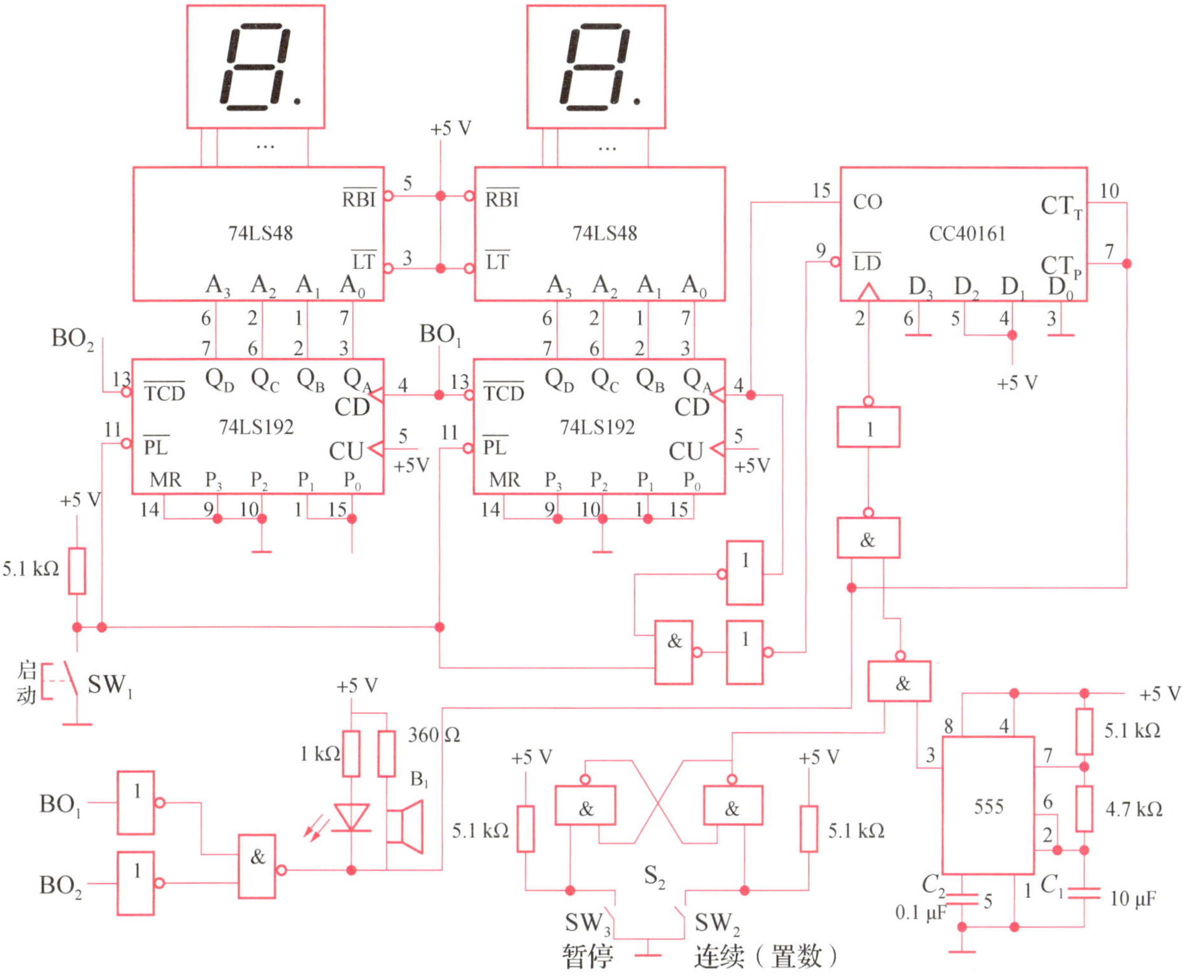

图 5-26　篮球计时器参考原理图

篮球计时器的总体框图如图 5-27 所示。它包括秒脉冲发生器、计数器、译码显示电路、报警电路和辅助时序控制电路（简称控制电路）等五个模块组成。其中计数器和控制电路是系统的主要模块。计数器完成 24 秒计时功能，而控制电路完成计数器的直接清零、启动计数、暂停/连续计数、译码显示电路的显示与灭灯、定时时间到报警等功能。

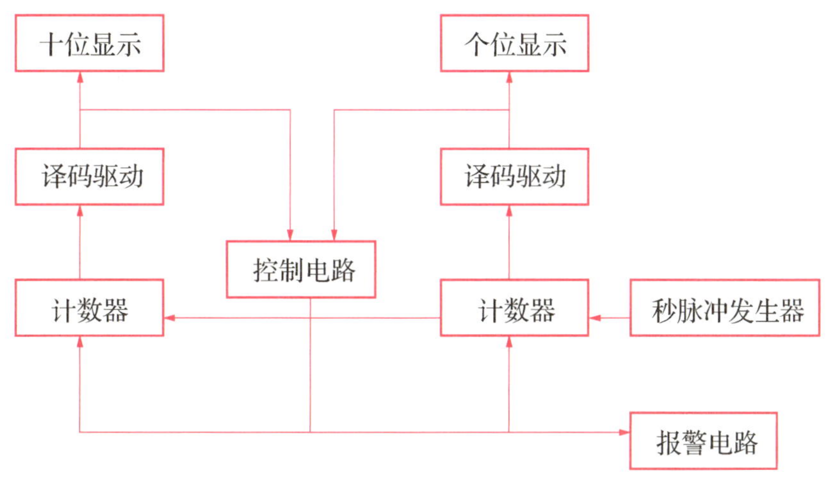

图 5-27　篮球计时器的总体框图

秒脉冲发生器采用555集成电路或由TTL与非门组成的多谐振荡器构成。

译码显示电路由74LS48和共阴极七段LED显示器组成。

报警电路在电路中可用发光二极管代替。

主体电路：24秒倒计时芯片的置数端、清零端共用一个开关，比赛开始后，24秒的置数端无效，24秒的倒数计时器开始进行倒计时，逐秒倒计到零。选取“00”这个状态，通过组合逻辑电路给出截断信号，让该信号与时钟脉冲在与门中将时钟截断，使计时器在计数到零时停住。

二、工作原理

1. 进制计数器的设计

计数器选用集成电路74LS192进行设计较为简便，74LS192是十进制可编程同步加法计数器，它采用8421码十进制编码，并具有直接清零、置数、加减计数功能。

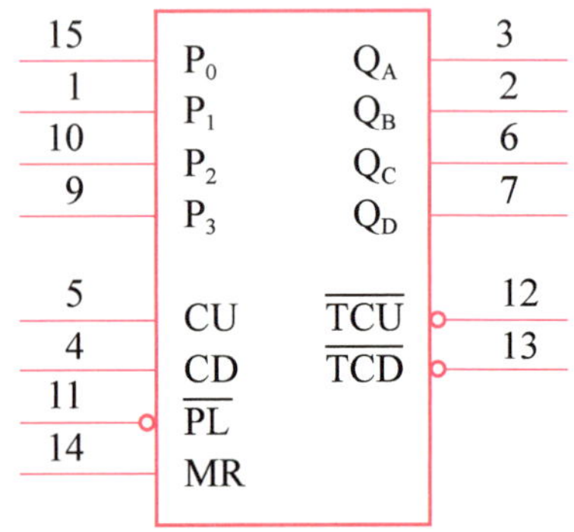

图5-28　74LS192的引脚排列

图5-28是74LS192引脚排列，图中CU、CD分别是加计数、减计数的时钟脉冲输入端(上升沿有效)。

$\overline{PL}$是异步并行置数控制端(低电平有效)，$\overline{TCU}$和$\overline{TCD}$是进位、借位输出端(低电平有效)，MR是异步清零端，P_3~P_0是并行数据输入端，Q_D~Q_A是输出端。

74LS192的功能表如表5-8所示。

表5-8　74LS192的功能表

输入								输出			
MR	$\overline{PL}$	CU	CD	P_0	P_1	P_2	P_3	Q_A	Q_B	Q_C	Q_D
1	×	×	×	×	×	×	×	0	0	0	0
0	0	×	×	a	b	c	d	a	b	c	d
0	1	↑	1	×	×	×	×	加计数			
0	1	1	↓	×	×	×	×	减计数			

当$\overline{PL}=1$，$MR=0$时，若时钟脉冲加到CU端，且$CD=1$时则计数器在预置数的基础上完成加计数功能，当加计数到9时，$\overline{TCU}$端发出进位下跳变脉冲；若时钟脉冲加到CD端，且$CU=1$时，则计数器在预置数的基础上完成减计数功能，当减计数到0时，$\overline{TCD}$端发出借位下跳变脉冲。

由74LS192构成的二十四进制递减计数器如图5-29所示。

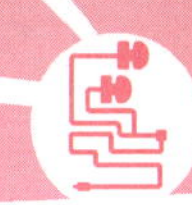

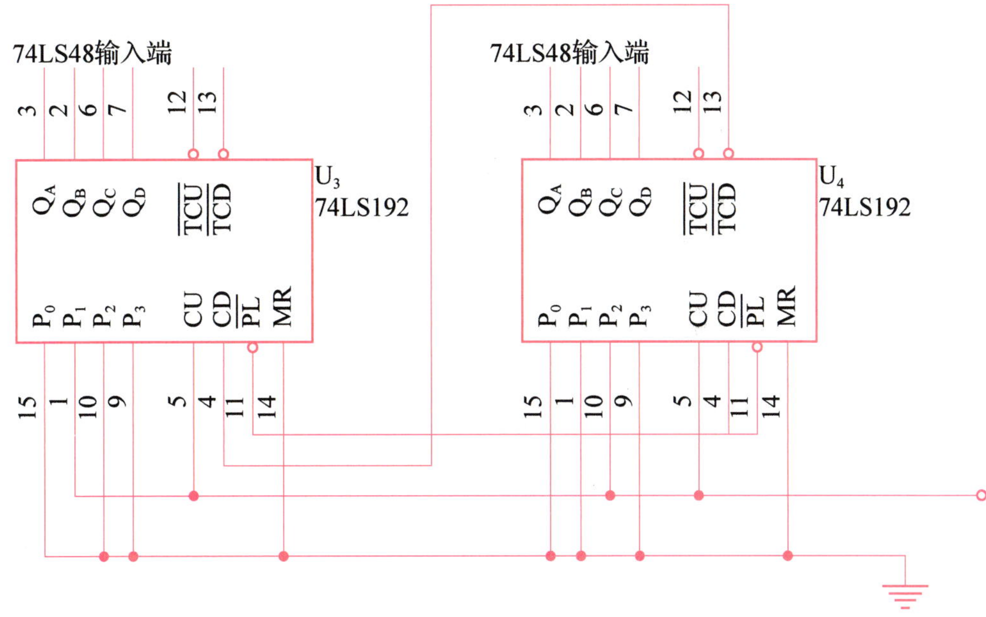

图 5-29　由 74LS192 构成的二十四进制递减计数器

其预置数为 $N=(00100100)_2=(24)_{10}$。在 CD 端的输入时钟脉冲作用下，开始递减。只有当低位 $\overline{TCD}$端发出借位脉冲时，高位计数器才做减计数。当高、低位计数器处于全零时，完成一个计数周期，然后手动置数 $\overline{PL}=0$，计数器完成置数，再次进入下一循环减计数。

2. 数码显示电路

本电路采用 74LS48 译码器来驱动共阴极数码显示管。74LS48 芯片是一种常用的七段数码管驱动器，常用在各种数字电路和系统的显示系统中。74LS48 和共阴极七段 LED 显示器的连接如图 5-30 所示。这样连接 74LS48 可直接驱动共阴极 LED 数码管而不需像 CC4511 外接限流电阻。

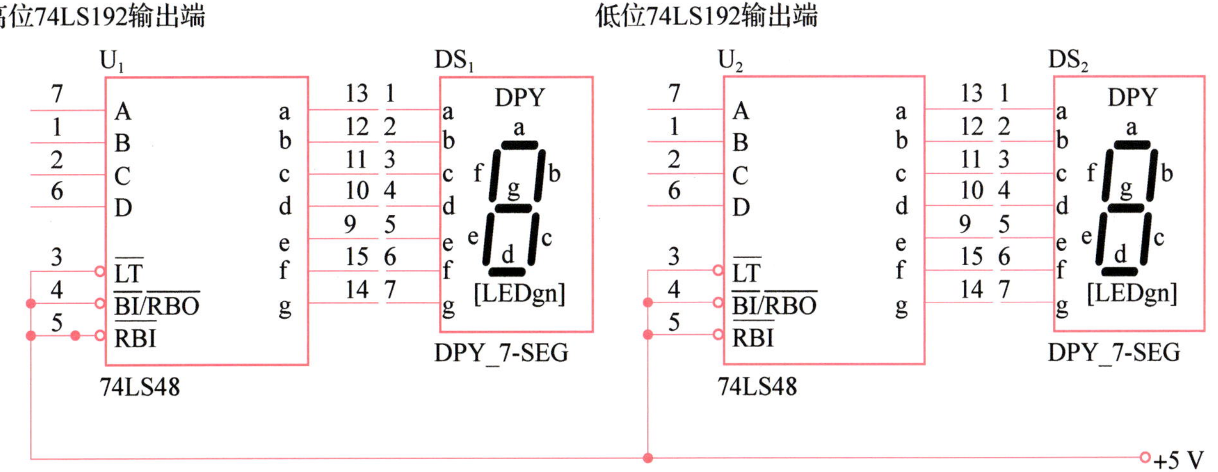

图 5-30　74LS48 和共阴极七段 LED 显示器构成的显示电路

74LS48 输入信号为 BCD 码，输出端为 a、b、c、d、e、f、g 共 7 线，另有 3 条控制线。

$\overline{LT}$为测试端，低电平有效，当$\overline{LT}=0$时，无论输入端 A、B、C、D 为何值，$a\sim g$ 输出全为高电平，使七段显示器件显示“8”字形，此功能用于测试器件。$\overline{RBI}$为灭零输入端，低电平有效。在$\overline{LT}=1$，$\overline{RBI}=0$，且译码输入为 0 时，该位输出不显示，即“0”字被熄灭。但当译码输入不全为 0 时，仍能正常译码输出，使显示器正常显示。$\overline{BI}/\overline{RBI}$是一个特殊的端口，有时作用于输入，有时作用于输出，在这里不做具体介绍。74LS48 功能表见表 5-9。

表 5-9　74LS48 的功能表

输入				输出		字形
数字	$\overline{LT}$	$\overline{RBI}$	A B C D	$\overline{BI}/\overline{RBO}$	a b c d e f g	
0	1	1	0 0 0 0	1	1 1 1 1 1 1 0	0
1	1	×	1 0 0 0	1	1 1 0 0 0 0 0	1
2	1	×	0 1 0 0	1	1 1 0 1 1 0 1	2
3	1	×	1 1 0 0	1	1 1 1 1 0 0 1	3
4	1	×	0 0 1 0	1	0 1 1 0 0 1 1	4
5	1	×	1 0 1 0	1	1 0 1 1 0 1 1	5
6	1	×	0 1 1 0	1	1 0 1 1 1 1 1	6
7	1	×	1 1 1 0	1	1 1 1 0 0 0 0	7
8	1	×	0 0 0 1	1	1 1 1 1 1 1 1	8
9	1	×	1 0 0 1	1	1 1 1 1 0 1 1	9
消隐	×	×	× × × ×	0	0 0 0 0 0 0 0	0
脉冲消隐	1	0	0 0 0 0	0	0 0 0 0 0 0 0	0
灯测试	0	×	× × × ×	1	1 1 1 1 1 1 1	8

七段数码显示管的引脚图如图 5-31 所示，在使用时要注意是共阳极还是共阴极，其中 3 脚和 8 脚相连为公共端，因为此次设计是使用的共阴极数码管，所以在电路中接地，6 脚为小数点引脚，在设计中没要求，不需要对其处理。

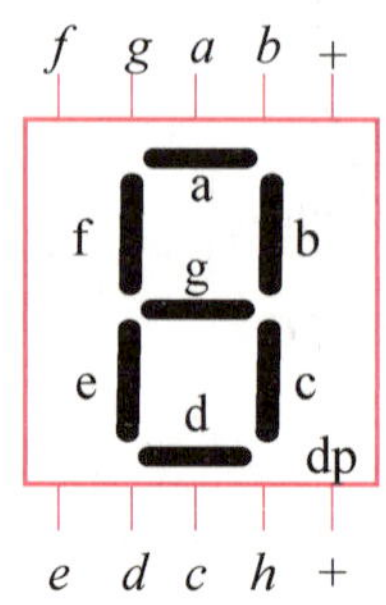

图 5-31　七段数码显示管的引脚图

3. 秒脉冲

本电路需要产生间隔为 1 s 的时间脉冲，完成正确的计数功能。所以选择 NE555 定时器来设计此电路，从而产生标准的秒脉冲。

用 555 集成电路组成多谐振荡电路为系统提供脉冲，如图 5-32 所示。

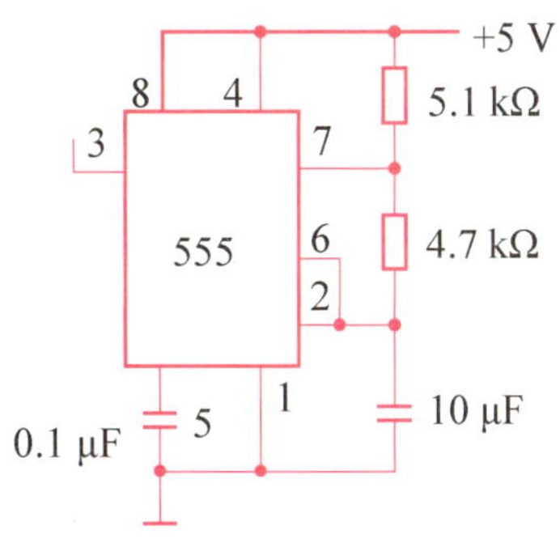

图 5-32　555 多谐振荡电路

4. 控制开关电路

在本次设计中需实现计数器的暂停、复位和启动控制，为了简单，我们只需用一个开关来控制启动和复位功能。启动复位开关和 74LS192 的 11 脚相连即可。在这里，主要介绍暂停/连续开关的设计，因为 555 产生秒脉冲全靠给 C_1 充放电产生，所以只需中断 C_1 的充放电即可，所以在 C_1 的另一端用一个开关控制接地，这就形成了暂停/连续开关。

5. 报警电路

根据设计要求，要产生光电报警，我们采用 2 个非门和 1 个与非门组成一个选择电路，一个发光二极管产生光亮，一个蜂鸣器发出报警，如图 5-33 所示。

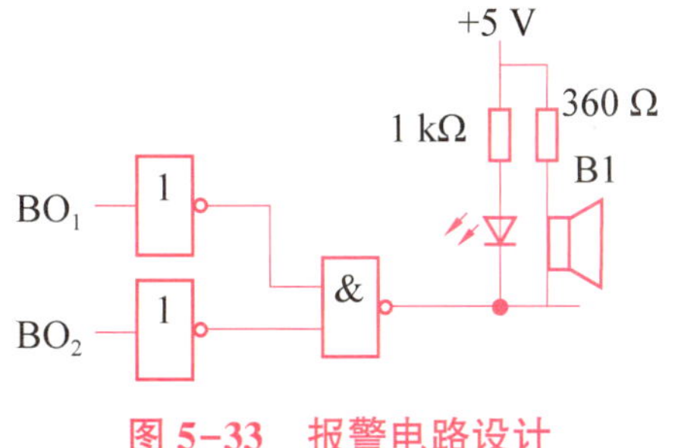

图 5-33　报警电路设计

6. 整机工作原理

篮球 24 秒计时器主要是由秒脉冲发生器、计数器、译码显示电路、控制电路和报警电路组成的。控制电路直接控制计数器启动计数、暂停/连续计数、译码显示电路的显示等功能。由图 5-26 可见，图中有 SW_2 和 SW_3 两个开关，SW_2 为置数，SW_3 为暂停。若 SW_2 闭合，74LS192 被置数，显示电路出现数字 24。完成置数后断开 SW_2，启动计时。若此时秒脉冲电路的 SW_3 为断开，则产生连续秒脉冲信号输入到计数器，数码管上的数字就会自动减 1，闭合 SW_3，秒脉冲暂停，计数递减暂停，断开 SW_3 又恢复计数递减，这就实现了暂停/连续功能。

在计数递减的同时，74LS192 的 8 个输出端也随之产生高低电平变化来控制报警电路 5 个或门的高低电平的变化。在图 5-33 中，非门的输入分别与高位和低位 74LS192 的输出端相连，当两个非门输出端全部为低电平时，与非门的输出端才为低电平，从而触发发光二极管和蜂鸣器，产生亮光和警报声，达到光电报警的目的。

任务实施

1. 操作前的准备工作

对照原理图及元器件清单，检测各元器件的好坏。篮球 24 秒计时器元器件清单见表 5-10。

表 5-10　篮球 24 秒计时器元器件清单

元器件名称	规格	数量	元件质量情况	备注
译码器	74LS48	2		
计时器	74LS192	2		
计数器	CC40161	1		
定时器	NE555	1		
电容 C_1	10 μF	1		
电容 C_2	0. 1 μF	1		
电阻	5. 1 kΩ	4		
电阻	1 kΩ	1		
电阻	360 Ω	1		
电阻	4. 7 kΩ	1		
非门	74LS04	5		
扬声器	8 Ω	1		
与非门	74LS00	5		
发光二极管	LED-RED	1		
开关 SW_1、SW_2、SW_3		3		
七段数码管	共阴	2		

把被焊件、锡丝和电烙铁准备好(包括元件表面氧化层的处理、元件脚的弯制、上锡等处理)，处于随时可焊的状态。

2. 检测元件

按照 PCB 板的规格，设定好各集成芯片的排放位置，测试各芯片引脚座是否与面板接触良好。效果如图 5-34 所示。

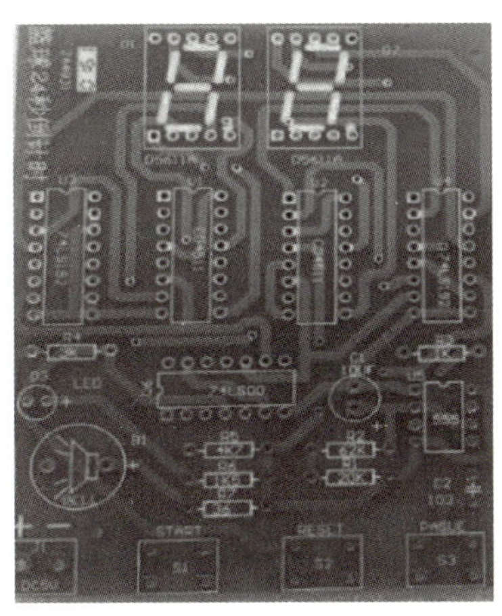

图 5-34　篮球计时器 PCB 板

3. 元器件整形及安装要求

电子元器件通常采用立式或者卧式的安装方式，对于不同的电子元器件，根据其通过电流和安装方式的不同，同类元器件要保持高度一致。各元器件的符号标志应向上(卧式)或向外(立式)，以便于检查。具体安装尺寸要求参考表 5-11。

表 5-11　具体安装尺寸要求

元件大类型	元件小类型及规格描述	元件本体抬高于 PCB 板尺寸或其他要求	安装是否符合要求
电阻	额定功率<1 W 的普通电阻	平贴于 PCB 板面 1~6 mm	
	额定功率≥1 W 的普通电阻	抬高于 PCB 板面 1~6 mm	
	水泥电阻	抬高于 PCB 板面 2.5~3.5 mm	
	压敏电阻、热敏电阻等外形类似瓷介电容的电阻元件	有安全距离，要求从距离引脚处 1~2 mm 处开始整形	
电容	独石电容、瓷介电容、金膜电容、钽电容、铝电解电容等	平贴于 PCB 板，插装到底(卧式除外)	

续表

元件大类型	元件小类型及规格描述	元件本体抬高于 PCB 板尺寸或其他要求	安装是否符合要求
二极管	额定功率<1 W 的稳压二极管(卧式成型)	抬高于 PCB 板面 1~2 mm	
	额定电流<1 A 的其他各种二极管(卧式成型)	抬高于 PCB 板面 1~2 mm	
	额定功率≥1 W 的稳压二极管	抬高于 PCB 板面 1~4 mm	
	额定电流>1 A 的其他各种二极管	抬高于 PCB 板面 1~4 mm	
	额定功率<1 W 的稳压二极管(立式成型)	抬高于 PCB 板面 1~4 mm	
	额定电流<1 A 的其他各种二极管(立式成型)	抬高于 PCB 板面 1~4 mm	
	LED 长度为 5 mm 的圆体封装	抬高于 PCB 板面 9~10 mm	
数码管	七段数码显示管(共阴极)	抬高于 PCB 板面 1~2 mm	
集成芯片	计数器、译码器、振荡器	使芯片、底座与 PCB 三者的缺口都对应，不能插错	

4. 元件插接间距

元件的插接间距如表 5-12 所示。

表 5-12 插接要求

序号	项目说明	要求标准	是否符合要求	备注
1	插装的顺序	先低后高、先小后大、先轻后重、先里后外		
2	元件标识	标记和色码部分朝上		
3	元件间距	元件之间间距不小于 1 mm		
		轴式元件水平安装时，本体底部与印制板间的最大距离为 3 mm		
		轴式元件水平安装时，功率大于 1 W 的，至少距离为 1.5 mm		
		轴式元件垂直安装时，元件底面与印制板的高度在 0.4~3.0 mm		
		径向元件垂直安装时，元件底面与印制板的高度在 0.3~2.0 mm		
		引线间距大于 2 mm		

续表

序号	项目说明	要求标准	是否符合要求	备注
4	插接方向	元件极性方向与印制板印制方向相同		
5	元件引脚成型加工	引脚弯曲位置离元件本体的长度至少在一个引脚的直径(厚度)，且不能少于 0.8 mm		
6	引脚	引脚应过板，露出印制板的最小长度为 1 mm		
7	大型元件	一定要用金属固定件或塑料固定架加以固定		

5. 功能调试

(1)通电前检查

通电前对照电路原理图和装配图，用放大镜查看焊点，检查是否有错焊、漏焊、虚焊以及短路的情况发生，有没有连焊，焊点是否有拉尖现象，焊盘有没有脱落，焊点有没有裂纹，焊点外形润湿是否良好，焊点表面是不是光亮、圆润，焊点周围是无有残留的焊剂，焊接部位有无热损伤和机械损伤现象；检查按键是否平整。将焊接检查情况记录于表 5-13 中。

表 5-13　自检情况记录表

自检项目	自检结果	出现问题的原因和解决办法
按照线路图安装元件		
焊点的质量		
元件的整体美观度		
其他问题		

(2)通电检查

分别对各模块，包括计时模块、控制模块、译码显示模块及报警模块进行通电检查。当检测出问题后分析其原因，是元器件本身原因还是接线错误，更换元器件或重新正确接线，保证电路的正确运行。最后整体综合连接，测试整体性能。如发现异常现象，立即切断电源，然后查找故障原因并记录于表 5-14 中。

表 5-14　情况记录表

所遇问题	出现的原因	解决方法

（3）常见故障分析

1）计数过程中出现乱码。原因就是 74LS192 芯片的 *CP* 端出现接触不良，也就是导线扰动；解决的方法就是断掉电源重新加载。

2）计数周期多于 1 s。原因是 555 定时器设置的参数不正确；解决方法就是重新设置好电阻 *R*、电容 *C* 的参数。另外，周期不准确也可能是外加电压大于 5 V，工作时间久了电容、电阻发热造成。

3）24 到 00 后接着计数到 99。原因是清零端没接上反馈；解决的方法就是加一个反馈清零端或者加一个开关来控制，这里用了后一种方法。

任务评价

以小组为单位，选择演示文稿、展板、海报、录像等形式中的一种或几种，向全班展示汇报学习成果。完成综合评价表 5-15。

表 5-15　综合评价表

评价项目	评价内容	评价标准：A 为 90 分，B 为 75 分，C 为 60 分，D 为 30 分	评价方式		
			自我评价	小组评价	教师评价
职业素养	安全意识责任意识	A 作风严谨、自觉遵章守纪、出色地完成工作任务			
		B 能够遵守规章制度，较好地完成工作任务			
		C 遵守规章制度，未完成工作任务，或完成工作任务但忽视规章制度			
		D 不遵守规章制度，未完成工作任务			
	学习态度	A 积极参与教学活动，全勤			
		B 缺勤达本任务总学时的 10%			
		C 缺勤达本任务总学时的 20%			
		D 缺勤达本任务总学时的 30%			
	团队合作意识	A 与同学协作融洽、团队合作意识强			
		B 与同学沟通、协作能力较强			
		C 与同学沟通、协作能力一般			
		D 与同学沟通、协作能力较差			

续表

评价项目	评价内容	评价标准： A 为 90 分，B 为 75 分，C 为 60 分，D 为 30 分	评价方式		
			自我评价	小组评价	教师评价
专业能力	学习活动 1	A 熟练、有条理地完成知识的自主学习，正确回答工作页中的相关问题，工作计划制订合理			
		B 较顺利地完成知识的自主学习，正确回答工作页中的相关问题，工作计划制订合理			
		C 自主学习能力一般，或工作页中内容遗漏、错误较多，或工作计划制订存在较多问题			
		D 未能完成知识的自主学习，或未完成工作页中的相关内容			
	学习活动 2	A 学习活动评价成绩为 90~100 分			
		B 学习活动评价成绩为 75~89 分			
		C 学习活动评价成绩为 60~74 分			
		D 学习活动评价成绩为 0~59 分			
创新能力		学习过程中提出了具有创新性、可行性的建议			
班级			学号		
姓名			综合评价等级		
指导教师			日期		

模块六

电梯的安装与调试

学习目标

知识目标

1) 掌握555电路的结构和原理。

2) 掌握数值比较器的基本原理和分析计算。

3) 掌握555典型电路的分析和计算。

技能目标

1) 能正确使用仪表判别555电路的好坏。

2) 能够完成定时器电路、数据比较电路的搭建、调试和数据分析。

3) 能够利用仿真软件对电路进行仿真设计。

素养目标

1) 培养学生严谨、细致的工作态度。

2) 培养学生团队协作、技术改造的创新创业能力。

3) 培养学生语言组织、沟通等职业素养能力。

理论知识

一、555定时器

1. 555定时器的分类

555定时器是一种多用途的数字和模拟混合集成的中规模电路，利用它能极方便地构成施密特触发器、单稳态触发器和多谐振荡器。由于使用灵活、方便，所以555定时器在波形的产生与交换、测量与控制、家用电器、电子玩具等许多领域中都得到了广泛应用。

定时器根据内部器件类型可分为双极型(TTL 型)定时器和单极型(CMOS 型)定时器，型号为 555(单)和 556(双)。它们的结构及工作原理基本相同，没有本质的区别。一般来说，双极型定时器的驱动能力较强一些，电源电压范围小一些，最大负载电流可达 200 mA。CMOS 定时器的电源电压范围为 3~18 V，最大负载电流在 4 mA 以下，具有功耗低、输入阻抗高等优点。尽管产品型号繁多，但是所有双极型产品型号最后的 3 位数码都是 555，所有 CMOS 产品型号最后的 4 位数码都是 7555。而且，它们的功能和外部引脚排列完全相同。

2. 555 定时器的结构和原理

图 6-1 所示是 555 定时器的内部电路和逻辑符号。它主要由两个高精度电压比较器 C_1、C_2，一个基本 RS 触发器，一个放电三极管 VT 和三个 5 kΩ 电阻构成。

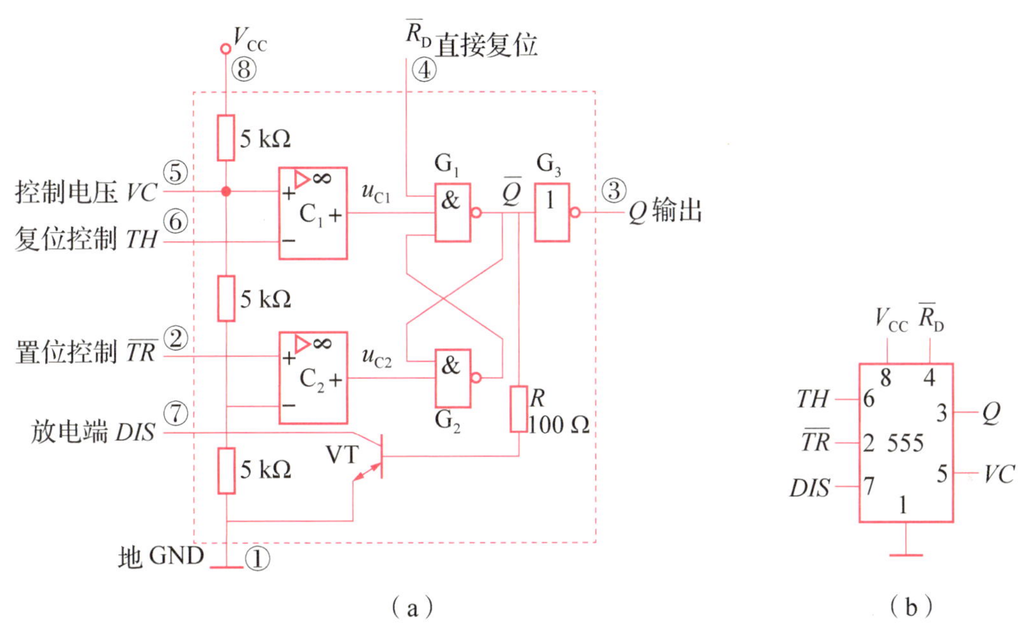

图 6-1　555 定时器的内部电路和逻辑符号

(a)内部电路；(b)逻辑符号

555 定时器的引脚功能如下：

1 脚：外接电源负极 V_{SS}或接地，一般情况下接地。

2 脚：$\overline{TR}$低电平触发端。

3 脚：输出端 Q。

4 脚：$\overline{R}_D$ 复位端。当$\overline{R}_D$ 接低电平时，则时基电路不工作，此时不论$\overline{TR}$、TH 处于何电平，时基电路输出为“0”，该端不用时应接高电平。

5 脚：VC 为控制电压端。若此端外接电压，则可改变内部两个比较器的基准电压，当该端不用时，应将该端串入一只 0.01 μF 电容接地，以防引入干扰。

6 脚：TH 高电平触发端。

7 脚：放电端。该端与放电管集电极相连，用作定时器时电容的放电。

8 脚：外接电源 V_{CC}，双极型时基电路 V_{CC} 的范围是 4.5~6 V，CMOS 型时基电路 V_{CC} 的范围为 3~18 V。一般用 5 V。

C_1、C_2 为两个电压比较器，它们的基准电压由 3 个 5 kΩ 的电阻分压得到。在 1 脚接地，5 脚未外接电压时，两个比较器 C_1、C_2 对应的基准电压分别为 $\frac{2}{3}V_{CC}$、$\frac{1}{3}V_{CC}$，555 定时器功能表如表 6-1 所示。

表 6-1　555 定时器功能表

复位端 $\overline{R}_D$	高触发端 TH	低触发端 $\overline{TR}$	Q^{n+1}	放电管 VT	功能
0	×	×	0	导通	直接复位
1	$>\frac{2}{3}V_{CC}$	$>\frac{1}{3}V_{CC}$	0	导通	复位
1	$<\frac{2}{3}V_{CC}$	$<\frac{1}{3}V_{CC}$	1	截止	置位
1	$<\frac{2}{3}V_{CC}$	$>\frac{1}{3}V_{CC}$	Q^n	不变	保持
1	$>\frac{2}{3}V_{CC}$	$<\frac{1}{3}V_{CC}$	1	截止	置位

1) 直接复位功能。$\overline{R}_D$ 为低电平时，输出端直接复位。在电路正常工作时，复位端必须接高电平。

2) 复位功能。当高触发端输入电压高于$\frac{2}{3}V_{CC}$，低触发端输入电压高于$\frac{1}{3}V_{CC}$时，比较器 C_1 和 C_2 的输出 $U_{C1}=0$、$U_{C2}=1$，根据基本 RS 触发器真值表，输出端 $Q=0$。放电管 VT 导通，输出低电平。

3) 置位功能。当高触发端输入电压小于 $\frac{2}{3}V_{CC}$，低触发端输入电压小于$\frac{1}{3}V_{CC}$ 时，比较器 C_1 和 C_2 的输出 $U_{C1}=1$、$U_{C2}=0$，根据基本 RS 触发器真值表，输出端 $Q=1$。放电管 VT 截止，输出高电平。

当高触发端输入电压高于 $\frac{2}{3}V_{CC}$，低触发端输入电压小于$\frac{1}{3}V_{CC}$时，比较器 C_1 和 C_2 的输出 $U_{C1}=0$、$U_{C2}=0$，根据基本 RS 触发器真值表，输出端 $Q=1$。放电管 VT 截止，输出高电平。

4) 保持功能。当高触发端输入电压小于 $\frac{2}{3}V_{CC}$，低触发端输入电压大于$\frac{1}{3}V_{CC}$ 时，比较器 C_1 和 C_2 的输出 $U_{C1}=1$、$U_{C2}=1$，根据基本 RS 触发器真值表，输出端保持原状态。放电管也保持原状态，实现保持功能。

根据以上分析可知：555 定时器可实现直接复位、复位、置位、保持 4 种功能。

3. 555 定时器的应用

（1）构成单稳态触发电路

单稳态触发器的特点是电路有一个稳定状态和一个暂稳定状态。在触发信号作用下，电路将由稳态翻转到暂稳态，暂稳态是一个不能长久保持的状态，由于电路中 RC 延时环节的作用，经过一段时间后，电路会自动返回到稳态，并在输出端获得一个脉冲宽度为 t_W 的矩形波。在单稳态触发器中，输出的脉冲宽度 t_W 就是暂稳态的维持时间，其长短取决于电路的参数值。

用 555 定时器构成的单稳态触发电路和工作波形如图 6-2 所示。

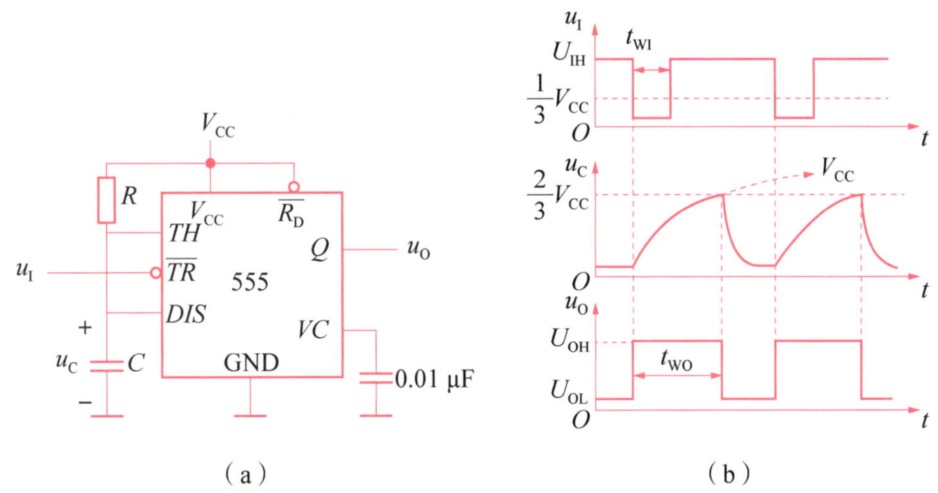

图 6-2　单稳态触发电路和工作波形

（a）单稳态触发电路；（b）工作波形

图 6-2 中，R、C 为定时元件，输入触发信号 u_I 加在 $\overline{TR}$ 端。第 6 脚 TH 端与第 7 脚放电三极管 VT 的集电极相连，并连接在 R、C 之间。

接通电源后，V_{CC} 通过 R、C 对电容 C 充电，u_C 上升，使 $u_C > \frac{2}{3}V_{CC}$，u_I 未加负脉冲，$U_I > \frac{1}{3}V_{CC}$，定时器输出为低电平，电路处于稳定状态，这时放电管 VT 导通。因此，在加负脉冲前，u_O 为低电平，这是电路的稳态。

当输入 u_I 由高电平跃变为低电平 $\left(< \frac{1}{3}V_{CC} \right)$ 时，使 $\overline{TR}$ 端输入电压 $u_I = U_{IL} < \frac{1}{3}V_{CC}$，而 TH 端输入电压 $u_C = 0\ \text{V} < \frac{2}{3}V_{CC}$，因此 u_O 跃变为高电平，进入暂稳态，这时放电管 VT 截止，V_{CC} 又经 R 向 C 充电，u_C 上升。

当 u_C 上升到 $u_C \geqslant \frac{2}{3}V_{CC}$ 时，TH 端输入电压等于 u_C，而 $\overline{TR}$ 端输入电压 $u_I = U_{IH} \left(> \frac{1}{3}V_{CC} \right)$，因此 u_O 重新跃变为低电平。同时，放电管导通，C 经过放电管 VT 迅速放电，使 $u_C \approx 0$ V，放

电完毕后，电路返回稳态。

到下一个触发脉冲来到时，电路重复上述过程。由以上分析可得：

输出正脉冲宽度　$t_W = 1.1RC$

(2)构成多谐振荡器

多谐振荡器是一种常用的脉冲波形发生器，只要接通电源，它不需要外来信号就可以产生一定频率和幅度的矩形波。该矩形波因含有多谐波的要素，故称为多谐振荡器。多谐振荡器电路图和波形图如图 6-3 所示。

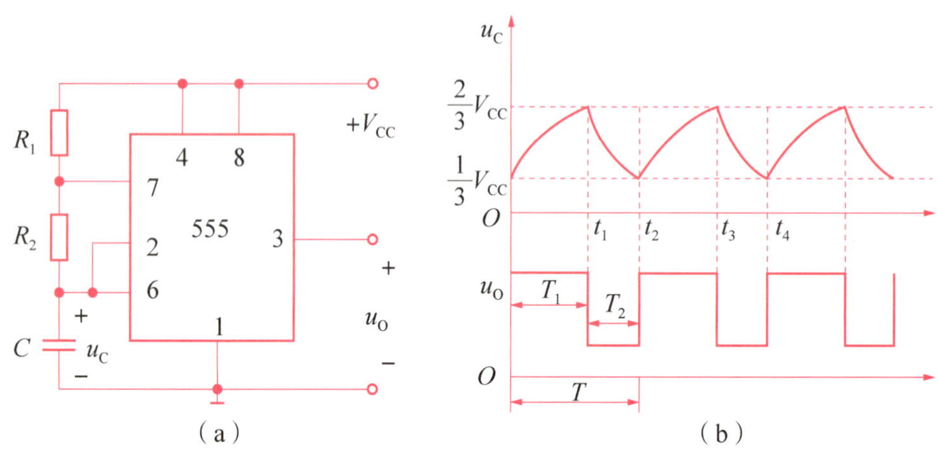

图 6-3　多谐振荡器电路图和波形图

(a)电路图；(b)波形图

1)工作原理。设电容的初始电压 $u_C = 0$，$t = 0$ 时接通电源，由于电容电压不能突变，所以高、低触发端 $u_{TH} = u_{\overline{TR}} = 0 < \frac{1}{3}V_{CC}$，比较器 C_1 输出为高电平，C_2 输出为低电平，即 $\overline{R}_D = 1$，$\overline{S}_D = 0$(1 表示高电位，0 表示低电位)，基本 RS 触发器置 1，定时器输出 $u_O = 1$，此时 $\overline{Q} = 0$，定时器内部放电三极管 VT 截止，电源 V_{CC} 经 R_1、R_2 向电容 C 充电，u_C 逐渐升高。当 u_C 上升到 $\frac{1}{3}V_{CC}$ 时，C_2 输出由 0 翻转为 1，这时 $\overline{R}_D = \overline{S}_D = 1$，$RS$ 触发器保持状态不变。所以 $0 < t < t_1$ 期间，定时器输出 u_O 为高电平 1。

$t = t_1$ 时刻，u_C 上升到 $\frac{2}{3}V_{CC}$，比较器 C_1 的输出由 1 变为 0，这时 $\overline{R}_D = 0$，$\overline{S}_D = 1$，RS 触发器复 0，定时器输出 $u_O = 0$。

$t_1 < t < t_2$ 期间，$\overline{Q} = 1$，放电三极管 VT 导通，电容 C 通过 R_2 放电。u_C 按指数规律下降，当 $u_C < \frac{2}{3}V_{CC}$ 时比较器 C_1 输出由 0 变为 1，基本 RS 触发器的 $\overline{R}_D = \overline{S}_D = 1$，$Q$ 的状态不变，u_O 的状态仍为低电平。

$t = t_2$ 时刻，u_C 下降到 $\frac{1}{3}V_{CC}$，比较器 C_2 输出由 1 变为 0，RS 触发器的 $\overline{R}_D = 1$，$\overline{S}_D = 0$，触发

器处于 1 态，定时器输出 $u_O = 1$。此时电源再次向电容 C 放电，重复上述过程。

通过上述分析可知，电容充电时，定时器输出 $u_O = 1$，电容放电时，$u_O = 0$，电容不断地进行充、放电，使输出端得到矩形波。多谐振荡器无外部信号输入时，却能输出矩形波，其实质是将直流形式的电能变为矩形波形式的电能。

2) 振荡周期。由图 6-3 可知，振荡周期 $T = T_1 + T_2$。T_1 为电容充电时间，T_2 为电容放电时间。

充电时间 $T_1 = (R_1 + R_2)C\ln 2 \approx 0.7(R_1 + R_2)C$

放电时间 $T_2 = R_2C\ln 2 \approx 0.7R_2C$

矩形波的振荡周期 $T = T_1 + T_2 = (R_1 + 2R_2)C\ln 2 \approx 0.7(R_1 + 2R_2)C$

因此改变 R_1、R_2 和电容 C 的值，便可改变矩形波的周期和频率。

对于矩形波，除了用幅度、周期来衡量外，还有一个重要参数——占空比 q：

$$q = (\text{脉宽 } t_W)/(\text{周期 } T)$$

式中，t_W 指输出一个周期内高电平所占的时间。电路输出矩形波的占空比为：

$$q = \frac{T_1}{T} = \frac{T_1}{T_1 + T_2} = \frac{R_1 + R_2}{R_1 + 2R_2}$$

多谐振荡器一旦起振之后，电路没有稳态，只有两个暂稳态，它们做交替变化，输出连续的矩形脉冲信号，因此它又称作无稳态电路，常用来做脉冲信号源。

(3) 构成施密特触发器

1) 电路图和工作原理。施密特触发器也有两个稳定状态，但与一般触发器不同的是施密特触发器采用电位触发方式，其状态由输入信号电位维持。555 定时器构成的施密特触发器电路图如图 6-4 所示。

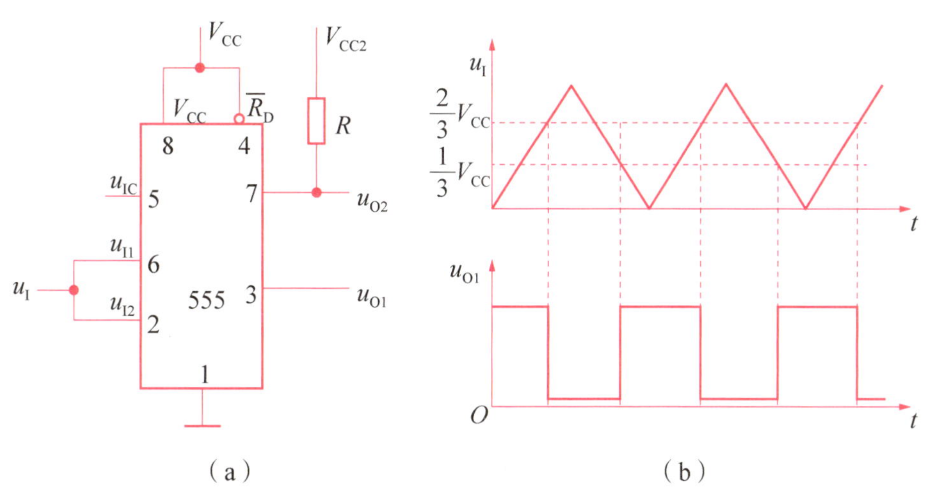

图 6-4　555 定时器构成的施密特触发器电路及其波形

(a) 电路图；(b) 波形图

①$u_I = 0$ V 时，u_{O1} 输出高电平。

②当 u_I 上升到 $\frac{2}{3}V_{CC}$ 时，u_{O1} 输出低电平。当 u_I 由 $\frac{2}{3}V_{CC}$ 继续上升，u_{O1} 保持不变。

③当 u_I 下降到 $\frac{1}{3}V_{CC}$ 时，电路输出跳变为高电平。而且在 u_I 继续下降到 0 V 时，电路的这种状态不变。

图中，R、V_{CC2} 构成另一输出端 u_{O2}，其高电平可以通过改变 V_{CC2} 进行调节。

2）集成施密特触发器。施密特触发器可以由 555 定时器构成，也可以用分立元件和集成门电路组成。因为这种电路应用十分广泛，所以市场上有专门的集成电路产品出售，称之为施密特触发门电路。集成施密特触发器性能的一致性好，触发阈值稳定，使用方便。集成施密特触发器引脚功能图如图 6-5 所示。

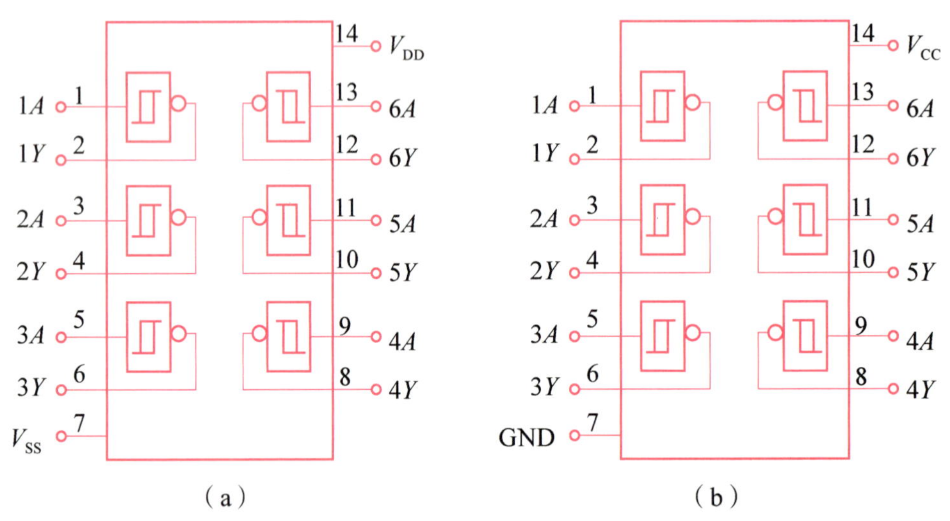

图 6-5　集成施密特触发器引脚功能图

（a）CC40106；（b）74LS14

3）施密特触发器的应用。

①用于波形变换。利用施密特触发器状态转换过程中的正反馈作用，可以把边沿变化缓慢的周期性信号变换为边沿很陡的矩形脉冲信号。图 6-6 的例子中，输入信号是由直流分量和正弦分量叠加而成的，只要信号的幅度大于 U_{T+} 即可在施密特触发器的输出端得到同频率的矩形脉冲信号。

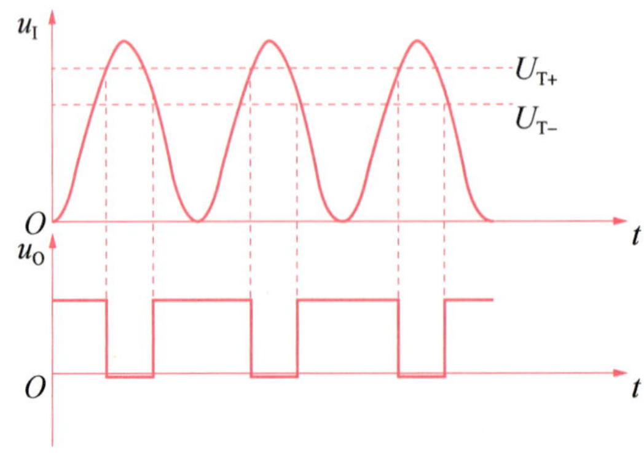

图 6-6　用施密特触发器实现波形变换

②用于脉冲鉴幅——将幅值大于 U_{T+} 的脉冲选出，如图 6-7 所示。

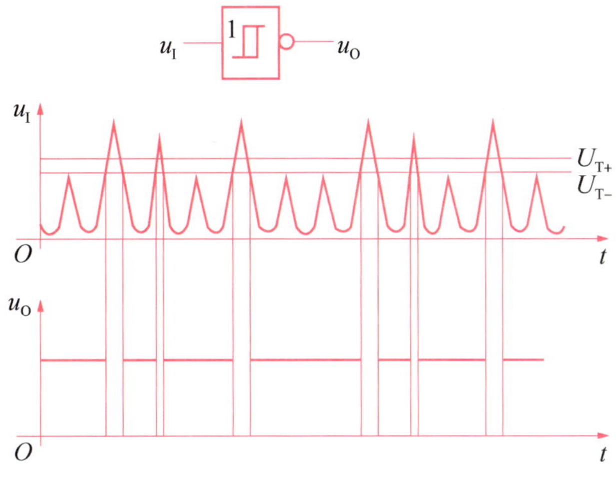

图 6-7　用施密特触发器鉴别脉冲幅度

二、比较器

1. 比较器的定义及功能

在数字电路中，特别是在计算机中经常需要对两个位数相同的二进制数进行比较，以判断它们的相对大小或者是否相等，比较结果有 $A>B$、$A<B$ 和 $A=B$ 三种结果。用来实现这一功能的逻辑电路就称为数值比较器。

(1) 1 位数值比较器

1 位数值比较器是多位数值比较器的基础。当 A 和 B 都是 1 位数时，它们只能取 0 或 1 两种值，由此可写出 1 位数值比较器的真值表，如表 6-2 所示。

表 6-2　1 位数值比较器真值表

输入		输出		
A	B	$F_{A>B}$	$F_{A<B}$	$F_{A=B}$
0	0	0	0	1
0	1	0	1	0
1	0	1	0	0
1	1	0	0	1

由真值表得到如下逻辑表达式：

$$F_{A>B}=A\overline{B}$$

$$F_{A<B}=\overline{A}B$$

$$F_{A=B}=\overline{A}\,\overline{B}+AB$$

由以上逻辑表达式可画出如图 6-8 所示的逻辑电路。实际应用中，可根据具体情况选用逻辑门。

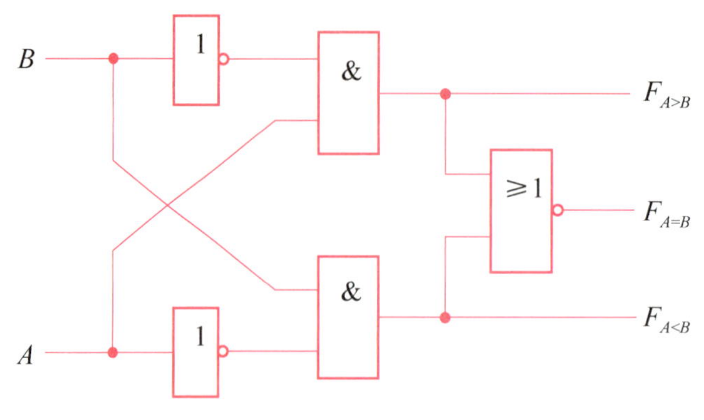

图 6-8　1 位数值比较器电路

(2)2 位数值比较器

将两个 2 位二进制数 A_1A_0、BB_0 进行比较，用 $F_{A>B}$、$F_{A<B}$、$F_{A=B}$ 表示比较结果。当高位(A_1 B_1)不相等时，无须比较低位(A_0 B_0)，两个数的比较结果就是高位比较的结果。当高位相等时，两数的比较结果由低位比较的结果决定。由此可写出 2 位数值比较器的真值表，如表 6-3 所示。

表 6-3　2 位数值比较器真值表

输入		输出		
A_1　B_1	A_0　B_0	$F_{A>B}$	$F_{A<B}$	$F_{A=B}$
$A_1 > B_1$	×	1	0	0
$A_1 < B_1$	×	0	1	0
$A_1 = B_1$	$A_0 > B_0$	1	0	0
$A_1 = B_1$	$A_0 < B_0$	0	1	0
$A_1 = B_1$	$A_0 = B_0$	0	0	1

由真值表得到如下逻辑表达式：

$$F_{A>B} = (A_1 > B_1) + (A_1 = B_1)(A_0 > B_0)$$

$$F_{A<B} = (A_1 < B_1) + (A_1 = B_1)(A_0 < B_0)$$

$$F_{A=B} = (A_1 = B_1)(A_0 = B_0)$$

由以上逻辑表达式可画出如图 6-9 所示的逻辑电路。实际应用中，可根据具体情况选用逻辑门。

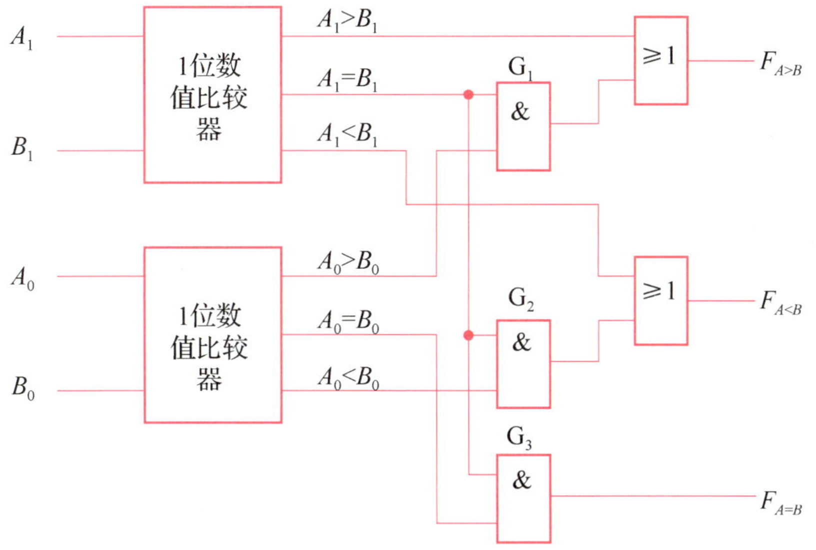

图 6-9　2 位数值比较器

(3)集成比较器

常用的中规模集成数值比较器有 CMOS 和 TTL 两种类型产品。这里主要讲解 4 位数字比较器 74LS85。

74LS85 是 4 位数值比较器，其工作原理和 2 位数值比较器相同。其引脚如图 6-10 所示。

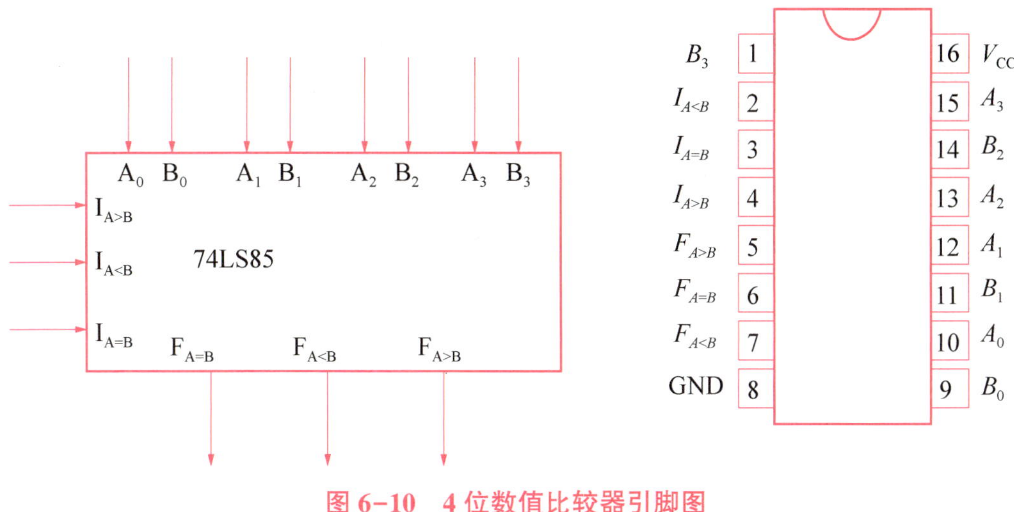

图 6-10　4 位数值比较器引脚图

74LS85 数值比较器不仅能比较两个 4 位二进制数的大小，还能接收其他芯片比较结果的输出，其真值表如表 6-4 所示。

表 6-4　74LS85 数值比较器真值表

输入				输出		
A_3　B_3	A_2　B_2	A_1　B_1	A_0　B_0	$F_{A>B}$	$F_{A<B}$	$F_{A=B}$
$A_3 > B_3$	×	×	×	1	0	0
$A_3 < B_3$	×	×	×	0	1	0
$A_3 = B_3$	$A_2 > B_2$	×	×	1	0	0
$A_3 = B_3$	$A_2 < B_2$	×	×	0	1	0
$A_3 = B_3$	$A_2 = B_2$	$A_1 > B_1$	×	1	0	0
$A_3 = B_3$	$A_2 = B_2$	$A_1 < B_1$	×	0	1	0
$A_3 = B_3$	$A_2 = B_2$	$A_1 = B_1$	$A_0 > B_0$	1	0	0
$A_3 = B_3$	$A_2 = B_2$	$A_1 = B_1$	$A_0 < B_0$	0	1	0
$A_3 = B_3$	$A_2 = B_2$	$A_1 = B_1$	$A_0 = B_0$	0	0	1

2. 数值比较器的位数拓展

数值比较器的扩展方式有串联和并联两种。图 6-11 所示为由两个 4 位数值比较器串联而成的一个 8 位数值比较器。对于两个 8 位数，若高 4 位相同，它们的大小则由低 4 位的比较结果确定。因此，低 4 位的比较结果应作为高 4 位的条件，即低 4 位比较器的输出端应分别与高 4 位比较器的 $I_{A>B}$、$I_{A<B}$ 和 $I_{A=B}$ 端连接。

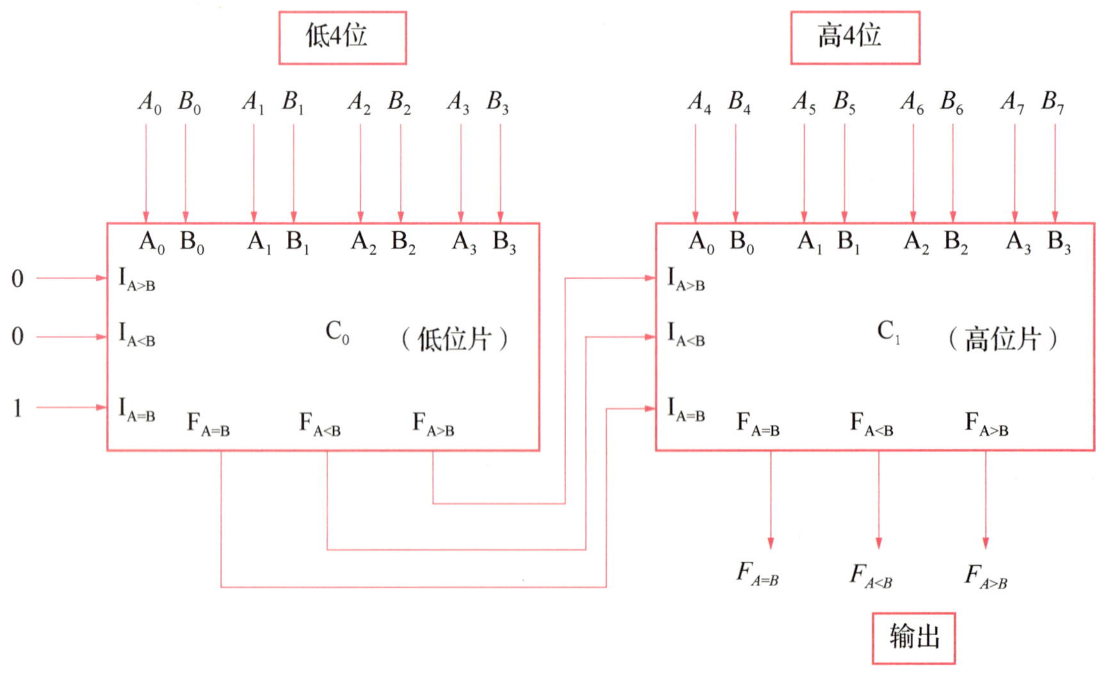

图 6-11　串联方式扩展数值比较器的位数

当位数较多且要满足一定的速度要求时，可以采取并联方式。图 6-12 所示为 16 位并联数值比较器的原理图。由图可以看出这里采用两级比较方法，将 16 位按高低位次序分成 4 组，每组 4 位，各组的比较是并行进行的。将每组的比较结果再经 4 位比较器进行比较后得出结果。显然，从数据输入到稳定输出只需 2 倍的 4 位比较器延迟时间，若用串联方式，则 16 位的数值比较器从输入到稳定输出需要约 4 倍的 4 位比较器的延迟时间。

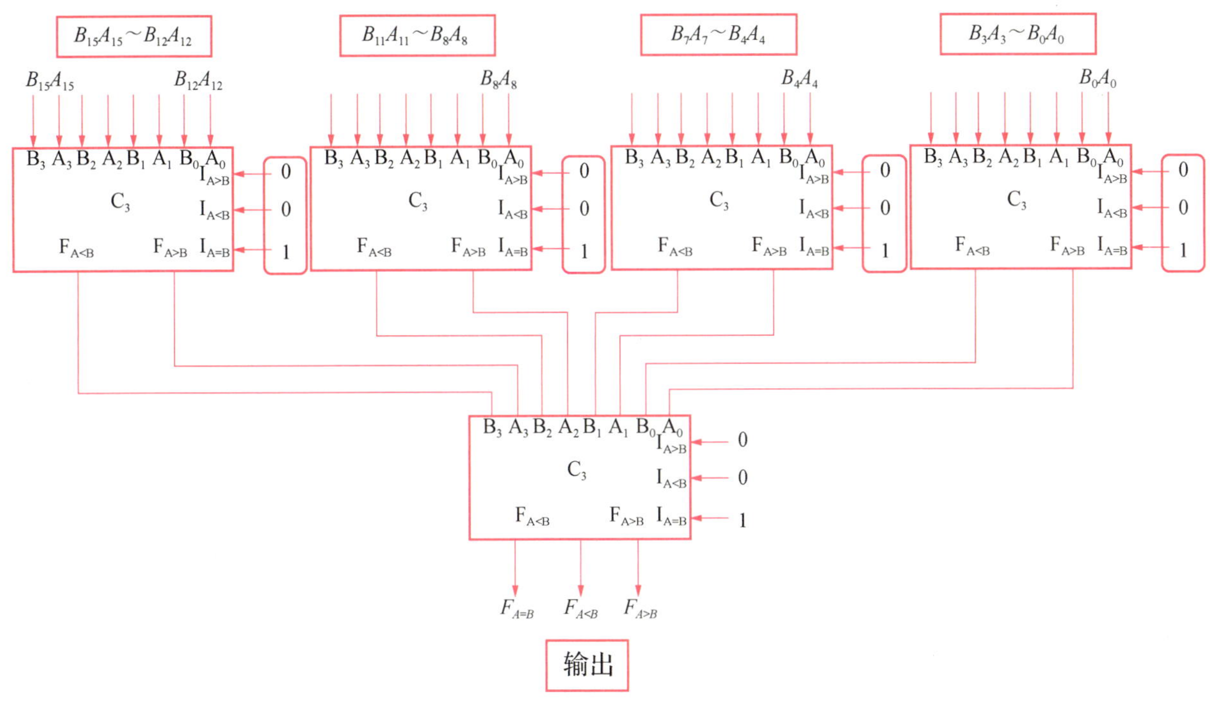

图 6-12　并联方式扩展数值比较器的位数

三、集成电路

集成电路(Integrated Circuit)，简称为 IC，是采用一定的工艺，把一个电路中所需的晶体管、电阻器和电容器等元件及布线互连，制作在一小块或几小块半导体晶片或介质基片上，然后封装在一个管壳内制作而成的具有所需电路功能的微型结构。集成电路外形如图 6-13 所示。

图 6-13　集成电路外形图

1. 集成电路的特点

(1)集成度高

IC 的最大特点就是集成度高，可以将多个电子元器件集成在一块芯片上，形成一个完整的电路系统。这种高度集成的特点，使得IC的体积小、功耗低、性能强，可以满足现代电子产品对小型化、轻量化、高性能的要求。

(2)可靠性高

IC的制造过程采用了高度自动化的生产工艺，使得IC的制造过程高度标准化、精密化，从而保证了IC的质量和可靠性。同时，IC的封装材料也采用了高质量的材料，可以有效地防止外界环境对芯片的影响，从而提高了IC的可靠性。

(3)功耗低

IC的电路设计采用了先进的低功耗技术，可以有效地降低电路的功耗。同时，IC的制造过程也采用了先进的工艺，可以有效地降低芯片的功耗。这种低功耗的特点，使得IC可以在电池供电的情况下工作更长时间，从而满足了现代电子产品对长续航能力的要求。

(4)生产成本低

IC的制造过程采用了高度自动化的生产工艺，可以大量生产，从而降低了生产成本。同时，IC的集成度高，可以将多个电子元器件集成在一块芯片上，从而减少了元器件的数量和尺寸，进一步降低了生产成本。

(5)可编程性强

IC的电路设计采用了可编程技术，可以根据不同的应用需求进行编程，从而实现不同的功能。这种可编程性的特点，使得IC可以广泛应用于不同的领域，如通信、计算机、汽车、医疗等。

2. 集成电路的分类

(1)按功能和结构分类

集成电路按其功能和结构的不同，可以分为模拟集成电路、数字集成电路和数模混合集成电路三大类。

模拟集成电路又称线性电路，是用来处理各种连续变化的模拟信号的集成电路，如运算放大器(用于放大信号)、模拟滤波器等，其输入信号和输出信号均为模拟信号。而数字集成电路是对各种数字信号进行运算和处理的集成电路，例如CPU(微处理器)、存储器、DSP(数字信号处理器)等。数模混合集成电路既包含数字电路，又包含模拟电路，随着集成电路集成度和功能的增加，数模混合集成电路将成为今后集成电路的主力军。

(2)按制作工艺分类

集成电路按集成工艺可分为半导体集成电路和膜集成电路。膜集成电路又分为厚膜集成电路和薄膜集成电路。

集成电路按半导体制造工艺可分为双极型工艺(Bipolar Technology)、CMOS工艺(能够在同一芯片上制作NMOS和PMOS器件的工艺)、BiCMOS工艺(能够在同一芯片上制作Bipolar和CMOS器件的工艺)、BCD工艺(能够在同一芯片上制作Bipolar、CMOS和DMOS器件的工

艺)等。

(3)按集成度高低分类

所谓集成电路的集成度，就是指单块芯片上所容纳的元件数目。集成度越高，所容纳的元件越多。

半导体集成电路按集成度高低的不同可分为小规模集成电路(Small Scale Integrated circuits，SSI)、中规模集成电路(Medium Scale Integrated circuits，MSI)、大规模集成电路(Large Scale Integrated circuits，LSI)、超大规模集成电路(Very Large Scale Integrated circuits，VLSI)、特大规模集成电路(Ultra Large Scale Integrated circuits，ULSI)、巨大规模集成电路(也称作极大规模集成电路或超特大规模集成电路(Giga Scale Integration，GSI))。

(4)按应用领域分类

集成电路按应用领域可分为标准通用集成电路和专用集成电路。所谓专用集成电路，笼统来说，就是指为了某种或某些特定用途而为特定用户定制的 IC，如微型芯片、某种玩具里的控制芯片、某电源的管理芯片等；不属于专用集成电路的标准件的 IC 就是通用 IC，如商用 ROM、DRAM、SRAM、CPU 等。

(5)按外形分类

集成电路按外形可分为圆形(金属外壳晶体管封装型，一般适合用于大功率器件)、扁平型(稳定性好，体积小，一般适用于大功率器件)、双列直插型(适用于典型集成电路)和方形阵列型(适用于超大规模集成电路)。

3. 集成电路的封装技术

集成电路芯片封装是指利用膜技术及细微加工技术，将芯片及其他要素在框架或基板上布局、粘贴固定及连接，引出接线端子并通过可塑性绝缘介质灌封固定，构成整体立体结构的工艺。此概念为狭义的封装定义。更广义的封装是指封装工程，将封装体与基板连接固定，装配成完整的系统或电子设备，并确保整个系统综合性能的工程。

(1)DIP 封装技术

双列直插封装，也称为 DIP 封装或 DIP 包装，简称为 DIP，是一种集成电路的封装方式，集成电路的外形为长方形，在其两侧各有两排平行的金属引脚，称为排针，如图 6-14 所示。绝大多数中小规模集成电路均采用双列直插式封装形式。DIP 封装具有以下特点：

1)适合在 PCB (印制电路板)上穿孔焊接，操作方便。

2)芯片面积与封装面积之间的比值较大，故体积也较大。

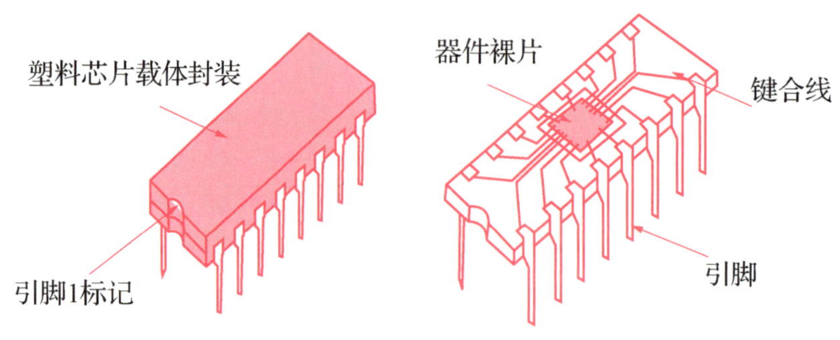

图 6-14　DIP 封装

(2)PLCC/PQFP 封装技术

PLCC 封装技术为带 AAT1165 引线的塑料芯片载体封装。此封装为表面贴装型封装类型之一，外形呈正方形，32 脚封装，引脚从封装的 4 个侧面引出，呈丁字形，是塑料制品，外形尺寸比 DIP 封装小得多，如图 6-15 所示。PLCC 封装适合用 SMT 表面安装技术在 PCB 上安装布线，具有外形尺寸小、可靠性高的优点。

和其他封装技术相比，PLCC/PQFP 封装技术具有以下特点：

1)适用于 SMD 表面安装技术在 PCB 电路板上安装布线。

2)适合高频使用，如 486 处理器。

3)操作方便，可靠性高。

4)芯片面积与封装面积之间的比值较小。

图 6-15　PLCC/PQFP 封装

(3)PGA 封装技术

PGA 封装为插针网格阵列封装，此封装形式在芯片的内外都有多个方阵形的插针，每个方阵形插针沿芯片的四周间隔一定距离排列。PGA 封装一般是将集成电路(IC)包装在瓷片内，瓷片的底面是排列成方阵形的插针，这些插针就可以插入或焊接到电路板上对应的插座中，非常适合于需要频繁插拔的应用场合。一般 PGA 插针的间隔为 1/10 英寸或 2.54 毫米。如图 6-16 所示。对于同样引脚的芯片，PGA 封装通常比过去常见的双列直插式封装需用面积更小。

图 6-16　PGA 封装

4. 集成电路焊接

由于集成电路内部集成度高，焊接温度不能超过 200 ℃。因此对集成电路进行焊接时，应注意以下几点：

1)集成电路引线一般是经镀银处理的，不需要用刀刮，只需用酒精擦洗或用橡皮擦干净即可。

2)如果引线有短路环，焊接前不要拿掉。

3)电烙铁最好用 20 W 内热式的，并要有可靠的接地措施，或者利用余热进行焊接。

4)焊接时间不宜过长，每个焊点最好用 2 s 的时间进行焊接，连续焊接时间不超过 10 s。

5)使用低熔点焊剂，一般不要超过 150 ℃。

6)工作台面上如果铺有橡皮、塑料等易于积累静电的材料，电路芯片及印制板不宜放在台面上。

7)引脚必须和电路板插孔一一对应，集成电路安全焊接顺序为：地端→输出端→电源端→输入端，且要防止焊点之间短路。焊接完毕，应用棉纱蘸适量酒精擦净焊接处残留的焊剂。

四、Proteus 仿真与设计

Proteus 是英国 Labcenter Electronics 公司研发的多功能 EDA 软件，它具有功能很强的 ISIS 智能原理图输入系统，有非常友好的人机互动窗口界面，有丰富的操作菜单与工具。在 ISIS 编辑区中，能方便地完成单片机系统的硬件设计、软件设计、单片机源代码级调试与仿真。

1. 进入 Proteus ISIS

双击桌面上的 ISIS 6 Professional 图标或者单击屏幕左下方的“开始”→“程序”→“Proteus 6 Professional” →“ISIS 6 Professional”选项，出现如图 6-17 所示屏幕，表明进入 Proteus ISIS 集成环境。

图 6-17　ISIS 启动时的屏幕

2. 工作界面

Proteus ISIS 的工作界面是一种标准的 Windows 界面，如图 6-18 所示。

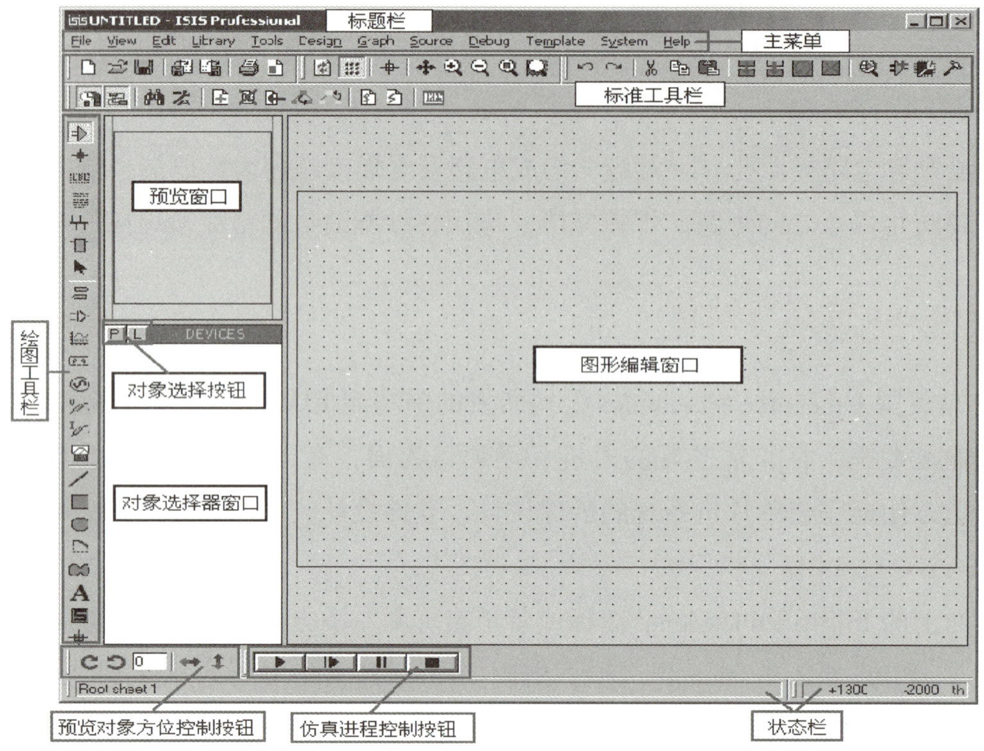

图 6-18　Proteus ISIS 的工作界面

3. 基本操作

(1)图形编辑窗口

在图形编辑窗口内完成电路原理图的编辑和绘制。

1)坐标系统(CO-ORDINATE SYSTEM)。

ISIS 中坐标系统的基本单位是 10 nm，主要是为了和 Proteus ARES 保持一致。但坐标系统的识别(read-out)单位被限制在 1 th。坐标原点默认在图形编辑区的中间，图形的坐标值能够显示在屏幕的右下角的状态栏中。

2)点状栅格(The Dot Grid)与捕捉到栅格(Snapping to a Grid)。

编辑窗口内有点状的栅格，可以通过 View 菜单的 Grid 命令在打开和关闭间切换。点与点之间的间距由当前捕捉的设置决定。捕捉的尺度可以由 View 菜单的 Snap 命令设置，或者直接使用快捷键 F4、F3、F2 和 Ctrl+F1。如图 6-19 所示，键入 F3 或者通过 View 菜单选中“Snap 100th”。

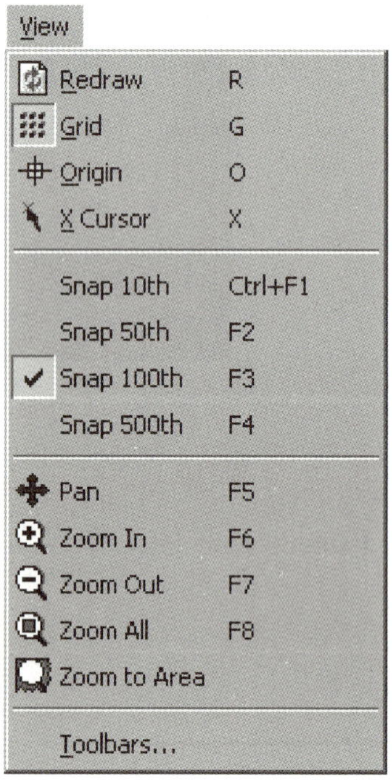

图 6-19　View 菜单

请注意：鼠标在图形编辑窗口内移动时，坐标值以固定的步长 100 th 变化，这称为捕捉。

如果想要确切地看到捕捉位置，可以使用 View 菜单的 X-

Cursor 命令，选中后将会在捕捉点显示一个小的或大的交叉十字。

3) 实时捕捉(Real Time Snap)。

当鼠标指针指向引脚末端或者导线时，鼠标指针将会捕捉到这些物体，这种功能称为实时捕捉，该功能可以方便地实现导线和引脚的连接。可以通过 Tools 菜单的 Real Time Snap 命令或者是 Ctrl+S 快捷键切换该功能。

可以通过 View 菜单的 Redraw 命令来刷新显示内容，同时预览窗口中的内容也将被刷新。当执行其他命令导致显示错乱时可以使用该特性恢复显示。

(2) 预览窗口(The Overview Window)

该窗口通常显示整个电路图的缩略图。在预览窗口上单击鼠标左键，将会有一个矩形蓝绿框标示出在编辑窗口中显示的区域。其他情况下，预览窗口则显示将要放置的对象的预览。这种"Place Preview(放置)"特性在下列情况下被激活：

1) 当一个对象在选择器中被选中。

2) 当使用旋转或镜像按钮时。

3) 当为一个可以设定朝向的对象选择类型图标时(例如：Component icon，Device Pin icon 等)。

4) 当放置对象或者执行其他非以上操作时，"Place Preview(放置)"会自动消除。

5) 对象选择器(Object Selector)根据由图标决定的当前状态显示不同的内容。显示对象的类型包括设备、终端、引脚、图形符号、标注和图形。

6) 在某些状态下，对象选择器有一个"Pick"切换按钮，单击该按钮可以弹出库元件选取窗体。通过该窗体可以选择元件并置入对象选择器，在今后绘图时使用。

(3) 图形编辑的基本操作

1) 对象放置。

2) 选中对象。

3) 删除对象。

4) 拖动对象。

用鼠标指向选中的对象并用左键拖曳可以拖动该对象。该方式不仅对整个对象有效，而且对对象中单独的图标也有效。

如果错误拖动一个对象，所有的连线都变成了一团糟，则可以使用 Undo 命令撤销操作，恢复原来的状态。

5) 调整对象大小(Resizing an Object)。电路、图表、线、框和圆可以调整大小。当选中这些对象时，对象周围会出现黑色小方块，叫作"手柄"，可以通过拖动这些"手柄"来调整对象的大小。

调整对象大小的步骤如下：

①选中对象。

②如果对象可以调整大小，对象周围会出现黑色小方块，叫作“手柄”。

③用鼠标左键拖动这些“手柄”到新的位置，可以改变对象的大小。在拖动的过程中手柄会消失以便不与对象的显示混叠。

6）调整对象的朝向。许多类型的对象可以调整朝向为0°、90°、270°、360°，或通过 x 轴 y 轴镜像。当该类型对象被选中后，图标会从蓝色变为红色，然后就可以改变对象的朝向了。

调整对象朝向的步骤如下：

①选中对象。

②用鼠标左键单击“Rotation”图标可以使对象逆时针旋转，用鼠标右键单击“Rotation”图标可以使对象顺时针旋转。

③用鼠标左键单击“Mirror”图标可以使对象按 x 轴镜像，用鼠标右键单击“Mirror”图标可以使对象按 y 轴镜像。

当“Rotation and Mirror”图标是红色时，操作它们将会改变某个对象。当图标是红色时，首先要取消对象的选择，此时图标会变成蓝色，说明现在可以“安全”地调整新对象了。

7）编辑对象。许多对象具有图形或文本属性，这些属性可以通过一个对话框进行编辑，这是一种很常见的操作，有多种实现方式。

①编辑单个对象的步骤是：

a. 选中对象。

b. 用鼠标左键单击对象。

②连续编辑多个对象的步骤是：

a. 选择“Main Mode”图标，再选择“Instant Edit”图标。

b. 依次用鼠标左键单击各个对象。

③以特定的编辑模式编辑对象的步骤是：

a. 指向对象。

b. 使用键盘 Ctrl+E 快捷键。

对于文本脚本来说，则将启动外部的文本编辑器。如果鼠标没有指向任何对象，该命令将对当前的图进行编辑。

④通过元件的名称编辑元件的步骤是：

a. 键入“E”。

b. 在弹出的对话框中输入元件的名称（part ID）。

确定后将会弹出该项目中任何元件的编辑对话框，并非只限于当前 sheet 的元件。编辑完后，画面将会以该元件为中心重新显示。可以通过该方式来定位一个元件，即使并不想对其进行编辑。

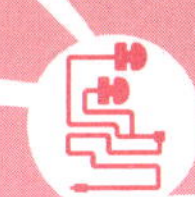

⑤编辑对象标签。

元件、端点、线和总线标签都可以如同元件一样编辑。

编辑单个对象标签的步骤是：

a. 选中对象标签。

b. 用鼠标左键单击对象。

⑥连续编辑多个对象标签的步骤是：

a. 选择“Main Mode”图标，再选择“Instant Edit”图标。

b. 依次用鼠标左键单击各个标签。

任何一种方式，都将弹出一个带有“Label and Style”栏的对话框窗体。

8)拷贝所有选中的对象。

拷贝一整块电路的方式：

①选中需要的对象。

②用鼠标左键单击“Copy”图标。

③把拷贝的轮廓拖到需要的位置，单击鼠标左键放置拷贝。

④重复步骤③放置多个拷贝。

⑤单击鼠标右键结束。

当一组元件被拷贝后，它们的标注自动重置为随机态，用来为下一步的自动标注做准备，防止出现重复的元件标注。

9)移动所有选中的对象。

移动一组对象的步骤是：

①选中需要的对象。

②把轮廓拖到需要的位置，单击鼠标左键放置。

你可以使用块移动的方式来移动一组导线，而不移动任何对象。

10)画线。

①画线。Proteus ISIS 没有画线的图标按钮，因为 ISIS 的智能化足以在画线时能自动检测。

②在两个对象间连线。

a. 左击第一个对象连接点。

b. 左击另一个连接点。(如果你想自己决定走线路径，只需在想要拐点处单击鼠标左键)

一个连接点可以精确地连到一根线。在元件和终端的引脚末端都有连接点。一个圆点从中心出发有 4 个连接点，可以连 4 根线。

由于一般都希望能连接到现有的线上，ISIS 也将线视作连续的连接点。此外，一个连接点意味着 3 根线交汇于一点，ISIS 提供了一个圆点，避免由于错漏点而引起混乱。

在此过程的任何一个阶段，你都可以按 Esc 键来放弃画线。

11）线路自动路径器。线路自动路径器（WAR）可省去必须标明每根线具体路径的麻烦。该功能默认是打开的，但可通过两种途径方式略过该功能：

①如果单击了一个连接点，然后单击一个或几个非连接点的位置，ISIS将认为处在手工定线的路径，这就要单击线的路径的每个角，最后路径是通过左击另一个连接点来完成的（如果只是在两个连接点左击，WAR将自动选择一个合适的线径）。

②WAR可通过使用工具菜单里的WAR命令来关闭。这功能在两个连接点间直接定出对角线时是很有用的。

12）重复布线。假设要连接一个8字节ROM数据总线到电路图主要数据总线，已将ROM、总线和总线插入点放置于如图6-20所示位置：

首先单击A，然后单击B，在AB间画一根水平线。双击C，重复布线功能会被激活，自动在点D间布线。双击E、F，以下类同。

重复布线完全复制了上一根线的路径。如果上一根线已经是自动重复布线，将仍旧自动复制该路径。另外，如果上一根线为手工布线，那么将精确复制用于新的线。

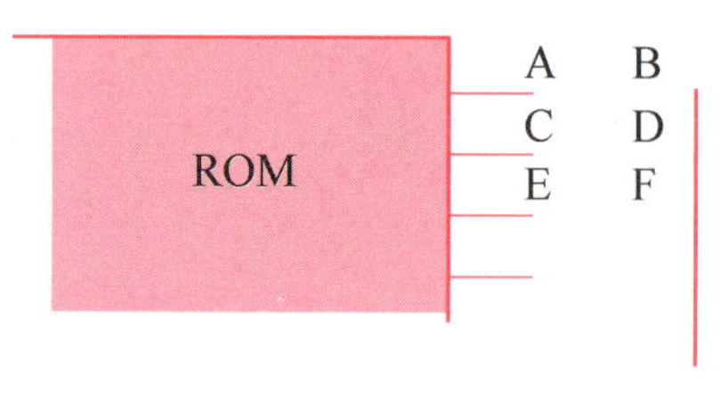

图6-20　数据总线位置

13）拖线。尽管线一般使用连接和拖的方法，但也有一些特殊方法可以使用。

如果拖动线的一个角，那该角就随着鼠标指针移动。

如果鼠标指向一个线段的中间或两端，就会出现一个角，然后可以拖动。注意：为了使后者能够工作，线所连的对象不能有标识，否则ISIS会认为想拖该对象。

也可使用块移动命令来移动线段或线段组。

14）从线中移走节点。

①选中（Tag）要处理的线。

②用鼠标指向节点一角，按下左键。

③拖动该角和自身重合。

④松开鼠标左键。ISIS将从线中移走该节点。

4. 绘图主要操作

1）编辑区域的缩放。Proteus的缩放操作多种多样，极大地方便了工程项目的设计。常见的几种方式有：完全显示（或者按“F8”）、放大按钮（或者按“F6”）和缩小按钮（或者按“F7”），拖放、取景、找中心（或者按“F5”）。

2）点状栅格和刷新。编辑区域的点状栅格，是为了方便元器件定位用的。鼠标指针在编辑区域移动时，移动的步长就是栅格的尺度，称为“Snap（捕捉）”。这个功能可使元件依据栅格对齐。

①显示和隐藏点状栅格。点状栅格的显示和隐藏可以通过工具栏的按钮或者按快捷键的

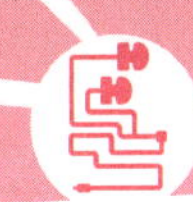

“G”来实现。鼠标移动的过程中，在编辑区的下面将出现栅格的坐标值，即坐标指示器，它显示横向的坐标值。因为坐标的原点在编辑区的中间，有的地方的坐标值比较大，不利于我们进行比较。此时可通过单击菜单命令“View”下的“Origin”命令，也可以单击工具栏的按钮或者按快捷键“O”来自己定位新的坐标原点。

②刷新。编辑窗口显示正在编辑的电路原理图，可以通过执行菜单命令“View”→“Redraw”来刷新显示内容，也可以单击工具栏的刷新命令按钮或者快捷键“R”，与此同时预览窗口中的内容也将被刷新。它的用途是当执行一些命令导致显示错乱时，可以使用该命令恢复正常显示。

3）对象的放置和编辑。

①对象的添加和放置。单击工具箱的元器件按钮，使其选中，再单击 ISIS 对象选择器左边中间的放置按钮“P”，出现“Pick Devices” 对话框，通过器件类型查找到所需元件，双击选中的元件，回到编辑界面，再单击即可放置元件，如图 6-21 所示。

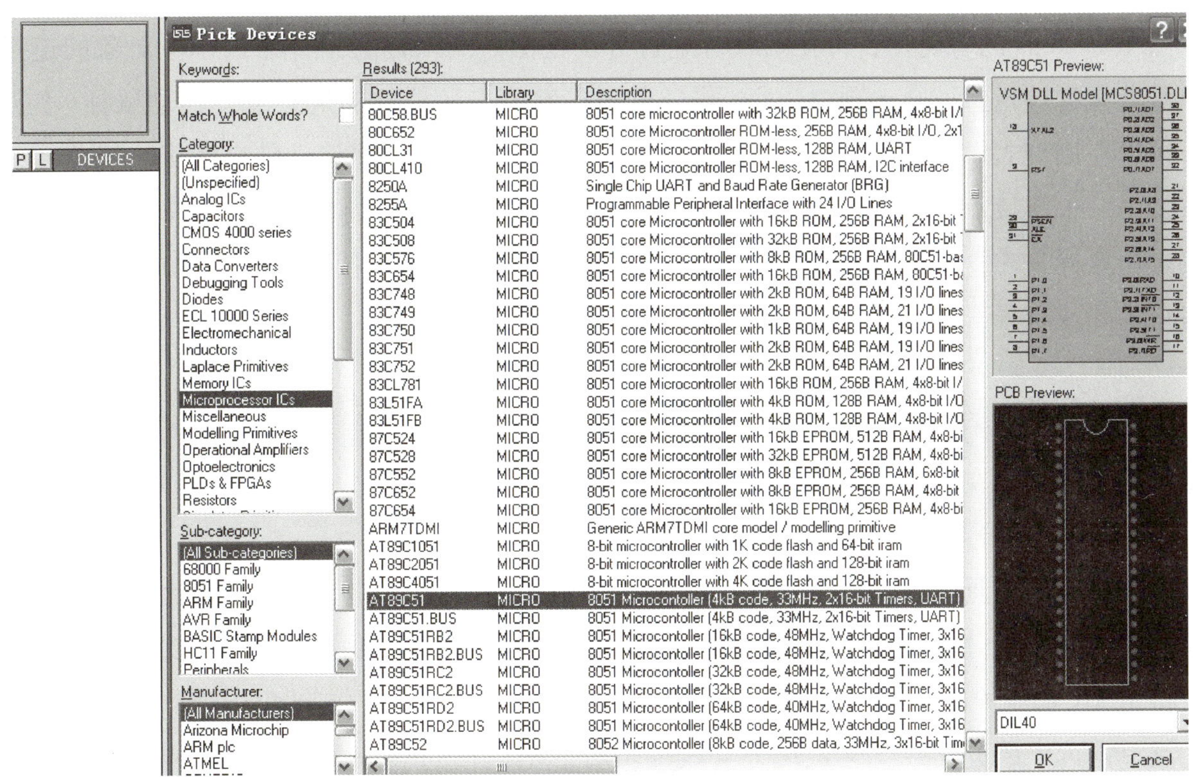

图 6-21 选取元器件窗口中的元器件列表

②放置电源及接地符号。在器件选择器里分别单击如图 6-22 所示的左侧“TERMNALS”栏下的“POWER”与“GROUND”，再将鼠标移到原理图编辑区，左键单击一下即可放置电源符号；同样也可以把接地符号放到原理图编辑区。

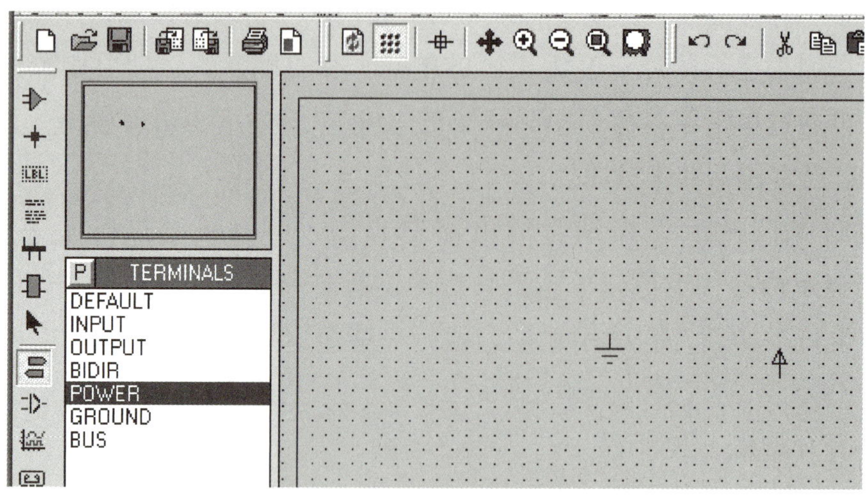

图 6-22 放置电源和接地符号

5. 电路图线路的绘制

(1)画导线

由于 Proteus 的智能化，可在画线时进行自动检测。当鼠标的指针靠近一个对象的连接点时，跟着鼠标的指针就会出现一个“×”号，鼠标左键单击元器件的连接点，移动鼠标(不需要一直按着左键)时就会出现粉红色的连接线变成了深绿色。如果想让软件自动定出线路径，只需左击另一个连接点即可，这就是 Proteus 的线路自动路径功能(简称 WAR)。如果只是在两个连接点用鼠标左击，WAR 将选择一个合适的线径。WAR 可通过使用工具栏里的“WAR”命令按钮来关闭或打开，也可以在菜单栏的“Tools”下找到这个图标。

(2)画总线

为了简化原理图，可用一条导线代表数条并行的导线，这就是所谓的总线。单击工具箱的总线按钮，即可在编辑窗口画总线。

(3)画总线分支线

单击相应的工具按钮，画总线分支线，它是用来连接总线和元器件引脚的。画总线时为了和一般的导线区分，一般用画出的斜线来表示分支线，但是此时如果 WAR 功能打不开，则需要将 WAR 功能关闭。画好分支线后还需要给分支线起个名字。右键单击分支线选中它，接着左键单击选中的分支线就会出现分支线编辑对话框。相同端是连接在一起的，放置方法是用鼠标单击“连线工具条中”图标或者执行“Place”→“Net Label”菜单命令，这时光标变成十字形并且将有一虚线框在工作区内移动，再按一下键盘上的“Tab”键，系统会弹出网络标号属性对话框，在“Net”项定义网络标号，比如 PB0，然后单击“OK”按钮，将设置好的网络标号放在先前放置的短导线上(注意一定是上面)，单击鼠标左键即可将之定位。

(4)放置总线将各总线分支连接起来

单击“放置工具条中”图标或执行“Place”→“Bus”菜单命令，这时工作平面上将出现十字形光标，将十字形光标移至要连接的总线分支处，单击鼠标左键，系统会弹出十字形光标并

拖着一条较粗的线，然后将十字形光标移至另一个总线分支处，单击鼠标左键，一条总线就画好了。

注意使用技巧：当电路中有多根数据线、地址线、控制线并行时应使用总线设计。

(5)放置线路节点

如果在交叉点有电路节点，则认为两条导线在电气上是相连的，否则认为它们在电气上是不相连的。Proteus ISIS 在画导线时能够智能地判断是否要放置节点。但在两条导线交叉时是不放置节点的，这时要想两个导线电气相连，只有手工放置节点了。单击工具箱的节点放置按钮“+”，当把鼠标指针移到编辑窗口，指向一条导线的时候，会出现一个“×”号，单击左键就能放置一个节点。

理论知识归纳

1)555 时基电路是一种功能灵活多样、使用方便的集成器件，除了组成单稳态触发器、施密特触发器和多谐振荡器外，还可以接成各种应用电路，广泛应用在自动控制电路中。

2)数值比较器是实现数据比较的关键器件。通过将数值比较器进行串、并联方式的连接，可以实现多位数据的比较，提升比较速率。

3)集成芯片目前应用非常广泛。了解常见芯片的分类、封装方式有助于在实际应用中更好选择芯片。

4)仿真软件的应用是目前电子电路设计的基本要素，通过软件仿真的操作可以更进一步分析电路参数和功能，为设计、应用提供更加逼真的效果。

实训操作

任务导入

结合前面所学的模拟电路、数字电路基本知识，通过仿真软件绘制并安装、调试七层电梯的电子电路。电路要求：

1)按键选择要去的楼层，LED 组将以 1 Hz 的速度依次从现有楼层到选择楼层顺序点亮。

2)如果选择楼层高于现有楼层，数码管做升位计数，如果选择楼层低于现有楼层，数码管做降位计数。

3)系统应安全、可靠，经济性价比高。

任务准备

根据任务要求，实施任务所需要的设备及工具材料如表 6-5 所示。

表 6-5　准备材料清单

序号	名称	型号规格	数量	单位	备注
1	电子焊接实训台		1	工位	
2	台式电脑		1	台	
3	Proteus 软件		1	套	
4	信号发生器		1	台	
5	示波器		1	台	
6	常用焊接工具		1	套	
7	七层电梯套件		1	套	
8	焊锡丝		若干		
9	电源线		若干		
10	防静电手环		1	个	
11	护目镜		1	个	
12	参数记录表		1	套	

一、电路框图和原理图

七层电梯电路框图如图 6-23 所示，原理图如图 6-24 所示。

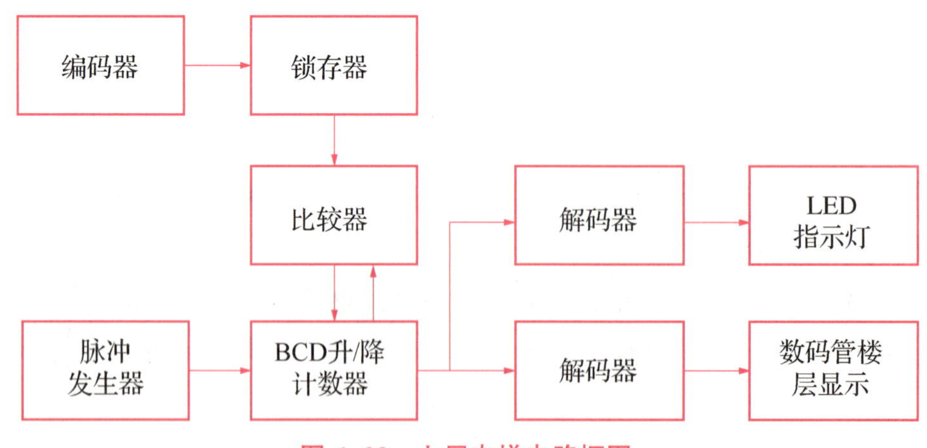

图 6-23　七层电梯电路框图

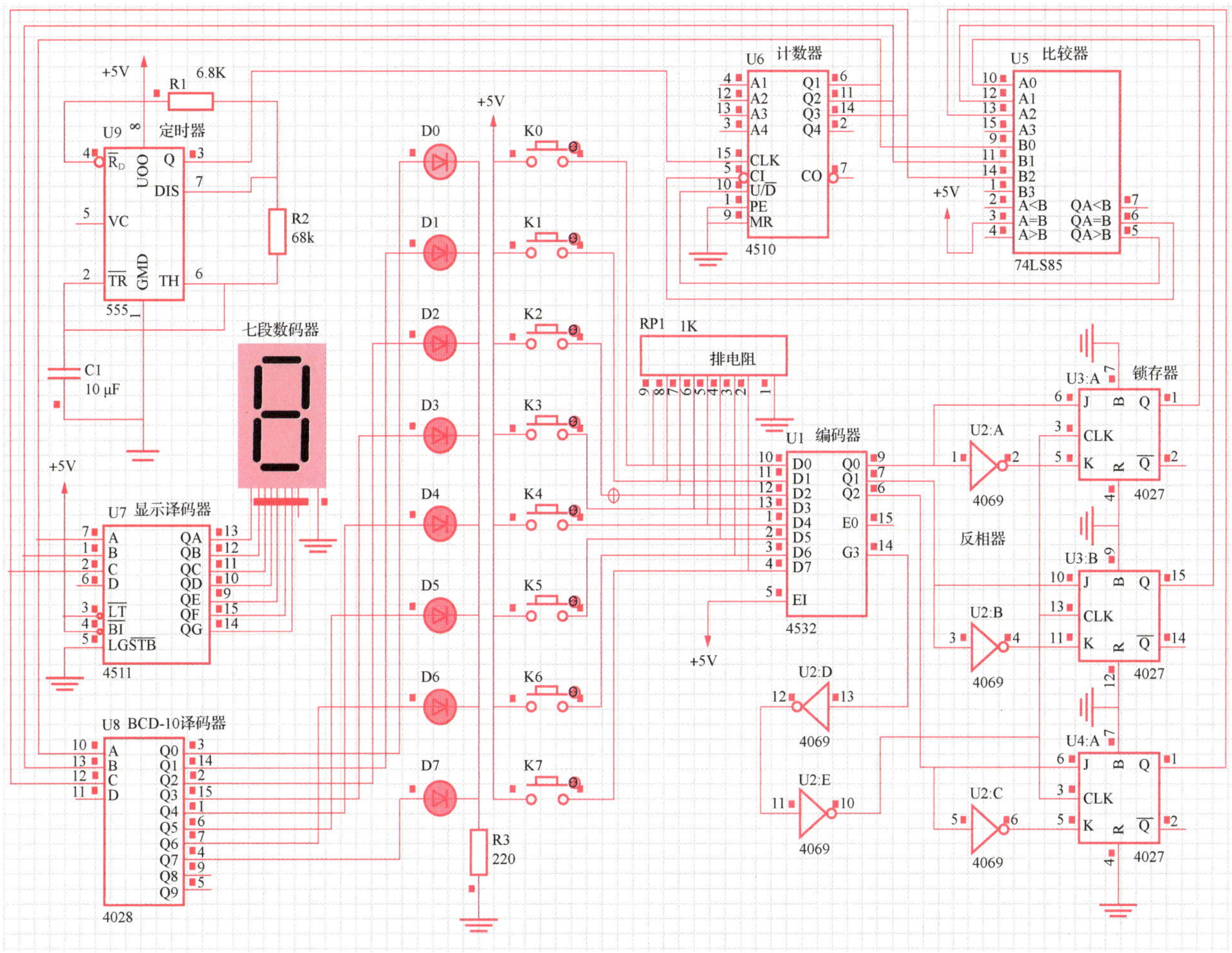

图 6-24　七层电梯原理图

二、参考原理

本电路主要包含按键电路、编码译码电路、锁存电路、数值比较器电路、振荡电路、计数器电路、显示电路等。具体工作过程如下：

K0~K7 代表六层按钮，比如当按下 K5 时，将十进制 5 经过优先编码器 U1 转换成二进制数 101，将楼层数经过锁存器 U3 进行锁存，然后输入到 U5 比较器电路中。

同时，555 定时器组成 1 Hz 的定时电路，将 1 Hz 信号输入到计数器中进行计数。计数器输出值一方面经过显示译码器在七段数码管上直接显示现有楼层数，同时这个信号经过 BCD-10 译码器后，显示对应的发光二极管点亮，代表正在行进的过程。

计数器的输出信号与按键电路的信号将进行比较，当按键的数值大于现有停靠的楼层时，经过比较器将比较的结果送入到计数器，通过计算器的增加/减少的过程来模拟电梯的升降过程。

任务实施

一、元件清单

元件清单如表 6-6 所示。

表 6-6　元件检查清单

编号	元件名称	规格	数量	型号是否正确	质量情况
U1	8 线-3 线优先编码器	4532	1		
U2	六路反相器	4069	1		
U3/U4	二路 JK 触发器	4027	2		
U5	4 位数值比较器	74LS85	1		
U6	BCD 可逆计数器	4510	1		
U7	七段显示译码器	4511	1		
U8	BCD-10 译码器	4028	1		
U9	定时器	555	1		
RP1	排电阻	1K	1		
K0～K7	按钮开关		8		
D0～D7	发光二极管、数码管		8/1		
R/C	电阻/电容		3/1		

二、电路检验、安装

元件安装效果图如图 6-25 所示。

主要检查 PCB 板有无损坏、铜箔有无脱落和起翘的现象。同时观察电路板的绝缘漆是否有起泡点，有无少印制的线路等。

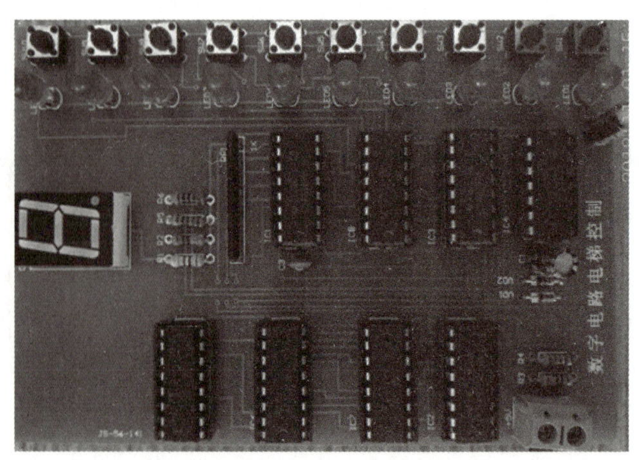
图 6-25　安装效果图

三、电路焊接

对焊点要求如下：

1）焊点光亮、清洁、焊料合适。

2）无漏焊、虚焊、假焊、搭焊。

3）焊接后，元器件引脚留头长度小于 1 mm。

四、功能调试

1. 通电前检查

按照焊接操作的基本工艺要求焊接电路，焊接完成后，对电路的装接质量进行自检，重点是检查装配的准确性，包括：元件的位置正确；变压器的一次侧、二次侧绕组接线正确、绝缘恢复良好；焊点质量良好，应无虚焊、假焊、漏焊、空隙、毛刺等现象；没有其他影响安全性指标的缺陷；元器件整体合格。将焊接情况记录于表 6-7 中。

表 6-7　自检情况记录表

自检项目	自检结果	出现问题的原因和解决办法
按照线路图安装元件		
焊点的质量		
元件的整体美观度		
其他问题		

2. 通电试车

检查电路装接无误后，经教师允许，即可进行通电测试。

按要求连接好元件，通电后，注意观察有无异常现象，如冒烟、有焦煳味、元件发热烫手等。如发现异常现象，立即切断电源，然后查找故障原因并记录于表 6-8 中。

表 6-8　情况记录表

所遇问题	出现的原因	解决方法

任务评价

以小组为单位，选择演示文稿、展板、海报、录像等形式中的一种或几种，向全班展示汇报学习成果。完成综合评价表 6-9。

表 6-9　综合评价表

<table>
<tr><th rowspan="2">评价项目</th><th rowspan="2">评价内容</th><th rowspan="2">评价标准：
A 为 90 分，B 为 75 分，C 为 60 分，D 为 30 分</th><th colspan="3">评价方式</th></tr>
<tr><th>自我评价</th><th>小组评价</th><th>教师评价</th></tr>
<tr><td rowspan="12">职业素养</td><td rowspan="4">安全意识
责任意识</td><td>A 作风严谨、自觉遵章守纪、出色地完成工作任务</td><td></td><td></td><td></td></tr>
<tr><td>B 能够遵守规章制度，较好地完成工作任务</td><td></td><td></td><td></td></tr>
<tr><td>C 遵守规章制度，未完成工作任务，或完成工作任务但忽视规章制度</td><td></td><td></td><td></td></tr>
<tr><td>D 不遵守规章制度，未完成工作任务</td><td></td><td></td><td></td></tr>
<tr><td rowspan="4">学习态度</td><td>A 积极参与教学活动，全勤</td><td></td><td></td><td></td></tr>
<tr><td>B 缺勤达本任务总学时的 10%</td><td></td><td></td><td></td></tr>
<tr><td>C 缺勤达本任务总学时的 20%</td><td></td><td></td><td></td></tr>
<tr><td>D 缺勤达本任务总学时的 30%</td><td></td><td></td><td></td></tr>
<tr><td rowspan="4">团队合作
意识</td><td>A 与同学协作融洽、团队合作意识强</td><td></td><td></td><td></td></tr>
<tr><td>B 与同学沟通、协作能力较强</td><td></td><td></td><td></td></tr>
<tr><td>C 与同学沟通、协作能力一般</td><td></td><td></td><td></td></tr>
<tr><td>D 与同学沟通、协作能力较差</td><td></td><td></td><td></td></tr>
<tr><td rowspan="8">专业能力</td><td rowspan="4">学习活动 1</td><td>A 熟练、有条理地完成知识的自主学习，正确回答工作页中的相关问题，工作计划制订合理</td><td></td><td></td><td></td></tr>
<tr><td>B 较顺利地完成知识的自主学习，正确回答工作页中的相关问题，工作计划制订合理</td><td></td><td></td><td></td></tr>
<tr><td>C 自主学习能力一般，或工作页中内容遗漏、错误较多，或工作计划制订存在较多问题</td><td></td><td></td><td></td></tr>
<tr><td>D 未能完成知识的自主学习，或未完成工作页中的相关内容</td><td></td><td></td><td></td></tr>
<tr><td rowspan="4">学习活动 2</td><td>A 学习活动评价成绩为 90～100 分</td><td></td><td></td><td></td></tr>
<tr><td>B 学习活动评价成绩为 75～89 分</td><td></td><td></td><td></td></tr>
<tr><td>C 学习活动评价成绩为 60～74 分</td><td></td><td></td><td></td></tr>
<tr><td>D 学习活动评价成绩为 0～59 分</td><td></td><td></td><td></td></tr>
<tr><td colspan="2">创新能力</td><td>学习过程中提出了具有创新性、可行性的建议</td><td colspan="3"></td></tr>
<tr><td colspan="2">班级</td><td></td><td>学号</td><td colspan="2"></td></tr>
<tr><td colspan="2">姓名</td><td></td><td>综合评价等级</td><td colspan="2"></td></tr>
<tr><td colspan="2">指导教师</td><td></td><td>日期</td><td colspan="2"></td></tr>
</table>

参考文献

[1] 杜德昌. 电工电子技术与技能[M]. 3 版. 北京：高等教育出版社，2022.

[2] 陈振源. 电子技术基础与技能[M]. 2 版. 北京：高等教育出版社，2020.

[3] 王永红，刘慧. 电子产品安装与调试综合实训教程[M]. 2 版. 北京：中国电力出版社，2020.

[4] 人力资源社会保障部教材办公室. 电子技术基础[M]. 6 版. 北京：中国社会劳动保障出版社，2021.

[5] 崔陵. 电子产品安装与调试[M]. 2 版. 北京：高等教育出版社，2018.

[6] 杨杰忠. 电子线路的安装与调试[M]. 北京：机械工业出版社，2020.